D1717679

böhlau

»WIR SIND DIE SPÄTEN ERBEN DES SCHÖNEN, DAS EWIG WÄHRT«

**Michael Stettler und Rudolf Fahrner
Eine Dichterfreundschaft in Briefen**

Herausgegeben von
Stefano Bianca

2013

BÖHLAU VERLAG WIEN KÖLN WEIMAR

Dieses Buch erscheint zur Erinnerung an Michael Stettler (1913–2003), der am 1. Januar 2013 seinen 100. Geburtstag gefeiert hätte. Das Motto des Titels ist seinem auf Seite 72 wiedergegebenen Gedicht entnommen.

Umschlagabbildung:
Der auf dem Umschlag abgebildete Silberpokal mit dem emaillierten Widder des Stettlerwappens ist 1969 in der Werkstatt von Gemma Wolters-Thiersch entstanden, als Geschenk Rudolf Fahrners an Michael Stettler (Brief vom 31.1.70). Er darf als Symbol ihrer Dichterfreundschaft gelten, umsomehr als das „Silberne" ein wiederkehrender Topos in ihrer Korrespondenz war. Oft rühmte Fahrner die „Silberstimme" des dichtenden Freundes, sowie seine „silbernen" oder „wie mit dem Silberstift gezeichneten" Verse, während Stettler selbst seine Liebe zum Silber bekannte und einem mythisch verklärten Jugendfreund den Namen „Silberhelm" verliehen hatte.

Bibliografische Information der Deutschen Nationalbibliothek:
Die Deutsche Nationalbibliothek verzeichnet diese Publikation in der Deutschen Nationalbibliografie; detaillierte bibliografische Daten sind im Internet über http://dnb.d-nb.de abrufbar.

© 2013 by Böhlau Verlag GmbH & Cie, Wien Köln Weimar
Ursulaplatz 1, D-50668 Köln, www.boehlau-verlag.com

Satz: Peter Kniesche Mediendesign, Weeze
Druck und Bindung: Strauss GmbH, Mörlenbach
Gedruckt auf chlor- und säurefreiem Papier
Printed in Germany

ISBN 978-3-412-20951-3

INHALTSVERZEICHNIS

1. EINFÜHRUNG

Das vorliegende Buch gilt dem dichterischen Zwiegespräch zwischen Michael Stettler (1.1.1913–18.6.2003) und dem fast taggenau neun Jahre älteren Rudolf Fahrner (30.12.1903–28.2.1988) – ein Dialog, der nahezu vier Jahrzehnte dauerte, von 1950 bis zum Ableben Rudolf Fahrners. Von Art und Herkunft verschieden und auch wieder verwandt, haben beide in je eigenen Kreisen gelebt und sich verwirklicht. In ihrem Sinnen und Trachten wussten sie sich dem Dichter Stefan George verbunden, den sie von Jugend an verehrten und dessen Gestalt, Ethos und Art des Dichtens für beide lebensbestimmend waren. So ist ihr Austausch das Zeugnis einer die Zeiten überdauernden Treue zu diesem Leitstern und zugleich ein kostbares Dokument einer tiefen Freundschaft, die offen blieb für vielerlei Welterfahrungen und Zeiterscheinungen.

In biographischer Hinsicht eröffnet der Briefwechsel einen neuen Einblick in die Persönlichkeit der beiden Korrespondenten. Bei Stettler etwa tritt hinter dem bedeutenden Museumsmann und geistvollen Essayisten, hinter dem alltäglichen „Allotria", wie er einmal schrieb, sein innerstes Wesen hervor, das auf einer ungewöhnlichen dichterischen Assimilationskraft beruhte. Schon früh war es sein Wunsch, einst e i n e n Gedichtband zu hinterlassen, der seinen Namen trüge (Brief vom 24.2.53). Ebenso wird hier Rudolf Fahrner, sonst eher durch seine historischen und germanistischen Arbeiten bekannt, als Dichter neu sichtbar. Seine im Alter verfassten Versdramen, als Privatdrucke erschienen, erregten Stettlers innige Anteilnahme und treten durch dessen kongeniale Würdigung in ein neues Licht. Fahrner, ein Sprachverliebter und Sprachbesessener, fand in Stettler seinen besten und liebsten Leser, weshalb er ihm auch eigens gefertigte kalligraphische Schönschriften seiner Werke schenkte, für die Stettler einen besonderen „Schrein" herstellen liess.

Die vorliegenden Briefe zeigen, wie sehr Dichtung, sei es durch Aufnehmen oder durch eigenes Hervorbringen, existentielles Bedürfnis sein kann – als Mittel zur Bewältigung, Gestaltung und Erhöhung des täglichen Lebensganges. Beide Freunde wussten um jene magische Macht der Dichtung, die Verwandlungen in zweierlei Richtungen bewirken kann: Einerseits über die Umsetzung des Erlebten in Wort und Klang und anderseits über die Rückwirkung der einmal gefügten Sprachgestalt auf das Innere des Hörers oder Lesers. Sie wussten, dass sich auf dem schöpferischen Umgang mit der Sprache neue Weltverhältnisse gründen lassen. In diesem Sinne bedeutete der Austausch von Versen, der einen Grossteil dieses Briefwechsels beansprucht, den Schreibern Ansporn, Trost, Bestätigung und gegenseitiges

Erkennen. Durch die erwidernde Spiegelung des Einen im Anderen wurden ihnen ihre Gedichte neu zurückgegeben, wurden sie als gemeinsame Welt erst „wirklich", wie Fahrner es einmal ausdrückte.

Jahre nach dem Tode Fahrners schrieb Stettler an den Herausgeber: „Was uns verband, war die Dichtung – hier spielten wir einander zu." In Kenntnis der zwischen ihnen gewechselten Briefe dürfte man dies ausspinnen und sagen: Was sie verband, war der Durst nach erlebter Schönheit jeglicher Art: Schönheit im Menschen, Schönheit menschlicher Gesten, Schönheit grosser Landschaften und Naturstimmungen, Schönheit gestalteter Kunstwerke – und immer die Schönheit nicht im Sinn eines blutleeren Ästhetizismus, sondern als erfahrener Einklang zwischen Menschlichem und Göttlichem, als Aufscheinen einer in sich gerundeten Vollkommenheit.

So ist dieser Briefwechsel, als Nachklang des George-Kreises, auch ein Beleg für das lebendige Überdauern Georgescher Traditionen in der Nachkriegszeit – besonders da auch noch andere Beteiligte wie Frank Mehnert, Robert Boehringer, Alexander von Stauffenberg, Robert von Steiger, Gemma Wolters-Thiersch, Urban Thiersch und Eberhard Zeller hineinspielen. Auf Grund des vorliegenden Dokumentes müsste man in anderer Weise vom Nachleben Stefan Georges und seines Kreises sprechen, als dies in jüngst erschienenen Publikationen zum Thema[1] geschehen ist – sowohl was die zeitliche Ausdehnung dieses Nachlebens als auch die Qualität der neu entstandenen dichterischen Werke, und nicht zuletzt die darin hervortretende menschliche Haltung, angeht.

Die Freundschaft zwischen Fahrner und Stettler war unverkennbar von einem starken Eros beflügelt, der sich sowohl im zärtlichen gegenseitigen Umgang wie im Wetteifern in ihrer lyrischen Produktion manifestierte – einem liebenden Wettstreit, der sich in einer höheren geistigen Verbundenheit aufgehoben wusste. Auch in dieser Beziehung mag der Briefwechsel dem unvoreingenommenen Leser die Augen öffnen für eine oft missdeutete Art des Freundschaftsverhältnisses, wie es unter Anhängern Stefan Georges entstehen konnte.

Da sich Stettler und Fahrner erst gegen die Mitte des Lebens hin kennen lernten, soll hier eingangs an die beiderseitige Vorgeschichte und an die vor der Begegnung durchmessenen Wege erinnert werden. Im einen wie im anderen Fall trat der lebensbestimmende geistige Durchbruch in jugendlichen Jahren ein. Der junge Michael, Sohn einer alteingesessenen Berner Familie, aus der Generationen von Architekten und Künstlern hervorgegangen waren, wurde als Gymnasiast blitzartig von Stefan Georges Verszeile „Traumfittich rausche! Traumharfe kling!"[2] getroffen, die er zufällig in einem Zeitungsartikel zu des Dichters sechzigstem Geburtstag las. Der Boden für dieses Erlebnis war freilich schon vorbereitet durch Erzählungen seines fünf Jahre älteren Vetters zweiten Grades

Robert von Steiger, der 1926 bei Julius und Edith Landmann in Basel erstmals dem Dichter begegnet war und während seiner Studienjahre in München und Berlin am Leben des Kreises teilnahm. Auf gemeinsamen Gängen durch die Berner Fluss- und Stadtlandschaft wurde er zum Freund und Lehrer des jungen Michael, und ihm sind auch dessen ersten Gedichte gewidmet, die sich auf jugendliche Weise die „lichte Strenge" Georgeschen Sagens anverwandeln. Spätere Verse von Stettler fassen das Erlebnis dieser Gänge zusammen:

ELFENAU

Erinnerst du die erste freundschaftsstunde
Drin unsre jugend war und unsre glut
Sehnsüchtiger traum um halbverschmerzte wunde
Geborgensein in unnennbarer hut

Dem fluss entlang den gang und die gespräche
Begegnung abschied und die leise angst
Dass wieder was verbunden war zerbräche?
Und dann der neue ton in dem du sangst

Der helle strahl aus dein und meinen augen
Von dem die stadt verwandelt widerschien
Und jener höchste wunsch: vor ihm zu taugen
Der uns sein irdisch sonnenland verliehn.

Stettlers zauberhaftes autobiographisches Fragment „Silberhelm", in jungen Jahren geschrieben, vermittelt viel von der träumerischen Empfindsamkeit des Jugendlichen, der fragend das Aufgehen seiner geistigen Knospe und das Erwachen einer noch diffusen Sinnlichkeit erlebt und dabei von der fern-nahen Gewalt des Dichters ergriffen wird, eigene dichterische Veranlagung in ihm weckend. In seinem Stimmungston gemahnt das Fragment an Leopold von Andrians „Garten der Erkenntnis", und nicht umsonst hat Stettler diesem in späteren Jahren noch mit dem Gedicht „Parafrase" (S. 134) gehuldigt.

Der inneren Vorbereitung auf die Begegnung mit dem Dichter folgt ein plötzlicher Ausbruch des zur Ausbildung nach Zürich versetzten Architektur-studenten aus den elterlich angeordneten Berufsgeleisen: Einer spontanen Eingebung folgend und ohne die Familie zu benachrichtigen, macht er sich im November 1931 zum Besuch des Dichters in Minusio auf, wo er von George und dessen jungem Begleiter Frank Mehnert mit Freude empfangen wurde. (George hatte indessen schon früher durch Robert von Steiger und Wilhelm

Stein[3] Berichte vom jungen Dichter und erste Versproben erhalten.) Zwei weitere Begegnungen folgten, wieder in Minusio und zuletzt im September 1933 in Heiden (Appenzell), kurz vor Georges Ableben. Mit älteren Freunden des Dichters nahm Stettler dann, als der jüngste, an der von Claus von Stauffenberg geleiteten Totenwache und an der Bestattung von Stefan George am 6. Dezember des selben Jahres in Minusio teil. Von diesen älteren Freunden waren es vor allem Wilhelm Stein, und neu Ludwig Thormaehlen und Robert Boehringer, mit denen Stettler in den folgenden Jahren verbunden blieb. Ob er Frank später wiedergesehen hat, ist fraglich. Ein an den Mentor Wilhelm Stein gerichtetes Gedicht spricht viel von der inneren Lebenshaltung aus, die er seit seiner Zugehörigkeit zum George-Kreis unter der Schale grosser Umgänglichkeit verbarg:

PALÄSTRA

Seit ich – ein knabe · lauschend vorgewandt –
Am mund des Weisen hing · vom wort bezaubert ·
Verbarg ich vor der welt die stolze wahl
Dem freund der Musen – alterslos im vorbild –
Mich fürder wachsend formend hinzugeben
Verwerfend andres glück und mindre qual.
Stern meiner jugend! Dank dass du mir schienest
Wie hell erglänzt in deinem licht die fährte
Wie führst du mild ins unbetretne land!

Stettler hat seine Begegnungen mit dem gealterten Dichter und mit Frank so plastisch und atmosphärisch dicht beschrieben,[4] dass man begreift, wie sie sein ganzes späteres Leben zutiefst geprägt haben, obwohl dieses Leben – so stellt es sich von aussen dar – ihn in andere berufliche und gesellschaftliche Bezirke führen sollte. Der im Jahre 1938 diplomierte Architekt (der noch die Zürcher Abschiedsvorlesung von Heinrich Wölfflin miterlebte) wandte sich vorerst der Kunstgeschichte und der Denkmalpflege zu. Hier konnte er das Bauwesen mit der Geistesgeschichte in Verbindung bringen, der sein eigentliches Interesse galt. Da es ihn nach Italien zog (und um gemäss der Empfehlung von Robert Boehringer etwas „Nützliches" zu tun),[5] begann er eine 1940 abgeschlossene Dissertation über das frühchristliche Baptisterium von Nocera Superiore (bei Salerno). Dabei hielt er sich zu Studienzwecken in Rom auf und verkehrte auch im gastfreien Haus des emeritierten Ludwig Curtius.[6] So begründete er eine lebenslange Liebe zu Italien, das ihm zur Wahlheimat wurde, wie viele spätere Aufenthalte in Rom, auf Ischia und vor allem in der

Toscana bezeugen, wo er sich später, in den achtziger Jahren, einen zweiten Wohnsitz in Panzano zulegte.

Von seinen Studien und Forschungen ins heimatliche Bern zurückgekehrt, nahm Stettler vorerst eine Assistentenstelle am Kunstmuseum der Stadt an, bevor er 1942 mit der Inventarisierung der Kunstdenkmäler des Kantons Aargau begann. 1943, wohl im Gedenken an den zehnten Todestag von Stefan George, gab er seine frühen Schriften („Begegnungen mit dem Meister", „Gedichte" und „Silberhelm") als Privatdrucke bei der AZ Presse in Aarau heraus. Indessen war in der Schweiz wegen der Bedrohung durch die faschistischen Achsenmächte die Mobilmachung ausgerufen worden, und Stettler wurde mehrfach zum Militärdienst eingezogen. In dieser Zeit wurde er erstmals konfrontiert mit dem „Leid, das geschieht in der Welt" – besonders hart, als er, mit seiner Truppe im Tessin auf dem Monte Ceneri stationiert, aus der Tageszeitung vom fehlgeschlagenen Erhebungsversuch des 20. Juli 1944 und von der Erschiessung Claus von Stauffenbergs erfuhr. Tief betroffen verliess er am nächsten dienstfreien Tag die Truppe, irrte in der Gegend von Minusio umher, verpasste den letzten Zug, der ihn in die Kaserne zurückgebracht hätte und schoss sich in einem Anfall psychischer Verstörung eine Kugel in den linken Oberschenkel. Nach einem Spitalaufenthalt und drei Wochen Sanatorium wurde er aus dem Dienst entlassen.[7] Den Vorfall, wohl einmalig in seinem Leben, kann man nur aus einem Übermass der Empathie gegenüber Anderen erklären, die so bezeichnend für ihn war und blieb.

1945 heiratete Stettler Barbara von Albertini (der Ehe entsprossen vier Töchter) und 1948 wurde er zum Direktor des Historischen Museums in Bern und seiner Dependancen berufen, wo er der Präsentation des Inventars (u.a. der berühmten schweizerischen Burgunderbeute) neue Gestalt verlieh. Damit sah er sich bereits in frühem Alter von seiner Heimatstadt in Amt und Würden gehoben, und dazu begann auch eine bedeutende Karriere im öffentlichen Kulturleben der Schweiz, die ihn zu vielerlei hochrangigen Aufgaben bei der Gottfried Keller Stiftung, Pro Helvetia und dem Schweizerischen Nationalfonds führen sollte. Sie brachten ihm später viel Ehre, willkommene Auslandsreisen und sehr genossene Begegnungen mit prominenten Politikern, Museumsleuten, Mäzenen und Künstlern ein, aber auch Lasten und Pflichten zuhauf. Dass die Insel Schweiz vom Zweiten Weltkrieg verschont geblieben war, kam der Kontinuität seiner Laufbahn zugute und gestattete ihm sowohl, sich im geliebten Bern zu verwurzeln, als auch seine kontaktfreudige und weltoffene Veranlagung zu entwickeln. Zeugnis dafür sind die vielen, später in handlichen Bändchen gesammelten Reminiszenzen von geschichtsträchtigen Orten und ungewöhnlichen Begegnungen, die Stettlers Sensibilität und Darstellungsgabe unmittelbar zum Ausdruck bringen.[8] Sein innerstes Anliegen blieb es aber, seine dichterische Ader auszuleben, der er gleichsam im Geheimen, in den stillen, einem betriebsamen Leben abgerungenen Stunden nachging.

Bei Rudolf Fahrner brach der Drang zur Dichtung und zum Dichter auf ähnlich frühe und dramatische Weise durch wie bei Michael Stettler, wenn auch unter anderen äusseren Gegebenheiten und mit gewissen Verzögerungen. Nach einer in Böhmen, München, Linz und im nahen Waldviertel verbrachten Jugend, von deren bodenständigen Erlebnissen und bäuerlichen Erfahrungen Fahrner in seinen „Erinnerungen 1903–1945" berichtet hat,[9] war der junge Rudolf vom Vater (einem Ingenieur und Unternehmer, der in der alten österreichischen k. u. k Tradition lebte) dazu ausersehen, den grossen landwirtschaftlichen Betrieb der Familie zu übernehmen und durch passende Heirat zu vergrössern. Indessen war der Gymnasiast unter dem Einfluss eines hochgebildeten Lehrers bereits der Macht der Dichtung erlegen, die für ihn zum Lebensinhalt werden sollte. Friedrich Gundolfs Goethe-Buch, 1916 erschienen, sprach zu ihm von einer neuen Geisteswelt, die ihn magisch anzog, und von Menschen, die ihr dienten. So brach er im August 1921 gegen den Willen des Vaters und so gut wie mittellos nach Heidelberg auf, um sich bei Gundolf als Student einzuschreiben. Von Linz bis Passau fuhr er im Donauschiff, den Rest des Weges legte er zu Fuss zurück – eine von vielen abenteuerlichen Wanderungen, die er noch unternehmen sollte.

In Heidelberg sah er George mit den Seinen von Ferne, lehnte aber die durch einen ihm unangenehmen Begleiter des Dichters angebotene Einführung ab.[10] Von Gundolf, der sich damals in der Ablösung vom Meister befand, wurde Fahrner 1923 zu Friedrich Wolters nach Marburg empfohlen. Dort arbeitete er seine bereits in Heidelberg abgesprochene Dissertation „Hölderlins Begegnung mit Goethe und Schiller" aus[11] und begann in ähnlicher Weise Studien zu Hölderlins Verhältnis zu Schelling und Hegel.[12]

Im Gegensatz zu Stettler sind von Fahrner aus dieser Lebenszeit nur wenige Gedichte überliefert – seine produktivste dichterische Phase erlebte er im mittleren und hohen Alter. Dagegen fällt bei seinen frühen Schriften die tiefgründige Leidenschaft auf, mit der er schon in seinen frühen Zwanzigern aufnehmend und wiedergebend die Geisteswelt von Hölderlin, Goethe, Herder und Hamann durchdrang. Ebenso nah lag ihm Meister Eckehart, dessen im mystischen Einheitsdenken gründender Sprachschöpfung und Sinngebung er seine Habilitationsschrift widmete.[13] Wir stossen hier auf eine ursprüngliche „Be-geisterung", die über das zunftmässige Erfassen und Kategorisieren von Texten hinausgeht, indem sie die Dichtung in ein kosmisches Bezugsfeld zwischen Menschlichem und Göttlichem setzt und sie zum Quellpunkt eines alle Erstarrungen auflösenden Lebensflusses macht. Diesem Ansatz blieb Fahrner auch in späteren Schriften zur Dichtung treu, was den „hermeneutischen Furor" erklärt, der vielen seiner Deutungen innewohnt. Als Beispiel sei aus dem Nachlass ein Ausschnitt aus einer frühen (undatierten) Einführung zu Johann Georg Hamann angeführt:

„Hier antwortet der christlich erweckte und christlich gläubige Mensch, aber nicht der Gläubige an eine Lehre, ein Dogma, eine Satzung, eine fixierte Offenbarung im herkömmlichen Sinn, sondern der Gläubige an sich selbst als den Gottbesessenen. [...] Der Gott ist kein Gegenüberstehender, sondern eingefahren ins ganze Dasein, das nichts ist als sein auf- und niedergehender Atem. Seine Schöpfung ist nicht vernünftiger Art. Alles was göttlich ist, ist vom Gang des Blutes, des Atems, des Feuers. So offenbart sich dieser Blutsgott in Natur und Geschichte und ist für uns nur da in dieser Offenbarung. Wir können ihn nur im Leibe erfahren. Wir müssen unsere Leidenschaften – das Gesamt unserer sinnlich-geistigen Kräfte – aufs tiefste erwecken, weil wir nur so hoffen können, uns Gott zu nähern. [...] Kunst, Wissenschaft, Geschichte sind nur Siegel des lebendigen Daseins Gottes. Wahre Dichtungen sind nur Aussprüche der Göttlichkeit, die der theologischen Offenbarung als natürliche Offenbarung gegenüber stehen."

In Marburg wurde Fahrner von Friedrich Wolters und seiner Frau Erika in den engsten Freundeskreis aufgenommen, doch versperrte ihm Max Kommerells Eifersucht[14] vorerst den Zugang zu George. Nach dem überraschenden Tod von Wolters im April 1930 und dem fast gleichzeitigen Ausscheiden Kommerells aus dem Kreis lud George Fahrner (der inzwischen Privatdozent in Marburg geworden war) an Pfingsten 1930 erstmals zu sich. Bei einer letzten Begegnung in München im Mai 1933, als George Fahrners Neigung zur Bildhauerei bemerkte, brachte er ihn mit Frank Mehnert zusammen. Über diese Besuche und Gespräche hat Fahrner in seinen Erinnerungen berichtet, die Zusammenführung mit Frank als das grösste Lebensgeschenk des Meisters bezeichnend.[15]

Kurz darauf begannen zehn Jahre des gemeinsamen Wirkens mit Frank, bis zu dessen Soldatentod im Februar 1943. Durch freundschaftliche Verbindungen zu den Brüdern Alexander, Berthold und Claus Stauffenberg und durch den unverbrieften, aber lebenslangen Bund Fahrners mit Gemma Wolters-Thiersch[16] (der auch deren Brüder Stefan und Urban Thiersch ins gemeinsame Leben einschloss), sowie durch den Zuzug von jungen Freunden aus Fahrners Marburger Dozentenzeit (1925–34) entstand ein neuer Freundeskreis, der nach dem Tod des Dichters Georgesche Traditionen fortsetzte. Übersetzungen von Odyssee, Rolandslied und Parzival wurden in Angriff genommen, plastische Arbeiten entstanden neben Werken in Email und Silber, und der Delfin-Verlag mit seiner eigens entworfenen neuen Letter wurde für die Publikationen des Freundeskreises gegründet. Dessen Pläne gingen ins Weite und wurden an verschiedenen Orten, je nach den Bewegungen der Beteiligten, realisiert. Zu einem Standquartier wurde das 1936 von Fahrner und Gemma Wolters-Thiersch gegründete Anwesen in Überlingen am Bodensee, dessen neuer Bau Raum für Wohnen, handwerkliche Tätigkeiten und gemeinsame Feste und Lesungen bot.

Das inzwischen heraufgekommene nationalsozialistische Reich brachte viel Unruhe in dieses hoffnungsvolle Beginnen. Es erzwang eine politische Stellungnahme, der sich George noch weitgehend hatte entziehen können. Vor dem Hintergrund der zerfallenden Weimarer Republik und angesichts der notorischen Gegenstellung des George-Kreises zu den damals vorherrschenden bürgerlichen Konventionen und sinnentleerten Ordnungen kann man verstehen, dass Frank, Fahrner und wohl auch Claus Stauffenberg anfangs in diesem Aufbruch Chancen dafür sahen, die neuen Strukturen zu unterwandern und sie von ihrer eigenen geistigen Welt her zu beeinflussen oder gar umzubilden. Dass sich das – wie bei manchen anderen Revolutionen, die nur das Unterste nach oben gespült haben – als Illusion erwies, mussten sie bald erkennen. Das gilt insbesondere für Fahrner, der bereits am 16. Mai 1935, Tage nach dem Tumult um seine Heidelberger Antrittsvorlesung, den demonstrativen Austritt aus der SA vollzog und sich wenige Monate später wegen ideologischen Konflikten mit dem Regime gezwungen sah, seinen kaum angetretenen Lehrstuhl aufzugeben.[17] Die existentielle Auseinandersetzung mit dem Zeitproblem, das sie bedrängte, setzte sich in Fahrners historischen Werken „Arndt – Geistiges und politisches Verhalten" und „Gneisenau" fort.[18] Dazu schrieb Fahrner später in seinen Erinnerungen : „In der damaligen politischen Lage, die manche zu ähnlicher Verstrickung verführte, war es für uns nicht unbedeutend, die Tragödie Arndts zu verfolgen, in die er durch den Versuch geriet, an einem in sich verstellten politischen Aufbruch geistig mitzumachen."[19] Die gemeinsame Gegnerschaft zum Regime kulminierte schliesslich in der von Claus von Stauffenberg geleiteten Erhebung des 20. Juli 1944, der ein letzter Versuch zur Ehrenrettung Deutschlands war. Fahrners Beteiligung an der geistigen Grundlegung der Erhebung und an den geplanten Aufrufen wurde, wie durch ein Wunder, von der SS nicht entdeckt, und so blieb er einer der wenigen überlebenden Zeugen des Erhebungsversuches.[20]

Im Gegensatz zu Stettlers kontinuierlichem und verhältnismässig ungestörtem Lebensgang zeigt sich hier, wie sehr Fahrners Bahn von Erschütterungen und Verwerfungen gekennzeichnet war. Schon die Kindheit war geprägt von vielen Ortswechseln. Zum Studium musste Fahrner das heimatliche alte Österreich verlassen, an dessen „ritterliche" Traditionen er sich gerne erinnerte.[21] Die Jahre des jungen Dozenten waren überschattet vom frühen Tod seiner Mentoren Friedrich Wolters und Paul Thiersch, gefolgt vom Ableben des verehrten

Meisters selbst, sowie von den politischen Umwälzungen in Deutschland. Die „freien Jahre" nach dem Verlust der Professur in Heidelberg mündeten in ein Angebot für einen deutschen Lehrstuhl an der Universität von Athen, dem später auch die Leitung des dortigen Deutschen Wissenschaftlichen Instituts folgte (1939–44), was den Umzug nach Griechenland bedingte und angesichts der Kriegsspannungen erhebliche Belastungen mit sich brachte.[22] Doch trotz aller Widerstände erreichte es Fahrner, das DWI freizuhalten von jeglicher Infiltration durch die nationalsozialistische Ideologie.[23] Das Erfreuliche an der Umsiedlung war, dass Fahrner dadurch in Griechenland, wie Stettler in Italien, eine Wahlheimat fand, die er später so gut wie jedes Jahr wieder aufsuchen sollte. Die letzten Kriegsjahre brachten ihm aber auch den Verlust teuerster Freunde wie Frank Mehnert, Claus und Berthold von Stauffenberg, Wolfgang Hoffmann-Zampis und Friedel Baumecker, schliesslich den Zusammenbruch der Athener Existenz und den Verlust seiner materiellen Lebensgrundlage – ausgenommen das Überlinger Haus, das ihm, Gemma Wolters-Thiersch und manchen Freunden als Refugium diente.

In den frühen Nachkriegsjahren, bevor sie erstmals zusammentrafen, befanden sich Stettler und Fahrner in sehr unterschiedlichen Ausgangslagen: Der Eine stand als wohlbestallter Museumsdirektor und Familienvater (später sollte er mit dem „Ortbühl" einen alten Landsitz der Familie nahe dem Thunersee übernehmen) auf einer gesicherten lokalen Basis, die ihm auch viele Kontakte und Austauschmöglichkeiten mit dem Ausland bot; der Andere plagte sich mit den Überlebensproblemen im geteilten und besetzten Deutschland und war auf der Suche nach einer geeigneten neuen Stellung. Dies gestaltete sich umso mühsamer, als er in Heidelberg seine frühere akademische Karriere unterbrochen hatte und ihm der Wiedereinstieg in Deutschland erschwert wurde, was möglicherweise auch auf manche im Stillen weiterwirkende Netzwerke in den Ministerien der Bundesrepublik zurückzuführen ist.[24]

Geeint waren Stettler und Fahrner in der Verehrung für ihren Dichter und sein Ethos, das sich nun in einer neuen Zeitperiode zu bewähren hatte. Angesichts der räumlichen Nähe zwischen dem Bodensee und Bern, sowie mancher Versuche, Anknüpfungspunkte für die versprengten Glieder des früheren George-Kreises zu finden, war es naheliegend, dass sie einander finden würden. Karl Schefold, der bekannte, seit 1936 in Basel lehrende klassische Archäologe, der zu Fahrners Marburger Freundeskreis gehört hatte und die gemeinsamen Marburger Jahre als Quellgrund seines geistigen Lebens ansah,[25] machte Fahrner schon am 10.7.46 brieflich auf Stettler aufmerksam: „Zweimal im Jahr sehe ich Michael Stettler, den Ihnen nächsten unter allen Menschen, die ich seit unseren Marburger Jahren sah, und den besten Dichter." Hatte Schefold hier den „nächsten" im Sinne ähnlichen geistigen Ranges gemeint, so sollten Stettler und Fahrner bald auch die „Nächsten" im Sinn einer engen menschlichen Verbundenheit werden.

Die Gelegenheit zum ersten Kennenlernen und gemeinsamen Wirken ergab sich 1950 durch Robert Boehringers Vorhaben, „Mein Bild von Stefan George" zu veröffentlichen und Stettler und Fahrner als Vertreter einer jüngeren Generation an der endgültigen Gestaltung seines Manuskriptes teilnehmen zu lassen. Besprechungen zu dritt in Lausanne, Villars und Bern wurden dazu anberaumt, Briefe gewechselt und Fahnen und Fotos zur Kommentierung hin- und hergesandt. Fahrner gewann dadurch nicht nur ein neues Verhältnis zu Stettler, sondern auch zu Boehringer, der Fahrners früherem Mentor Friedrich Wolters mit Vorbehalten gegenübergestanden war.[26] Die erhaltene Korrespondenz von den vierziger Jahren bis zu Boehringers Tod im Jahre 1974 zeigt, wie Fahrner den fast zwanzig Jahre älteren George-Erben regelmässig über seine Reisen, Pläne und neu entstehenden Werke unterrichtet hat und in ihm einen festen Richtpunkt für seine Tätigkeit sah. Boehringer seinerseits schätzte die Lebendigkeit und literarische Qualität der Berichte des Jüngeren, liess sie teils auch abschreiben und vervielfältigen.[27] Sein Alter, später seine einsetzende Erblindung und seine knappe, von manchen als schroff empfundene Art liessen es allerdings nicht zu einem ähnlich offenen und herzlichen Austausch kommen wie dies mit Stettler der Fall werden sollte.

Schon vor der Zusammenkunft mit Boehringer und Stettler hatte sich Fahrner zusammen mit Alexander von Stauffenberg (die ersten Nachkriegsjahre verlebten sie zusammen im Überlinger Haus) mit der Frage befasst, wie die Ereignisse vom 20. Juli 1944 und das Bild von Claus und Berthold von Stauffenberg überliefert werden könnten. Für Alexander, den überlebenden Bruder, dem George den Namen Offa verliehen hatte, war dies eine Frage von existentieller Wichtigkeit. So hatte er, kurz nach der Rückkehr aus der Sippenhaft, am 8.5.45 an Robert Boehringer geschrieben:[28] „Denn ich setze mein ganzes schrankenloses Vertrauen in Ihre Bereitschaft, bei mir zu stehen für die Aufgabe, der mein künftiges Leben vor allem gehören wird: dem Ruhm der beiden, meinen, unsrigen zu dienen. Denn wüsste ich nicht unbeirrbar, dass darin eine neue Schönheit und Erfüllung zu gewärtigen sei, so würde ich wohl sagen müssen, dass mein Leben zerstört sei."

Stauffenberg und Fahrner standen vor dem Problem, dass einerseits das bei ihnen angesammelte Wissen, bereichert durch andere Quellen, historisch gefasst und weitergegeben werden sollte, dass aber andererseits die inneren Antriebe und Überzeugungen der Brüder Stauffenberg in einem trockenen Bericht schwer darstellbar und ohnehin in Gefahr waren, von einer fremden Gegenwart nicht sinngemäss aufgenommen zu werden.[29] Fahrners Freund und Schüler Eberhard Zeller hat es schliesslich unternommen, auf Grund der

Berichte von Fahrner und Alexander von Stauffenberg und intensiver eigener Recherchen das „Zeitwerk" unter dem Namen „Geist der Freiheit" zu schreiben.[30] Stauffenberg dagegen arbeitete an einer dichterischen Wiedergabe der Gestalten, Geschehnisse und geistigen Hintergründe, die ihm am Herzen lagen. Er schloss sie noch vor seinem überraschend frühen Tod im Januar 1964 ab, und sie wurde kurz darauf von Fahrner im Auftrag von Robert Boehringer unter dem Titel „Denkmal" in einem Druck der Stefan George Stiftung herausgegeben.[31]

2. KOMMENTIERTER BRIEFWECHSEL

TEIL I: 1950–1958

Nach den ersten gegenseitigen Besuchen im Frühjahr 1950 boten die Vorbereitungen zur Herausgabe von Eberhard Zellers „Geist der Freiheit" Fahrner die Gelegenheit, Stettler in seinen Überlinger Freundeskreis einzuführen (wobei Gemma Wolters-Thiersch, ihr Bruder Urban Thiersch und Alexander von Stauffenberg von Anfang an mit im Bunde waren). Damit begannen ihre Freundschaft und ihr ausgiebiger Briefwechsel, die bis zu Fahrners Ableben zu Anfang des Jahres 1988 anhalten sollten. Manche von Zellers Entwürfen zum „Zeitwerk" wurden auch mit Stettler durchgegangen, so die Tradition des Delfin-Verlages in der „Sympoiëse" wieder aufleben lassend. Auch Alexander von Stauffenbergs Übertragung des „Agamemnon" wurde gemeinsam besprochen, und die von den Freunden übersetzten Homergesänge ihm mitgeteilt. Dazu schrieb Stettler am 26.6.50:

„Gern bin ich bereit, die Fahnen der ‚Agamemnon'-Übersetzung zu lesen, sofern mir genügend Zeit gelassen wird, und der Schatten meines Nichtgriechentums mit so liebevoller Gebärde ins Helle zu wenden ist. Das ‚Zeitwerk' hat mich all die Tage recht beschäftigt und besser als darüber zu schreiben wird es zu bereden sein. Das Unterfangen ist wohl eines der schwierigsten, weil der Ton gefunden werden muss, der die Umsetzung von Geschichte und Gegenwart reinlich ermöglicht. Es ist sozusagen eine Frage der Linse, und da scheint mir, dass das Objektiv noch nicht durchgehend das gleiche ist, und auch die Brennweite wechselt, je nachdem ob Chronik des Geschehens oder Betrachtung gegeben wird." *Weiterhin am 21.8.50:*

„Zum ‚Agamemnon' bitt ich – ebenso sehr wie Sie drängen – noch um einige Tage Zeit! […] Jetzt schon möchte ich sagen, wie sehr ich angetan bin: Die Sprache ist einfach, einheitlich, rhythmisch sicher; eine künstliche Aufrauhung um Aischylos näher zu kommen, hätte wahrscheinlich nur zu Manierismus geführt, von dem die Übertragung ganz frei ist. […] Wie schön, Sie beide jetzt am Homer zu wissen! Welchen Respekt bekomme ich jedesmal, wenn ich einen der delfinischen Gesänge mit meiner alten Voss-Ausgabe concordiere ..."

Damals muss Fahrner Stettler auch von seinem Vorkriegs-Freundeskreis berichtet und ihm eine Abschrift der Gedichte des befreundeten, im Krieg gefallenen Wolfgang Hoffmann-Zampis geschenkt haben.[32] Stettler schrieb dazu am 24.12.50:

„Habe ich Ihnen auch genug für die sehr schön geschriebenen Wolfgang H.-Gedichte gedankt? [...] Er hatte den Funken, in ihm schwang der goldene Ton – einer in dem's weiterging nach des Meisters Tod – das ist so wichtig!"

Einen Einschnitt in das anhebende Zusammenwirken und zugleich eine Intensivierung des Briefwechsel brachte Fahrners Berufung nach Ankara, die er als Notlösung zur Überwindung einer in Deutschland ausweglosen Situation betrachtete – erst später den tieferen Sinn und die vielversprechenden Möglichkeiten dieses neuerlichen Lebensumbruches erkennend. Vor der Ausfahrt von Fahrner und Gemma Wolters-Thiersch in die Türkei, im Oktober 1950, versammelten sich alle erreichbaren Freunde, auch Michael Stettler, in München-Nymphenburg. Hier müssen sich Stettler und Fahrner bei Gängen im verschneiten Schlosspark gegenseitig auf eine Weise eröffnet haben, die ihre tiefere Freundschaft für immer begründete. So sagt es jedenfalls ein Auszug aus Fahrners 1977 geschriebenem Gedicht:[33]

In Nymfenburg · du naher · hat's begonnen
Hat das herz der lieb uns ganz umsponnen
Dass der eine weiss des andern regen
Tief im sinn und auf den lebenswegen.

Hatten vordem uns schon sehr gefallen
Hatten freud an worten und an allen
Den gebärden die das meiste sagen
An der geste · an dem frohen wagen

Aber damals kam das andre zeichen
Dem wir · glaub ich · nimmermehr entweichen
Weil das anverwandte sich erkannte
Eine flamme in der andern brannte.

Zur Ausfahrt übers Mittelmeer nach Anatolien hatte Stettler am 17.10.50 ein Gedicht voller delfinischer Anspielungen an Fahrner und Gemma Wolters-Thiersch geschickt:

GELEIT DES DELFINS

Zum abschied hörtet ihr ihn leise singen
Und als der kiel die glatte fläche schnitt
Gab er euch gern zu künftigem gelingen
Den segen seiner sanften folgschaft mit.

Entzieht er sich dem kräuselspiel der wellen
Getrost! In goldner tiefe bleibt er nah
Den weg bereitend aufwärts zu den quellen
Hingleitend vor Byzanz und Attika.

*Diese Verse hat Stettler später in seine Gedichtsammlung „Das Goldene
Vliess" (1965) übernommen, und wie zur Erinnerung setzte er den drittletzten
Vers „Getrost! In goldner tiefe bleibt er nah" auf das Vorsatzblatt des Fahrner
gewidmeten Exemplars.*

*Fahrners frühe Briefe an Stettler mit Beschreibungen der Reise nach Istanbul
und des Anfangs in Ankara sind bisher nicht aufgefunden worden. Man wird
sie sich wohl ähnlich vorstellen müssen wie die Briefe an Robert Boehringer aus der gleichen Periode, die in Rudolf Fahrner, „Gesammelte Werke II"
(S.282–297) veröffentlicht sind.*

*Am 24.12.50 schreibt Stettler, der vor kurzem in sein neues Heim in Gümli-
gen bei Bern eingezogen war:*
„In die festliche Adventsstimmung kam hocherfreulich Ihr Brief: Dank und
entgegnende Grüsse, wir sind froh, so Gutes zu vernehmen. Nur von der Hagia
Sophia reden Sie kein Wort, die wär doch nächst Ihnen – der Hauptgrund
einer Reise nach dorten. […] Später kam Urban uns besuchen, kam Urbanisch
an mit einem dichterischen Strauss aus der Provence: Oliven-, Lavendel- und
Eichenzweige, dazu fügte ich einen Lorbeerzweig aus Minusio – o dass Sie es
sähen, jetzt hier auf meinem Tisch! […] Sie fehlten, Rudolf, als wir mit Urban
aus dem helvetischen Kabarett zurückkehrend, bei Kerzenlichtern ein Beef-
steak Tartare verschlangen! Wir haben Ihrer aber auch gedacht, wahrhaftig,
und mir schiens, die Momente, da wir unbändig zusammen gelacht, Sie und
wir nämlich, seien nicht die schlechtesten gewesen."

*Vom 13.4.51 datiert ein weiterer Antwortbrief Stettlers auf ein nicht aufgefun-
denes Schreiben von Fahrner:*
„Dank für Ihren Vorfrühlingsbrief, der in unser winterliches Ostern kam mit
Duft und Würzen geheimnisreicher Namen und aufscheinender Bilder: ‚Frag-
mente dessen was das Herz erschaut' ... Wie erregend fremd und schön muss
Ihre Kreuzfahrerreise gewesen sein. Ich bin froh, dass es gut geht im Ganzen, ja, ich freue mich darüber und denke zu Ihnen mit vielen Wünschen. Wir
sind inzwischen in Rom und München gewesen, beide Male nur kurz und mit
der Pflicht eines Vortrags behaftet. […] Vor allem gab's ein Wiedersehen im
Ammerhaus [bei Alexander von Stauffenberg], das uns allen den Abschied

von Oktober ganz lebhaft aufrief, was sag ich Abschied, nein, die Fernfahrer beschwor, deren Rückkunft wir gewärtigen. [...] Leider verhinderte die Münchner Reise letzte Woche ein Wiedersehen mit Robert Boehringer, der mit den Druckbogen zum Bildband herkam. Ich hoffe, den Einblick nächstens nachzuholen. Ihre Besorgnis wird im Sommer aus der Nähe gewiss wieder schwinden. Zurzeit gelten alle Bemühungen dem baldigen Erscheinen des Werkes, das sich infolge Papiermangels und dergleichen Umstände etwas hinausschiebt."

Der erste erhaltene Brief Fahrners an Stettler, am 1.1.52 aus Ankara geschrieben, lautet:

„Lieber – ja mehr als das – Michael: Es ist reiner Herzenstrieb, dass ich schreibe und Ihnen den ersten Brief im neuen Jahr: Dass es Ihnen Heil und Glück bringe und uns noch immer fester verbände. Hier breche ich ab, weil nun eine Liebeserklärung ohne ‚understatement‘ folgen würde.

Hören Sie, was mir heute morgen begegnete: Ich stand um fünfe auf und ging um halber sechse ins Dunkel hinaus nach den Hügeln über der einzigen Taloase in der hiesigen Wüste. Alles menschenleer. Mit einmal ein hochvermummter Mann mit Kapuze und Turban darüber (es ist seit Wochen köstlich kalt mit knirschendem Schnee) – er hebt die Hand an den Turban und sagt im Vorübergehen: ‚yeni yilsiniz kutlu olsun‘ (= Dein neues Jahr soll gesegnet sein). Als ich über der Oase stand – es dämmerte – setzte sich eine Elster auf eine kleine verlassene Wingerthütte, kam auf einen wackligen Dachziegel, der klapperte, und wippte lang und anmutig mit dem Schwanz auf und nieder, um sich auf dem schwankenden Ding aufrecht zu halten. Plötzlich zwei grosse Füchse in schnellem Lauf, die mit ihren leuchtend roten Ruten über den Schnee strichen. Ich stieg talwärts; an der gewohnten Stelle, wo der Pfad einem Baumhaus nah kommt, sprang der bellende Hund heran, aber er lief zu einer kleinen Schlucht am anderen Hang, blieb dort stehen und bellte hinein. Ich ging nach, da sprang der entzückendste tiefrote junge Fuchs aus den aperen Felsen und lief langsam in den Schnee. [...]

Im Tal erwachte sehr süsses Vogelgezwitscher, die Helle kam. Als ich rückkehrend die letzte Höhe vor der Stadt erreichte, hörte ich reizende Musik und Gesang und sah bald eine Gruppe junger Kerle, die schräg meinen Weg kreuzte: Sie kamen sichtlich aus einer durchgefeierten Nacht und wurden zwar nicht heimgegeigt, wie man in Österreich sagt und tut, aber heimgeblasen von einem tanzschrittigen Bläser, der sie einmal vorwärts drängte, dann wieder zurücklockte, worauf sie sich umschlangen und lachten und sangen. [...]

Waren Sie auch so überwiegend angetan von Robert [Boehringers] Buch? Ich schrieb ihm im ersten Eindruck ein paar Seiten ganz ohne ‚understatement'. Hoffentlich nimmt ers gut auf. Jetzt hocke ich und geniesse grinsend die tastenden Worte der lieben Freunde darüber und warte bei jedem ankommenden Brief auf die neuen Wendungen…"

Stettler antwortet am 27.1.52:
„Dicht, lautlos sind wir eingewoben, weit und weiss ‚dans le vieux parc solitaire et glacé', können Sie das von dort aus sehen? Ihre Neujahrsbotschaft, an meinem Geburtstag verfasst, erfreute – ja mehr als das. Ein Lebenszeichen, ein Händereichen über die Alpen und Isthmen hin – wie gut ist das in dieser Zeit, an der gemessen der Zerstückelte noch ein Ganzes ist! […] Es gibt das Fortgehen und die Rückkehr: So stand eines Morgens der schwarze Robert[34] vor mir und fuhr mit dem Nebensatz weiter, bei dem man sich vor einem Jahrzehnt getrennt. Im Äusseren kaum verändert, und doch, als Existenz, im Lebensganzen betrachtet, so dass es einen betrübt. Natürlich hat er einen Abende lang mit alt-neuen Geschichten versehen, die man nie erfinden könnte. […]
Des grossen Robert[35] Buch: mir ist als sei es schon lang in der Welt, so nicht mehr wegzudenken ists. Ich hüte mich aber, Sie mit neuen Wendungen zu verwöhnen, da Sie deren schon viele genossen haben. Ich möchte aber dann, wenn Sie hier sind, mit Ihnen die Bilder durchgehen, eins ums andere. […] Ganz deutlich wurde mir wieder – wie lernt man das aus dem Buch – dass die höhere Gesittung erst da anfängt, wo drei und mehrere beisammen sind."
Fahrner hatte in seinem Neujahrsbrief auch, halb im Ernst, halb scherzhaft, Stettler gefragt, ob er nicht ebenfalls einen Lehrstuhl in Ankara anstreben wolle. Stettlers Antwort im gleichen Brief: „Danke Rudolf, für Ihren Ruf nach Ankara: Ich bin indessen, mit Verlaub, noch nicht Gelehrter genug um kathedrisiert zu werden, zweitens käme ich gerade recht, um Ihrem abfahrenden Schiff nachzuwinken, drittens hab ich zu viele Kinder. Die Bewaffnende[36] hätte schon eher Lust. Mit mir grüsst sie zu Euch hinüber, in lebhafter Erinnerung. Für kurz kommen tät ich ja gern. Sie wissen, zur heiligen Sophia, auch um zu sehen was an der Landschaft ewig ist, und das Licht, das lockte mich, und Kleinasien."

In diesen zwei Briefen ist auch zum erstenmal von Fahrners Plan die Rede, über das „west-östliche Rittertum" zu schreiben – ein Buchprojekt, das ihn bis ins hohe Alter verfolgt hat und erst postum aus nachgelassenen Schriften verwirklicht werden konnte.[37]

In seinem Brief vom 21.6.52 dankt Fahrner für Stettlers „Schneebrief" und fürchtet, „sich gleich wieder in Liebeserklärungen zu versticken, weil ein gewisser Michael fast so entwaffnend schreibt wie er ist." Dann gratuliert Fahrner zur Geburt der dritten Stettler-Tochter:

„Ich hoffte sehr, Sie würden den Reigen der liebsten Grazien nicht durch eine störende männliche Zwischengeburt unterbrechen, als Ihre Anzeige kam von der Ankunft der dritten Grazie! [...] Die Barbara [...] denke ich mir gerne frei von dem in uns so eingewurzelten blindwütig-männlichem Wunsch nach männlicher Nachkommenschaft. [...] Dass Sie nicht nach Ankara wollen (wo übrigens 10 die geringste Kinderzahl ist, sodass höchstens Ihre Kinderarmut, nicht aber Ihre Kinderreichtum hindernd wirken könnte) kann ich gar nicht mit Ihrer kühnen Gestalt zusammenbringen, wie sie durch meinen Geist wandelt."

Weiter kommt Fahrner auf Rom zu sprechen, das Stettler so liebt, während Fahrner von der Abneigung Franks gegen die ewige Stadt geprägt ist, und höhnt: „Was wollen Sie in diesem alten, ausgelaugten, völlig gesellschaftlich und peripher gewordenen Rom, wo im heissesten Juli schon um neun Uhr früh fünfziger Scharen von neugierig gelangweilten Stupiden aller Hautfarben von den plärrenden Stimmen ihrer Dragomane in sämtlichen abominablen Kauderwelschen der Erde in die Gemälde der Sixtina eingeweiht werden, wo alles abgeleckt und von schamlosen Gaffwerkzeugen entwürdigt ist, und wo das bisschen Hirn der Vielwisser und -schreiber mit seinen öligen Ausdünstungen die Luft ebenso schlecht macht wie die nimmer abreissenden Blechkästen, in denen man eine von der Erde gnädig verborgene Lauge, die man ihr abgezapft hat zu Zwecken einer (wegen ihrer Scheingeschwindigkeit albern langsam wirkenden) Bewegungsart, kläglich zwecklos verbrennt. Hier kann man sich immerhin einigen Urwind um die Nase und in die Nase blasen lassen; kann die proto-chattisch–hethitisch–luwisch–hurrisch–mysisch–phrygisch–lydisch–karisch–griechisch–römisch–byzantinisch–arabisch–iranisch–seldschukisch–osmanischen und neo-türkischen Zusammenhänge einigermassen erfassen [...] und vom Tal der tausend Kirchen bis zum Berg der 1001 Kirchen und zur korykischen Grotte in etwa erfahren, was es mit dem Christentum geschlagen hatte, und wie die romanische Baukunst – die beste mit der bisher Europa besternt wurde – entstehen konnte. [...] Von mir ist allerlei Gutes zu berichten: die äusseren Erfolge könnte Ihnen vielleicht der grosse Robert [Boehringer] erzählen, dem ich sie getreulich gebeichtet habe und der es sicher mit dem nötigen understatement tun wird... Ich hatte allmählich den Eindruck, dass ich bedenklich auf dem Weg war, hier so etwas wie eine bedeutende Rolle zu spielen. Das denk ich jetzt aber schleunigst durch einen stillen Arbeitssommer zu unterbrechen: hier in meiner neuen Wohnhöhle mit zwei grossen luftigen Nord- und Osträumen, die halb in der Erde liegen, und zwei Weströumen nach Licht und Tal hinaus und einem ganz dunklen fensterlosen Mittelraum zu Lichtrast[38] – und später, wenn das heut drehende Gestirn sich mildert, an einem waldigen Nordhang der hohen Gebirge am Schwarzen Meer, wohin ich mit einem grossen Bücherkoffer mich zu begeben gedächte. [...]

Im Frühjahr gelangen noch sehr schöne Reisen. Eine in den griechischen Westen: durch Mysien nach Smyrna zum neu ausgegrabenen Altsmyrna, Pergamon, Larisa, Sardes, (wo jene Könige von ihrer Burg mit einem Blick zum riesigen Tmolos, mit dem anderen über Flusstal und See in ihre eigene Ewigkeit schauten, die sie sich selbst – an hundert mächtige Grabhügel – erbauten), Manisa, Efesos, Priene; wilde Abenteuer auf den gewaltigen Überschwemmungsmeeren des Mäander im kleinen Boot und auf einem viele Stunden weiten von Pelikanen und Kormoranen bewohnten Bergsee; Heraklea (wo in Felsen, die wie ungeheure Elefantenherden übereinanderliegen eine schlanke feine Cella der Athena und ein sicher welteinziges Urheiligtum des karischen Endymion liegt), u.s.f., bis ins alte Halikarnass (wo Salamnakis immer noch die Stadtquelle bewohnt, wo Artemisia herrscht, Herodot geboren wurde und Ritter Heinrich Schlegelholt die Johanniterburg erbaute – eine ganze Ritterwelt aus antiken Baustücken aufgerichtet) – und bis ins unvergleichliche Hierapolis, wovon ich Ihnen noch einmal gesondert erzählen muss… Eine zweite nach Byzanz: Das liess sich diesmal schon besser geniessen, weil man in dem grossen Sumpf schon einige Stellen kannte, wo man beim Hintreten nicht allzutief einsinkt. Der Palmsonntag auf der Prinzeninsel ganz in Duft und Blüten und mit den Lüften, durch die der grosse rote Hummer auf der gastlichen Freundestafel wie ein Sagenbote der Genüsslichkeit hindurchschwamm. [...] Die dritte nach Amasia am Schwarzen Meer: Eine altgriechische Inselstadt mit edlen Buchten. Die alte Akropolis, eine Felsinsel durch eine Steinbrücke mit der Landzunge verbunden, auf der in griechisch – römisch – byzantinisch – osmanischen Trümmern das heutige Städtchen liegt, war mit wilden dunkelblauen und purpurnen Schwertlinien bedeckt."

Stettler nimmt Fahrners ironischen Ausbruch bezüglich Rom nicht für bare Münze. Am 21.8.52 schreibt er unter anderem:

„Für Ihren liebevollen Sonnwendbrief so zu danken wie's mir danach steht bedurft es der Ferienzeit. [...] Wo soll ich beginnen, wo enden? Dass ich am Tag vor Ihrem Brief eine Stunde mit Alexander [von Stauffenberg] am Odeonsplatz in München sass, auf flüchtiger Durchreise, und so herzlich voneinander erfreut, dass es kaum der obligaten Akklimatisationsfrist bedurfte, und sogleich auch Ihrer gedenkend? Dass ich inzwischen eine Aufforderung erhielt, dem Johanniterorden beizutreten, als dessen Ritter ich vielleicht befugt gewesen wäre, ins alte Halikarnass zu reisen (doch eher um des karischen Endymion willen als des Heinrich Schlegelholt!)? [...] Da ich einzig den Vliess-Orden anstrebe konnte ich natürlich dem Ruf nicht Folge leisten. Dass die Auflage des Robert-Buches [R.B. ‚Mein Bild von Stefan George'] so gut wie erschöpft ist und er sich seufzend mit dem Gedanken einer Neuauflage mit ihren Strapazen befreunden muss? Dass ich glücklich war, von Ihnen günstige Zeitung zu haben? – Ich weiss nicht wo beginnen und kann nur mit Valéry in einem Brief nach Istanbul sagen: ‚Il me faudrait trois esclaves ou eunuques intelligents et infiniment souples. L'un lirait mes papiers, l'autre dirait s'il comprend, le troisième serait sténo-dactylo. Il faudrait un noir, un jaune et un blanc secrétaire.' Der Brief schliesst: ‚Etudié Hagia Sophia, mangé des melons'.

Wohlan denn: Während Sie Ihre Frühjahrsreisen machten, deren erregender Duft und Urwind noch aus den Blättern Ihres erinnernden Briefes schlug, waren wir in Ligurien zur Stärkung unserer durch die Geburt von Maria Sibylla mitgenommenen Gesundheiten. Mittelmeer: das ist ja hier wie dort Bläue und Perlmutterglanz. Dann wars ein geschäftiger Sommer, Abschluss der kunsthistorischen Vorhaben, Umbauten im Museum, Kampf gegen die rastlos andrängende amusische Welt, Ringen um Musse, um Luft, um die in Ligurien erschaute Bläue, ohne die im Leben kein Leben ist." *Und nach einer Aufzählung beruflicher Pflichten:* „Dann, im Herbst 1953, käme also Rom an die Reihe. Schmähen Sie ruhig, was wissen wir, wohin die Wege von dort noch führen mögen!"

Fahrners Brief vom 3.10.52 aus Kilis enthält wiederum ausführliche Beschreibungen anatolischer Reise-Erlebnisse. Hier taucht auch sein Übername „Effendi" (türkisch: der Herr) erstmals in der Korrespondenz auf. Fahrner hatte sich diesen Übernamen allerdings bereits Ende der Dreissigerjahre eingehandelt, als ihn ein Zögling seines Freundes Frank Mehnert, von ausgiebiger Karl May-Lektüre inspiriert, erstmals so betitelte. In der Türkei gewann dann der inzwischen geläufige Übername eine neue Realität:

„Dem Bey-Effendi geht es hier gut: ganz früh morgens reitet er auf einem weissen Araber durch die Öl- und Weinhänge und auf die Hügelkimmen, sieht die Schildkröten unterm Reblaub hervorwandern und die Füchse heimschleichen, schaut zu, wie die Sonne ihr erstes Licht in die weite syrische Ebene giesst, aus deren zarten Morgenschleiern nur die Hüyüks (Zeichen jahrtausendalter Wohnstätten) herausragen, und wie sie die Minarette der Landstadt anfunkelt – die Müezzins haben ihn mit langen Gesängen noch bei Dunkelheit erweckt. Heimgekehrt nimmt er sein Bad mit silberner Giess-Schüssel aus dem Marmorbecken im steinernen Schloss des hiesigen Erzvaters und

Erztyrannen, bei dem er zu Gast ist: alle Hallen und Räume mit Marmorfliesen, plätschernde Springbrunnen im Garten, überall kühle Ruhe – ein grosses Geschenk, denn es ist noch sehr warm. [...]

Der Vormittag gehört abermals ihm und er arbeitet einfallüberströmt an seinen Sprachstudien – wenn er ihn nicht wie heut mit Ihnen teilt... Nach der Mittagszeit schaut er im Hof des Nachbarn zu wie die langen Nuss-Schnüre in Traubensyrup getaucht (immer wieder) und in dichten Gehängen getrocknet werden, während die Tauben auf der Weinlaube äugen, ein junges Weib sein Kind säugt und die alte Patronin unter den Mägden den riesigen Traubensaftkessel rührt und mit einem grossen Holzlöffel die Nüsse untertaucht. [...] Oder er reitet mit dem Erztyrannen zu den Rosinendarren in den Weingärten oder auf die Baumwollfelder, wo lange Reihen von Weibern die weissen Flocken pflücken – ganze Dörfer gehören dem Tyrannen, und der Ehrerbietung von Seiten der Männer und Frauen und der Begastungen mit Melonen, Gurken, Granatäpfeln, Yoghurt, Käse, Pfefferschoten, Trauben, Nüssen, Mandeln und frischgebackenen Brotfladen ist kein Ende... Oder er fährt in eins der Dörfer, die den vielen Verwandten gehören und sieht die Bulgurmühlen sich drehen: Die Weiber waschen und kochen den Weizen und trocknen ihn wieder, dann reibt der schwere Mühlstein die Schale ab, und mit Sieben gegen den Wind werfend sondert man Kleie und geschältes Korn, das kommt dann in die Schrotmühle, und wieder sieht man die Weiber mit Sieben die grossen und die kleinen Körner sondern – das gibt dann die Hauptspeise fürs ganze Jahr... Und dann liegt er im Mondabend mit den Gastgebern auf den Hausdächern, hört ihre Geschichten und die nahen und weiten Gesänge... Oder – ja er tut noch vieles was er nicht gleich verrät: z.B. in den Gärten wandern, die sich vasenartig an den Wasserläufen hinziehen, die aus den Bergen kommen, oder um die Quellen lagern, die einen dichten Kranz von Bäumen, Ranken, Fruchtgewächsen speisen, auch grosse Steinbecken füllen, in die die Trauerweiden von Mondschatten durchleuchtet ihre Zweige hängen. [...] Im jungen Eufratstrom habe ich in grandioser Einsamkeit gebadet, nachdem ich mir in einer verlassenen Türbe [Grabmal] mit einem glatten schwarzen Stein von der Kaaba, wie mir der Älteste vom letzten Dorf geraten, die Stirn gestrichen hatte. [...]

Wonach ich mich sehne? Nach ein paar neuen Versen vom Michael: das Ohr will sie hören, der Sinn vernehmen und das Geblüt sich darauf wiegen! Bekomm ich sie? Ich küsse der Bewaffnenden die Hände! Sie soll mir ja gut bleiben und auch einmal ein Zeichen davon geben. Fernfahrende Ritter bedürfen sehr der Stete und Herzensgunst ihrer Dame, und hat sie mich nicht in Schutz und Dienst aufgenommen? Und Du, Teurer und Lieber, sei mir gewogen und nimm auf, was ich an Freundschaftslust und -lieb zu Dir sende."

Am 4.12.52 schreibt Stettler von einem Gang zum „Molino" in Minusio und an Georges Grab: „Die Lorbeerbäumchen umstanden Namen und Kranz, die Blätter blinkten im Mondlicht, das die zartverschneiten Berge erhellte, in einer gleichzeitig frischen und milden südwinterlichen Luft. Nah war Vergangenes, in grossen Frieden gehüllt. Wie geht es dem Bey Effendi? Reitet er noch auf weissen Arabern durch Öl- und Weinhänge? Oder sind es wieder die fahleren Ebenen? Und was wohl für Menschen? Wie schön, dass es das alles gibt, was Sie sahen, und wie schade, dass es so weit ist! Denn sonst, würd ich sagen, müssten Sie wieder zu einer Tee- oder heimlichen Abendstunde zur Tür hereintreten, wie ich – und die Bewaffnende mit mir – uns das zuweilen vorzustellen belieben, und greif-bar vor uns stehen. Ich glaube, Rudolf, wir sehen einander doch immer ganz deutlich, das möchte ich Ihnen sagen, freudig dass es so ist. Freudig sind meine Wünsche zu Ihnen hin: ‚siamo pochi ma buoni, e buoni sono molti'[39] – dieses von den Menschen gesagt, leider nicht von den Versen zu sagen, die ich als Zeichen von mir zu Ihnen hin beigebe, der Kyria[40] nicht etwa verwehrend mit einem halben Ohr mithinzuhören, falls sie sich des Autors erinnern mag." *Bei den eingelegten Versen handelte es sich um sechs von Stettlers frühesten, von ihm nie veröffentlichten Gedichten, die sich im Anhang (S. 189–191) finden. Auf das Umschlageblatt schrieb Stettler:*

MIT FRÜHEN VERSEN

Hör was auch dein ist
Traum der noch rein ist
Flöte die mein ist.

Lausche wie jahrlang
Viel vor gefahr bang
Treu blieb, der wahr sang

Spür wie unteilbar
Ewig mein teil war
Sehnsucht unheilbar

*

Wir reichen die eimer
Die köstlich gefüllten
Vom gestern ins morgen
Um ihretwillen
Allein sind wir da.

Zu Stettlers vierzigstem Geburtstag sendet Fahrner am 27.12.52 einen launig-emphatischen Brief mit lauter orientalischen Liebes- und Verehrungsformeln:

„In der Geburtsstunde Ihres neuen Jahres steh ich bei Ihnen und küsse Ihnen die Augen, wie man hier so schön sagt und tut! Wir wünschen Ihnen (denn die Kyria schliesst sich mit ein), dass Sie, lieber teurer Mann, wieder ein Jahrzehnt auf Ihre Art über die Erde gehen! Dass die Freude doch immer Mühe und Sorge überwiegen möge, und dass Sie uns nicht zu selten in diesem neuen Jahrzehnt Ihre immer begehrte oft erträumte Nähe schenken. [...] Jetzt fahre ich noch auf türkisch fort: Ich küsse Ihnen auch die Wangen und das Haupt; ich küsse auch den Kindern allen die Augen. [...] Die Kyria küsst der Barbara die Augen und die Wangen (ich selbst darf auf türkisch die Frau nicht erwähnen, muss ihr also auf germanisch besonders schreiben). Wir küssen Ihrer verehrten Mutter die Hände... Falls Ihr es wissen mögt: Uns geht es wohl. Könnt Ihr uns, wenn es Euch nicht beschwert, wissen lassen, dass es Euch wohl gehe, so wird es uns glücklich machen! Unser Haus ist Euer Haus und die Ehre Eures Eingangs wird seine liebste Ehre sein. Amin!" *Beigelegt war das folgende Gedicht an Stettler, das auf den gemeinsamen Gang über den Dentenberg bei Bern anspielt:*

JAHRESGRUSS

Bist nicht du
Wandernd über den berg · durch den wald geschritten
Dass mir die seele klang von deinen schritten?

Hast nicht du
Jäh mit worten ein solches netz gesponnen
Drin sich ein wissen fing aus gold gesponnen?

Warst nicht du
Damals schon dabei als des himmels kindern
Lächelndes spiel gefiel mit der menschen kindern?

Mir dein sang
Komm du lied · sei mein und schwing in den osten
Licht wie der frühsturm glänzt der braust aus dem osten!

Was wird sein
Hörst du wieder · o hör die verwandelnde stimme ·
Wenn du singst mit der neuen silbernen stimme?

Auf die Geburtstagssendung antwortet Stettler am 24.2.53:

„Sie haben mich so überreich beschenkt, dass mir nicht nur ein flüchtiger Dank über die Lippen wollte, und zu mehr hätte es in den aussen und innen allzu befrachteten ersten Wochen dieses neuen Jahres nicht gereicht. Nun aber sind Ferien, auf einer Veranda sitzend bin ich unter tiefem Blau des Winterhimmels umringt von schweigend glitzernden Gebirgen. So sind die Voraussetzungen erfüllt, mit Ihnen so zu reden wie es mir allein sinnvoll erscheint: die Nähe ist hergestellt. [...] Wie <u>tief</u> haben Ihre Verse mich gefreut, die Strofe mit den „Himmelskindern", ja das wird uns unser Lebtag nicht verlassen, und, Rudolf, die unsägliche Heiterkeit jenes Spiels! Lassen Sie uns doch heuer wieder zusammen über den Berg schreiten und bereden was unsere Brust erfüllt! Ich selber bin dies Jahr an meine Vaterstadt gebunden, in der grosse patriotische Erinnerungsfeiern (Bern 600 Jahre im Bund der Eidgenossen) den Museumsdirektor mit Sonderausstellungen, Umzügen, Führungen im Atem halten werden. [...] Umso offener wird unser Haus für Gäste aus grosser Ferne sein.

In der Musse von Adelboden habe ich das Zeitwerk[41] aufmerksam lesen können. Eberhard Zeller habe ich gestern ausführlich geschrieben. Zunächst einmal Ihnen Dank für Ihr unermüdliches Dahinterstehen! Seit ich das Buch im Manuskript gelesen habe, scheint es mir überhaupt erst in die richtige Form geronnen zu sein. Weise das Weglassen der allzu politischen Eingangsabschnitte, vorzüglich der Apparat des Anhanges, bewundernswert das ‚Geschichtsschreiberische', das Vermeiden jedes Reportagehaften bei der Aktualität und der geringen Distanz des Geschehens (oder sollte sie grösser sein als wirs ahnen?), die waltende Übersicht bei doch fast unentwirrbarer Verschränktheit des Stoffes. Sehr verbessert hat sich die Anschaulichkeit der Person des Claus, wo mit dem Hinweis auf die Levana-Stelle von der einfachen Kraft des Genialen der Schlüssel gegeben wird, das was ihn von allen andern unterscheidet. Sehr einprägsam auch die letzte Unabhängigkeit des Claus und des Berthold von der Satanie der Zeitmächte kraft ihres Gegendämons, der in ihnen wirksamen Verbindung von Herkunft und Erziehung. Das scheint mir ein besonders zukunftsträchtiger Keim. Bewegend, dass trotz Tränen, Leid und Blut der vielen, vielen Einzelnen von dem Buch etwas Erhebendes ausgeht. Ich schrieb dem Offa: was wäre das Bild von Deutschland <u>ohne</u> diesen in letzter Minute gewagten Versuch, dem Rad das niederrollt in die Speichen zu fallen? Es hat sein müssen, und es hat DER sein müssen. [...]

Ich selber bin an der Erledigung alter Pläne: im Mai erscheint der zweite kunsttopographische Band, zu dem ich noch die Hälfte beigesteuert habe, sowie ein kleines Buch über das Berner Stadtbild; im nächsten Winter möchte ich meinen alten Rundbautenplan in Rom weiter fördern, um dann allmählich

frei zu werden für Neues, offen für Dichterisches, damit <u>das</u> Gedichtbänd-
chen, das einmal meinen Namen tragen soll, wenn auch unendlich langsam,
Substanz gewinnt. Da Sie mich dazu ermuntert haben, lege ich auch diesmal
ein kürzlich entstandenes Gedicht bei, um nicht ganz mit leeren Händen kommen zu müssen:

WENDE

Wir wollen brüderlich und dankbar teilen
Den trank aus tag und grossgestirnter nacht ·
So wirst du mich von alter sehnsucht heilen
Die schon im knaben traum um traum entfacht

Die mich im mittagschein dich finden liess
Zu ineinanderströmendem gesang
Und dich ein opfer fromm begehen hiess
Als ehrtest du den brauch jahrtausendlang.

Du frei gewordener · du schön erkannter ·
Du zärtlich milder und geliebter geist
Wie fühl ich dich mir inniglich verwandter
Seit uns ein später stern die richtung weist!

Nun sprudelt reichtum aus der silberquelle
Die waage zitternd ruht im gleichgewicht
Und wo es sei · aus wolke wald und welle
Erblüht dies dunkle lied und wächst ins licht.

Und damit schliesse ich diesen schon zu langen Brief. Mögen Sie auch lesen,
was zwischen den Zeilen steht, das Freundschaftliche meiner Gesinnung, die
Wünsche und Grüsse der Ihnen so gewogenen Bewaffnenden, die Hand-
küsse der Kinder, unsere frohen und besonders herzlichen Gedanken für die
Kyria, die Hoffnung nicht allzu späten Wiedersehens, das Aug-in-Auge, die
nichtzuschreibenden Dinge...
    P.S. Ich habe die Verse des Wolfgang Hoffmann wieder mit und liebe sie
sehr."

*Im September 1953, anlässlich seines Sommeraufenthalts in Deutschland,
besucht Fahrner seinen Freund Stettler wieder in Gümligen. Kurz darauf sendet Stettler die Abschrift eines neuen Gedichtes mit der Unterschrift: „Sei-*

nem lieben R.F. in Erinnerung an die Stunden in Gümligen 11.–14. September 1953 am Vorabend einer Abreise nach Rom: Via Sardegna 79."

DER WANDERER

Nimm die kleine träumerische gabe
Liebste von der hand des wandrers an!
Dir zur freude sammelt er die reiser
Dein gedenkend schaut er in die bläue
Flüstert deinen namen in den wind.

Zweige von orangen und mimosen
Legt er nachts auf deine schwelle hin
Wo sie duft und süden um sich breiten
Wo sie dich am morgen von ihm grüssen –
Die sie findet weiss ihn wieder weit

Neigt sich über blatt und frucht und blüte
Tief als wär es seines herzens pfand,
Weiss um glück und seligkeit der nähe
Ahnt die lockung seiner fernen ziele
Tauscht ihr los nicht um ein königreich.

Am 3.12.53 dankt Fahrner für das Gedicht und schickt vorher zurückgehaltene eigene Verse, die ihm noch in Gümligen gekommen waren:

„Wie wert war mir Ihr Ausfahrtsegen und das Robert Boehringer Bild! Dank! auch an Max Fueter![42] Ich gönnte mir nach sehr mühseligen und erfahrungsreichen Fakultätsreisen (Die Zunftbusse!) zwei Tage in Ravenna. Stürmische Seefahrt an Castel del Monte vorbei. Ein sehr hohenstaufischer Abend in den Domen und Burgen von Bari: Im Kastell an allen Toren devotest begrüsst, durch die Höfe und zuletzt die Rittertreppe hinaufgeleitet, im langen Rittersaal eine grosse Festtafel gedeckt – man hatte uns für verfrühte Gäste gehalten. Einfahrt in die Ionischen Inseln unter Gewittern, sinkende Sonne, Regenbogen, Purpurwolken, durch die Blitze zuckten. Die Freunde in Athen, der leuchtende Saronische Golf und diesmal sogar das noch so abendländische Istanbul machten den Übergang nach Asien nicht leicht. Seither verschanze ich mich in der Arbeit.

Dank für den sehr schönen WANDERER! Ich lege Ihnen ein paar Verse bei, die sich mir in den Berner Tagen – unseren Tagen, die mir ein Schatz sind – aufdrängten und die ich mich damals nicht entschliessen konnte, Ihnen zu geben:"

Das unausdeutbar schöne streift der blick
An seinen zügen muss das auge hangen
Von seinem wunder ist der geist umfangen
Sein schweres rätsel beugt uns das genick.

Stettler antwortet aus Rom am 15.12.53:

„Wie dank ich Ihnen für Ihren Brief und den endlich nicht länger zurückgehaltenen Vierzeiler, der mich auf meinen Gängen durch Rom begleitet, wenn ich dem Rätsel nachforsche, dem wir beide – nicht wahr? – so völlig untertan sind, zuweilen auch (Sie erinnern den Brief) ,sinking away in forgetfulness through the monotony of Roman afternoons' [?], deren Löwenfarbe das Dezemberlicht bescheint. Im Lesen gedachte ich aber auch jenes gemeinsamen Höhengangs auf dem Dentenberg, der uns für Augenblicke schwerelos dahintrug. Es ist unmöglich, dass wir nicht beide das besondere Geschenk jener Stunde empfanden. Des zum Zeichen ist mir Ihre Strofe doppelt wert. Ja, Sie haben recht, wir sollten uns in dem verlautbaren, wo wir uns von andern unterscheiden. Nach Jahren der Strapazierung in Amt und Bürden komme ich, davon für einige Monate befreit, in diesen römischen Wochen hier zu mir selbst."

Am 27.12.53 antwortet Fahrner, wieder aus Ankara (er hatte inzwischen eine Reise nach Syrien unternommen):

„Ja, ich bekenne mich zur gemeinsamen Untertanschaft unter jenes Rätsel, – und wenn Sie mich mitnähmen, wär ich leicht dabei, auch beim ,sinking away', wie mirs ja von Anfang an so leicht und süss war, am Ihren und an Ihnen teilzunehmen. [...] Ich lasse Sie im alten Jahr mit Dank für Ihr Dasein aus meinen Armen und empfange Sie im neuen mit offenen, wenn Sie wieder in unsere Freundschaft, und mehr als das, einkehren mögen. Der Dentenberg ist unvergessen: Unser Wandern und der kurze Sitz, wo wir auf einmal dort waren, wo man selten hingelangt. Ihre Mahnworte und -blicke helfen: Der Gemahnte achtet auf sich. Zumal ihn wieder dünkt, es gäbe noch was zu leben." *Fahrner legt auch einige jüngst entstandene Verse bei, die in der Korrespondenz nicht aufzufinden waren.*

Immer noch aus Rom schreibt Stettler am 20.1.54:

„Was war das für ein guter Freundesbrief, der mir zu Jahresanfang von Ihnen kam mit den Versen, die so verheissungsvoll auf einen neuen Sommer wiesen! Sie umarmend statt ich meinen Dank ab, und es möge der Fünfziger dem Vierziger so festlich nah gewogen bleiben wie der Vierziger dem Dreissiger es war! Meine Mahnung zu ernsthafter Selbstpflege wiederhole und verstärke ich: Wie recht haben Sie, wenn es den Gemahnten deucht, es gäb noch was zu leben: Gioia di vivere! Von Herzen gern schreib ich Ihnen die mir teuren Dowson-Verse[43] ab, freu mich dass Sie sich ihrer erinnern – ‚and let it be like this‘ [Dowson].

Ich war zwei Wochen zuhause, ja und im linden neujährlichen Schnee stapften wir auf den Dentenberg, keine Spur war zu sehn hinüber zum Wald, umso deutlicher sah ich uns dort am Waldrand sitzen... [...] Meine Arbeit gibt mehr zu schaffen, als mir lieb ist. ‚Immer dauert alles‘ – pflegt Zschokke zu sagen– ‚eine Viertelstunde zu lang‘, so auch die Bearbeitung der Rundbauten. Dies gilt nicht für den Urlaub an sich, der mir Zeit zur Besinnung gibt und zu Gängen wie ich sie schon im letzten Briefe schilderte. Kürzlich in Tivoli in der Villa d'Este: der ansteigende Park mit hundert Wasserspielen, die durch die dunkle Stille der Cypressen und Steineichen rauschten, von tiefem blauen Himmel überwölbt – das, Rudolf, sind Augenblicke, in denen die Eindrücke sich zur Vollkommenheit steigern. Aber dann, wohin o Herz mit all dem? ‚Ihr Menschen, eine Brust her, dass ich weine‘, sagt Kleist: Solche Ausdrücke reichen gerade zu; auch Mörike kannte die Erhebungen, mehr, er konnte sie sagen: ‚Ich kniee, ihrem Lichtgesang zu lauschen.‘" [„An die Geliebte"] Neben der Dowson-Abschrift legte Stettler folgendes Gedicht bei:

TROST

Wenn uns am weg die freude mied
Ihr schatten uns erbost –
Aus eines kindes augenlid
Wie bald erblüht der trost.

Wie fällt der strahl in trüben bau
Den tag - um tagwerk türmt
So heiter überlistend blau
Dass rein und unbestürmt

Auf einmal wieder offen deucht
Der jugendgrüne pfad
Und frühluft unser bangen scheucht
Vorm schnitter · vor der mahd.

Am 4.3.54, folgt – in Erwiderung der „syrischen Wintergrüsse" von Fahrner, bei denen es sich wohl um einen Vorläufer aus dessen Gedichtreihe SYRISCH GESUNGEN handelte[44] – ein weiteres Gedicht von Stettler:

DER GEFÄHRTE

Ein engel kam des wegs,
Ein stück weit gab er mir
Sein schimmerndes geleite.
Mit seinen augen sah
Ich schneeiger berge rand,
Den fluss im heimattal,
Rings acker wald und haus.
Mir war der rose duft
Wie nie verschwenderisch,
Wie nie die lüfte mild
Von süden hergeweht.
Nur eine strecke weit
Ging ich an seinem arm
Durch taubeglänzten garten
Durch dämmergrünes ried.
Ich geh den weg fortan
Kaum anders als zuvor
Doch immer bebt ein ton
Und trifft mich wo der blick
Aus fremdem augenpaar
Dann fühl ich: er ist nah.

*Den Sommerurlaub verbringt Fahrner grösstenteils an der Ägäis, in Phokaia,
von wo aus er dem Freund am 31.8.54 schreibt:*

„Von Robert Boehringer hörten Sie vielleicht, wie gut ich es hier gefunden
habe und zwischen Morgen- und Abendbädern und Schweifungen übersommerte,
indes in Ankara die Häuser platzen vor Hitze. [...]

Wieviel hat mein Herz Ihnen seit dem Syrischen Mond zugerufen! Soviel,
dass ich gar nicht mehr weiss, was und wieviel ich wirklich schriftlich rief.
[...] Wann hör ich wieder, was mein Michael für Spässe und Ernsthaftigkeiten
treibt? Wie wärs mit einer Ausstellung aller von Paul Thiersch derivierenden
Kunst in ein bis zwei Jahren in Ihrem Museum?"

*Der Briefwechsel der folgenden Monate dreht sich vor allem um Fahrners
in Ankara entstehende Schrift „Dichterische Visionen menschlicher Urbilder in Hofmannsthals Werk", womit der Autor ein doppeltes Ziel verfolgte:
Einerseits wollte er sich einen Ausweis für die „Zunft" verschaffen, der ihm
bei der Suche nach einem Lehrstuhl in Deutschland helfen sollte, anderer-*

seits wollte er die Nähe von zentralen Werken Hofmannsthals zur Georgeschen Dichtung und ihrem Prinzip der „geistigen Kunst" erweisen. Stettlers und Boehringers Kommentare zu den ersten Manuskript-Fassungen
waren ihm dabei wichtig. So entspann sich ein langer Dialog mit Stettler
zum Thema „wie kann und soll man über Dichtung schreiben", den die
Freunde von unterschiedlichen Positionen aus führten und der Fahrner zu
wesentlichen Änderungen in der 1956 von der philosophischen Fakultät in
Ankara veröffentlichten Schlussfassung veranlasste.[45] Die türkischen Set-
zer mussten dabei drei volle Fahnenkorrekturen bewältigen, was, gemäss
Fahrner, damals der dortigen Praxis entsprach und dem Autor viel Flexibili-
tät liess. Stettler akzeptiert das Lesen der Entwürfe trotz grosser beruflicher
Belastung und schreibt am 31.10.54:

„Sie wissen ja wie sehr der Hofmannsthal meine erste Liebe war, und aus
diesem Grund, nicht vom Wissenschaftlichen her, werd ich mir allenfalls die
eine oder andere Bemerkung zutrauen, die Ihnen vielleicht was nützt. Was
der Österreicher über den Österreicher sagt, das sind wir doch begierig zu
hören."[46]

Am 12.12.54 schreibt Stettler nach Lektüre der ersten Entwürfe:
„Ein Sonntag und die Musse, Ihnen zu schreiben. [...] Vor acht Tagen las
ich im Stadtpark von Lugano in mildem Südschein Ihre Arbeit. Nun fürcht ich,
werd ich Sie enttäuschen müssen, denn nicht wahr, Lieber, wie schwer ist
Reden über Dichtung, wie schwer erst Reden über Reden über Dichtung!
[...] Dichtung, das ist mir mehr als je die ‚blaue dunkelblaue Stunde' und fast
nicht zum Reden drüber. Schon in der Kunstgeschichte beginnts mir mühsam
zu werden, geschweige denn dort, wo das Medium des Kunstwerks und des
Redens darüber das gleiche ist. Deshalb würde ich die Sprache einer theore-
tisch-kritischen Arbeit noch stärker von der dichterischen Sprache sondern.
[...] Es ist die Beschreibung der Dichtungen für mein Gefühl öfters noch zu
hymnisch geschwellt und mit zu vielen Verdoppelungen und Gundolfschen
Häufungen. [...]

Zum Proportionalen des baulichen Gefüges: Im Ganzen finde ich die Einleitung im Verhältnis zu lang, zu didaktisch-allgemein und streckenweise zu pole-
misch gegen die Zunft. Zu ausgiebig dünken mich auch die Beschreibungen
(da doch kein seriöser Leser diese Arbeit lesen wird, ohne die Dichtwerke auf-
geschlagen daneben zu halten), und zu kurz die Auswertung dessen, was Sie
in Einleitung und Beschreibungen ausgebreitet haben, zu kurz das Verweilen
auf den gewonnenen Erkenntnissen, zu wenig heftend die Herausstellung der
‚Urbilder'. [...] Auch sollte gesagt werden, warum der ‚Tor und der Tod', der
wahrhaftig Urbilder böte, nicht behandelt wird, warum nicht der ‚Jedermann'. [...]

‚Teilhabe an der geistigen Kunst' als Kapitelüberschrift geht m.E. ebensowenig wie der Satz, Hofmannsthals Kundmachenkönnen des Erschauten habe immer <u>etwas Meisterhaftes</u>, denn, nicht wahr, das wollen wir doch voraussetzen, dass H. auf seinem Gebiet, in seinem Reich, ein Meister war. Es können also seine Verlautbarungen nicht <u>etwas</u> Meisterhaftes haben, sondern sie sind unabhängig von gut oder nicht-gut, meisterhaft. [...] Ähnlich ist es mit der Teilhabe an der geistigen Kunst – er hat nicht daran teil, sondern ist einer seiner Exponenten. Mündlich wäre dies natürlich viel besser zu begründen; ich muss mich ohnehin kurz fassen, das ist schmerzlich, weil ich Gefahr laufe, zu abschätzig zu wirken, was durchaus nicht der Fall ist. Sehr erfreuend empfinde ich – neben vielen glücklichen Formulierungen – dass auf das Ausfindigmachen von Personen und Örtern im privaten Sinn völlig verzichtet ist (vgl. Vorrede zum ‚Jahr der Seele'). Trotzdem sollten Sie m.E. in Ihrer Einleitung dieser Vorrede einen Gedanken widmen, weil nämlich dort steht: ‚Möge man doch (...) vermeiden, sich unweise an das menschliche (...) urbild zu kehren', sonst kann Ihnen das leicht jemand entgegenhalten."

Am 12.12.54 erwidert Fahrner auf Stettlers Brief:
„Dank, liebsten Freundesdank! Wie sehr fühlte ich Ihr Stöhnen mit, allein schon über die Leseplage jetzt im stürzenden Jahr – <u>wie</u> kann ich mir alles vorstellen: Ginge es doch jedem von uns so, wenn der Andre ihm ein Zunftwerk vor dem Druck aufnötigt und so etwas wie eine Mitverantwortung. Ich empfing es als Geschenk wie gütig Sie mir alles darstellten und fühl es als Liebeswerk, dass Sie nicht noch viel mehr ausschlagen bei allem was Ihnen missfiel. [...] Dafür brauchte ich ja so nötig eine – Ihre – Stimme, um Abstand zu gewinnen ohne allzu langes Ablagern-lassen, denn was Sie lasen war ja die erste Niederschrift aus Phokaia, wie sie damals unmittelbar nach dem Abschluss an Robert Boehringer ging.

<u>Sprache im Einzelnen</u>: Da stimm ich Ihnen aus vollem Herzen zu, ist noch sehr hypertroph, stellenweise noch herumtastend und muss beschnitten, gereinigt und präzisiert werden.

<u>Sprache im Ganzen</u> (mit ihren verschiedenen Stufungen bei den einzelnen Darlegungen): Die Probleme und <u>das</u> Problem – wie über Dichtung reden – hab ich lange durchgesonnen und es ja auch nicht umsonst trotz meines Berufes nicht getan, das Wunschbild der starken deutlichen Scheidung zwischen Dichtersprache und Betrachtersprache immer vor Augen. Dagegen stand, dass die Sprache, wenn sie echt bleiben soll, ihrem Gegenstand angemessen sein muss und sich ‚höhere' Erkenntnisse – heisst solche im mythischen Bezirk – nicht ohne demgemässe Ausdrucksversuche vermitteln lassen. Was herauskam, ist z.T. sicher noch zu nahe an Dichtersprache und könnte noch

transponiert werden. Anderseits beruf ich mich auch wirklich – nicht nur im Text – auf Hofmannsthals glänzende Skizze über den Literaturhistoriker und seine Forderung, in die Ebene des Metageometrischen zu gelangen, ins Kugelförmige, ‚hybrid wie die Dichtung selbst‘. Das ist nur prinzipiell gemeint, faktisch mag mirs misslungen sein. Übrigens ist, grad von Hofmannsthal ausgehend, die Aufgabe des ‚Dichtens über Dichtung‘ in meiner Zunft lebhaft diskutiert – ich spiele in den Anmerkungen darauf an.

Propozen: Einleitung kürzen (und entpolemisieren), Ergebnisse verstärken, klären (und im Sprachton von den Beschreibungen abheben), mehr Auswertung – dies alles bejah ich ganz und wills versuchen, besonders auch die Beschreibungen auslichten. Vielleicht aber alles nicht so weit, wie Sie es wünschen: da ich an jenen seriösen Leser, der das Werk daneben aufschlägt nicht glaube (aus vielen Erfahrungen), und ihn das auch nicht zur gemeinsamen Vergegenwärtigung führen würde, die ich für unerlässlich halte, um ehrlich mit dem Leser über etwas zu reden. Möglicherweise liesse sich das in meinem Vorwort [...] noch alles klarer begründen, auch die Auswahl der Stücke und die verschiedene Breite der Behandlung (Übergewicht beim ‚Kleinen Welttheater‘). Sehr scheue ich, die Ergebnisse auf ‚wissenschaftliche‘ Formeln zu bringen, was leicht wäre, aber dem Leser die innere Verarbeitung und Erarbeitung – das Mitproduzieren – erspart und ihm also zum Eigentlichen nichts nützt, nur zum bequemen Bereden [...].

Teilhabe, immer etwas Meisterhaftes und Zugehöriges: Ich wills herzhaft prüfen und danke sehr für Ihre Rebellion dagegen! [...] Aber denken Sie: Ich hatte bei jenen Formulierungen richtig Angst vor Ihnen ob ich – aber umgekehrt im Positiven – so weit gehen dürfe bei der auch von Hofmannsthal selbst empfundenen dichterischen Fragwürdigkeit seines ganzen Werks vom ‚Kleinen Welttheater‘ ab bis an die Schwelle des ‚Turms‘, das das Dichterische nur als Ingrediens enthält, nicht als je im Ganzen (darauf käme es doch nach jenem berühmten Blättersatz an) gelungene Gestaltung. Da scheint mir Auswahl und Vorsicht in der Zuschreibung Gebot. Muss man sich nicht eingestehen – auch um seinetwillen – dass Hofmannsthal nur mit einem Teil seines Werkes an der Geistigen Kunst teilhat, den es zu finden und zu bezeichnen gilt? [...] ‚Exponent der Geistigen Kunst‘ – das schiene mir eher, wenn auch ungenügend, den Meister zu bezeichnen, der nie etwas Landläufiges, im Stofflichen Bleibendes, auf Wirkung (Effekt) Berechnetes oder Zielendes gemacht hat. [...] Also für alles Dank, noch einmal! Lassen Sie es sich nicht verdriessen: Sie haben ein gutes Werk an mir getan. [...]

Erschreckt aber hat mich, dass Sie mit dem ‚Tor und der Tod‘, und gar mit dem ‚Jedermann‘ herausfahren und den ersteren sozusagen von Urbildern wimmeln lassen... Das macht mir Angst, dass ich mich mit dem, was ich eigentlich meine, gar nicht deutlich machen konnte. Der ‚Tor' scheint mir, wenn man prüft, als Selbstdarstellung interessant und ergreifend, dann noch als Zeitfigur – aber ‚ewiges' Urbild? [...] Das Werk hat mich als 15-jährigen, noch eh ich die Dichtung des Meisters kannte, erweckt, mich und meine Freunde durch die Jugend begleitet – warum soll ich ohne Not die spätere schmerzliche Einsicht demonstrieren, dass es zwischen ‚Tizian' und ‚Kleinem Welttheater' eher herausfällt als nicht so unbedingte Neuschöpfung und mir damals vielleicht gerade deshalb so leicht und seelenumspinnend einging? – Vollends im ‚Jedermann' kann ich vielleicht Typen finden – aber Urbilder? und gar in lebendigen Gestalten?

Aufhorchen macht mich die ‚dunkelblaue Stunde' der Dichtkunst. Sollten Sie sie für unberedbar halten? Dann sag ich ja im Einen Sinn (Vgl. ‚Zum Hölderlintag')[47] aber auch nein in einem andern Sinn: Denn sollten die Denk- und Redekräfte, die so stark an der Hervorbringung des Dichterwerks beteiligt sind, bei seiner Aufnahme unbeteiligt bleiben? Und hat nicht Hofmannsthal glänzende und kostbare Beispiele dieser Beredbarkeit gegeben und sehr fruchtbare?

Ich hab absichtlich manches über-pointiert – möcht es zum Reiz des Gesprächs dienen. [...] Und nun die Frage: Könnten Sie nach München kommen, wo etwa vom 3.III. bis 10.III. die Freunde versammelt sein werden, und Ihren Stern unter uns leuchten lassen? Und mir ins ausgehungerte Herz?"

Der Jahreswechsel mit den unmittelbar aufeinander folgenden Geburtstagen ist, wie immer, Anlass zu längerem Briefwechsel. Stettler schreibt am 2.1.55, wieder aus der Schweiz:

„Bevor die Arbeit des neuen Jahres beginnt, sollen diese Grüsse an Sie beide gehen, Freundesgrüsse und -wünsche, herzlich innige. Wir brauchen nicht viele Worte, nicht wahr, um den Strom freundschaftlicher Gefühle fliessen zu lassen, hin und wider zwischen uns, die wir so reich und so hinfällig sind in einem. Ich danke Ihnen auch für Ihre ausführliche Antwort, die meinen laienhaften Anmerkungen zu Ihrem neuen Manuskript zu viel Ehre erweist. Doch habe ich mich gern über einige tiefere Gründe, über So-und-nicht-anders-schreiben belehren lassen, besonders was die Auswahl der Werke, die Sie behandeln, betrifft. [...] Im Einzelnen möchte ich auf Dupliken verzichten und durchaus nicht insistieren; mögen Sie sichs genug sein lassen an der Art meiner Reaktion auf gewisse Stellen, die bei mir zunächst gefühlsmässig erfolgt und erst – auf Wunsch gewissermassen – hernach zu begründen versucht wird. [...] ‚Teilhabe an der geistigen Kunst' ist mir nach wie vor zu gönnerhaft. Haben Sie im neuen Borchardt-Hofmannsthal-Briefwechsel den erregten Brief H.'s vom 4.2.24 gelesen, in dem er den Eranos-Brief

Borchardts so hart ablehnt und schreibt: ‚Ich bin keine Tuba, will auch keine sein, war nie eine und werde nie eine werden!' Worauf Borchardt verschlimmbesserte, Hofmannsthal sei ein ‚mündiges Mundstück'! Man riecht förmlich den Borchardtschen Speichel... [...] Ach ich gebs zu, es ist ein Kreuz mit dem Reden und Schreiben über Dichtung, und doch haben Sie recht: Warum sollen die Deute- und Redekräfte beim Aufnehmen nicht mitbeteiligt sein; wer Ihnen da nicht herzhaft zustimmt macht sich's gar genüsslich bequem. Und wie gut, Rudolf, dass Sie sich wehren, das weckt mir geradezu die Freundeslust! Ich spüre meine Arme und möcht ein bisschen ringen, wie ichs mit meinen Kindern tu, vor lauter Freude aneinander. Es ist halt so: Ich entfern mich von der Wissenschaft, da ist ein Prozess im Gang in mir, der eine richtige Krise heraufbeschwor vor einigen Wochen, ich wollte aus der Galeere steigen, weil man sich doch nicht immer vormachen kann: ‚Das ist die Freiheit, dass wir in Ketten singen...' Nun gehts besser, ich bin sogar in einer schwer zu bezeichnenden Weise glücklich, voller Lebens- und Liebensgefühl. [...] Sahen Sie die Verse von Hans Brasch?[48] Da sind zwei Zeilen, die mich Tag und Tage beschäftigen:

> Maskengleich im hochmut des verschweigens
> Sehn wir reglos den verfall des reigens.

Durch nichts, es sei denn eine neue Figur des Reigens, ist ein solcher Vers zu überwinden."

Stettlers Brief endete mit einem Hinweis auf seine berufliche Anspannung und die notwendige, von vielen Freunden angemahnte Ruhezeit in den Bergen, die er unterbrechen müsste, um Fahrner bei dessen kurzem Deutschlandbesuch im März treffen zu können. Fahrner antwortet am 13.1.55:
„Da danke ich inständig, Freund, liebster, für so nahe Liebesworte und Wesensworte – wirklich ein Strom – die Sie ganz zu mir brachten, mich an Sie schlossen! Und dies voraus und es will wahrlich was bedeuten für einen ausgehungerten Ostanatoliker, wenn ich das sage: Es ist mir heilig ernst um Ihre Ruh, Ihr Ausspannen und Rasten, und ich wenigstens möcht nicht nur davon geredet haben und Sie dann an Anderen beginnen heissen, damit Ernst zu machen. Wenn die lange vorbereitete Rast – ich weiss <u>wie</u> schwer so was zu erringen ist, und gar bei Ihrer Vielfalt der Anspannungen und Ihrer Tiefe der Kräftehingabe an Andere – bedroht ist, bin ich bereit zum Verzicht. Ja, ich bin bereit, Sie zu loben – und alles zu tun, ums Ihnen ganz leicht und frei zu machen. Ich schreib also meine Zeilen – Sie wünschtens – nur um Ihres geistigen Geleits sicher zu sein, und dass Sie eingreifen, angreifen könn-

ten, sobald Lust und Kraft Sie dazu trieben: Manchmal zeigt sich ja plötzlich freie Bahn, wo erst alles mühsam und verstellt schien. Und das darf ich doch sagen, dass mir die innigste Freud geschähe, wenns so wäre. [...] *Weiter teilt Fahrner mit, dass er ein neues Kapitel „Bedeutung der erschauten Urbilder" geschrieben habe, um den von Stettler gerügten Mangel zu beheben, und überall hypertrophe Wendungen ausgemerzt habe. Der Untertitel „Teilhabe an der geistigen Kunst" wurde zu „Geistige Kunst" vereinfacht. Den Brief beschliesst er mit folgendem Paradox:* „Eins hat ja Reize: Wie Ihre von mir so innig begrüsste Abwendung von der Wissenschaft, bzw. Entfernung davon (denn <u>was</u> haben Sie für <u>dichterische</u> Aufgaben!) zusammentrifft mit meiner von allen Freunden – auch von Michael – geratenen, freilich nur besuchsweisen Annäherung! Und mir mühsam darauf Hingegeigtem kommt Ihr Überdruss auf den Kopf und – zustatten."

Am 30.12.54 schickt Fahrner nach einer weiteren Reise in den fruchtbaren Halbmond neu entstandenen syrische Verse:
„Zu Ihrem Tag Gruss und Heilwunsch liebend dargebracht und innerst zugedacht an meinem Tag! Bleibts nicht eine süsse Verschwisterung, diese Wiegennähe? Mögen Sie als Zeichen die beiliegenden Verse, die sich beim letzten Wandel in Syrischen Gefilden meldeten [...] den schon gesandten anreihen?" *Er schliesst:* „Umarmung, teuerster Entwaffnender – die Bewaffnende mit eingeschlossen."

SYRISCHER HERBST

Wie du die teiche die spiegelnden färbst
Bringer des bleibenden, syrischer herbst!
Sahst es schon morgen und siehst es doch heute:
Junge oliven wie wartende bräute

Sträucher die flockenden füllen den schrein
Mandel und traube du brachtest sie ein
Schilfe sind ragend von winden umschlungen
Glitzernder quell durch das dickicht gedrungen

Schattendes dunkel im weidenhaar
Kannst mir nicht lügen – die tiefe ist wahr.
Aber die siegenden über die toten
Seelen, des kernapfels früchte die roten

Leuchten aus zweigen und schmecken im mund
Machen sich trübende augen gesund:
Erde wie schmücken dich strotzende schooten
Roten pfeffers, und was du geboten

Schwellt dich: der sesam, der weizen, der wein
Nussfrucht und apfel im blumigen schein –
Spricht doch der bach aus den schlängelnden buchten:
Fruchten wird sie euch, wiederum fruchten!

Stettler antwortet am 19.1.55:

„Ihr Gedicht nun vor allem erreichte mich nach Abgang meines letzten Briefes; ich wollte mir die ganz liebe Verdankung auf ruhigere Tage versparen, nun sollen Sie aber sogleich wissen: Nichts empfinde ich als grösseres Geschenk, nichts kann mich mehr erfreuen denn eigene Verse. Wenn's dann noch solche sind, in denen die Fruchtpracht der östlichen Erde strotzt, beginne ich im Lesen zu träumen, soweit das über Gedichten verstattet ist. Und nicht wahr, solche Verse sind ja immer auch zu höherem Preise:

So müsse es geschehen dass der hehre
Und frohe Delphier vor freude schwelle
Wenn einer des Peneios laub begehre.[49]

Doch, doch, das sprach zu mir in Ihrer Sprache, Rudolf, aber ist's dann nicht gut wenn's aufgenommen und still geborgen wird? So erwidere ich mit ein paar sechs- und fünffüssigen; und wenn ich mich sorgsamer als früher ans Metrum halte, ist's weil ich mich <u>Ihrer</u> seinerzeitigen Vorhaltung über diesen Punkt erinnerte. Zum Einen Hugo: Was Sie mir von der Weiterförderung sagen, leuchtet mir ein. [...] Im Übrigen scheint's mir auf guten Wegen und vielleicht tut's der Sache gut, wenn Sie auch im heimischen Geländ nochmals das ganze Opus überfliegen können. Mit den ‚menschlichen Urbildern‘ im Vorwort zum ‚Jahr der Seele‘ ist übrigens was anderes gemeint als in Ihrem Text, dort Personen, hier Typen, aber vielleicht gehen Sie doch mit einem Wort darauf ein?" *Diesem Brief beigelegt war Stettlers Gedicht:*

HEIMKEHR DES VATERS

Kehr ich zurück in der nacht · umfängt mich wie trunken vom atem
Schlummernder kinder mein haus.. da liegen sie quer in den betten
Wie sie der schlaf übermannt · noch wirrt sich ihr goldhaar zu strähnen

Duftend von sommer und heu · der wildheit des tages entwunden ·
Aber die schläfe wie rein! meinesgleichen nicht mehr..
Morgen · ihr engel · ich weiss es · da wecken mich hastige füsse ·
Wispert es dicht an der tür · nun stürmt ihr dem vater entgegen ·
Überquellenden munds will eines dem andern zuvor sein ·
Jedes allein und zugleich ausschütten die wunder des vortags
Oder wovon ihm geträumt · vom Katzenmann oder Joringel ·
Bis sich in wiedersehnslust hader und eifersucht löst..
Friedlich steh ich wie lang · vom fenster rieselt das mondlicht ·
Stehle mich endlich hinweg · höre das herz in der brust.

*Fahrner dankt am 16.2.55 aus München, „der heiligen Stadt", wo er sich
während seines kurzen Deutschlandaufenthaltes mit den dortigen Freunden
trifft (wobei eine geplante Aufführung von Hofmannsthals „Kleinem Welttheater" wohl wegen Stettlers Absage auf später verschoben wurde):*
„Danke für die Wegzehr. Wie rührten mich die Verse. Sie sind dichterisch
durch ihr Tönen und ihre Gebärde, gleichsam Dein Bild und das der Kinder,
die ihr mir so jäh-nah vor die Seele tratet. Über die Mache spräche ich gern
noch einmal, wenn Sie mögen – nur aus Eifer für der Silberstimme Tönen."
*Kurz darauf muss Fahrner zusammen mit einem verloren gegangenen Brief
sein Gedicht SCHLOSS IM SCHNEE an Stettler geschickt haben, wieder den
‚kairos' ihrer Begegnung in Nymphenburg beschwörend:*

SCHLOSS IM SCHNEE

Es schaut aus dem dunkel
Vorm eis der teiche
Vornehm lang
Aufs stille gefunkel
Das innere, reiche.
Ins wissen ums gleiche
Was jeder tat jeder litt
Ins singen der seelen klang
Dein und mein schritt.

Wo traf uns die mahnung
Auf weissem pfade:
Weit vom ziel?
Und doch mit der ahnung
Noch wirkender gnade

Im drehenden rade
Sieh: uns noch hier uns schon dort!
Ins lauschen der seelen fiel
Dein und mein wort.

Und was uns umwandre:
Der eistanz! Eines
Sprachst du nah
Und sannest das andre.
Ich sagte dir meines
Und dachte doch deines
Was du mir taugst ich dir taug
Ins wachsen der seelen sah
Dein aug und mein aug.

Darauf schreibt Stettler an Pfingsten 1955:
„Pfingsten darf nicht vorübergehen ohne dass ich – endlich – gedankt
hätte für die Verse vom SCHLOSS IM SCHNEE. Wie haben sie mir jene köstli-
chen Minuten wieder aufgerufen: ja mit ‚der Ahnung noch wirkender Gnade‘
umgingen wir die Teiche, vor den geheimnisvoll stillen Gründen der Parke und
Höfe, im weichen lautlosen Schnee. Wie festlich jene Stunden, da Nacht und
Tag so traumhaft ineinander versanken! Wer waren wir, da Dichterwort aus
Traumgestalten klang!

> Das Fest verhallt, und jedes gehet morgen
> Auf schmaler Erde seinen Gang.[50]

All dies stieg mir mit Ihren Versen wieder auf und dass es gut ist, dergleichen
zu erleben und dergleichen gesagt zu hören, nah vom Einen zum Andern. [...]
Rudolf, ob im Herbst ein Treffen zustande kommt? Auf welcher Insel zwischen
Attika und Byzanz?

> Und hättest du den ozean durchschwommen
> Das grenzenlose dort geschaut,
> Du sahst doch etwas, sahst doch in der grüne
> Gestillter Meere streichende Delfine...[51]

Barbara hat Ihnen geschrieben, dass uns 14 Tage Griechenland vorschweb-
ten und 10 Tage Inselwelt. Zum mindesten werden Sie uns einigen Rat wissen, denn vergewaltigen in unsern Entschlüssen wollen wir einander nie! [...]

Kürzlich die Durchreise des Robert von Steiger von Oxford nach Rom. Seine neuesten Anekdoten behalt ich auf für eine mündliche Gelegenheit. Hier geht's gut. Reichlich arbeitsam! Das Kloster, das Schloss,[52] ‚die Leut' halt!...“
Beigelegt war Stettlers Gedicht BINGEN, datiert Juni 1955:

BINGEN

Noch einmal bricht auf fern erhellten pfaden
Die wir begingen heftig oder fromm
Hoch überm strom an rebengrünen hängen
Jäh solcher blick aus königlichem haupt..
Wir stürzen nach in kindischem erkühnen
Ihn noch einmal in unsern arm zu schliessen –
Dem zugriff wird er lächelnd sich entziehn
Doch fürder uns die stille tragen helfen
Wenn sich der schatten längt im abendschein
Und unsern schritt zum tor der heimat lenken
Die sich den wandrern sanft bereitet hält.

Im Juli 1955 tritt die Redaktion von Fahrners Hofmannsthal-Buch in die Schlussphase. Stettler kommentiert am 28.7.55 die zugesandten Fahnen:
„Zu Einleitung Ihrer Hofmannsthalstudie folgende Erwägungen: Auf Seiten 1 und 2 kommt der Ausdruck Ur- oder Menschenbild 15 Mal vor, in oft verschiedener Bedeutung, ohne dass immer hervorgeht, welche Sie wirklich meinen. Nach meinem Gefühl sollten Sie so klar wie möglich zu definieren suchen: Unter Urbild ist hier gemeint (was im Nachfolgenden zu zeigen versucht ist), <u>dies</u> und <u>dies</u>, wobei vielleicht die Hofmannsthalsche Stelle: ‚doch auch etwas anderes sind als Figuren'... gebracht oder eventuell sogar in der Art eines Mottos hervorgestellt werden sollte. Weiter müssten Sie m.E. sagen: <u>Nicht</u> gemeint ist das Urbild im Sinne von menschlichem ‚Modell' etc. Zu vage däucht mich die Verbindung mit der platonischen Idee, so summarisch kann dieses weltbewegende Urthema wohl doch von dem, was Sie zeigen wollen, nicht abgehoben werden. Dann scheint mir gefährlich fragwürdig die Stelle (S.2), wo Urbilder <u>mit</u> dargestellt werden: entweder sind es Urbilder oder es sind keine, aber sie sind es doch schwerlich ‚auch noch', d.h. nebenbei.

Ich bin leider philosophisch zu wenig geschult, um diese Bemerkungen so zu formulieren, dass hernach kristallklar hervorkäme, was ich, oder noch besser, was Sie meinen. Eine solche abstrakte Formulierung gehört ja wohl zum Allerschwierigsten überhaupt. Umso unanfechtbarer sollte sie sein.

Noch etwas zur Einleitung: Neuartige Liebende sehe ich bei H. nicht, die sehe ich nur bei dem Meister. Da lag ja wohl mit ein Grund zum Konflikt.

Zum zweiten Manuskript: ‚Eingehen auf Weltaufgaben‘ oder ‚Aufgehen in Weltaufgaben‘, aber doch wohl nicht ‚Eingehen in Weltaufgaben‘. By the way: Versteht der Leser das Wort Weltaufgaben?

S. 2: ‚Sagenhafter Ausdruck‘, tönt zu ähnlich, wie wenn man von einem sagenhaften Truthahn beim Essen spricht. Noch mehr gilt dies weiter unten, bei der ‚sagenhaften geistigen Rede‘.

S. 3: ‚In grossartigen Schritten‘ – zu abgegriffen. ‚Hochstelle‘: das widerstrebt mir.

Dass bei einem Dichter die Prosa wie eine Haut knapp ansitzt, scheint mir auch nicht so sehr ein besonders zu Rühmendes als vielmehr unerlässliche Voraussetzung.

Die Ausdrücke ‚hoch, Höhe‘ und ‚tief, Tiefe‘ bitte noch einmal in ihrer Konstellation zueinander betrachten.

Zuletzt möchte ich noch auf den kleinen logischen Salto aufmerksam machen, wenn Sie sagen, dass bei der reifen Prosa ein neues Einfaches in anderm Sinn als beim Jugendwerk gewonnen sei, und dann unten, im gleichen Moment, da Sie schreiben, H. sei dieses Tones mächtig geblieben, sich auf die Gedichte (der Jungend!) und die Jungenddramen beziehen.

Es betrübt mich, auf so penible Weise zu schulmeistern. Sie sind mein Zeuge, wie Sie mich dazu nötigen.“

Am 30.8.55 dankt Fahrner und schreibt aus Griechenland:

„Erst hier in Paros – abseits vom Städtchen in einem kleinen Haus am Strand bei einem Gärtnerbauern eingemietet – kann ich Ihnen meinen ganzen Dank sagen für die vorzügliche Schulmeisterei! Es ist natürlich besonders lästig für den Ausgenützten und besonders nützlich für den Nutzniesser etwas im ersten Entwurf zu schicken, zu dem man nur mit solcher Hilfe so schnelle die gehörige Distanz gewinnen kann. [...] Fand die Bemerkungen fast alle ganz ausgezeichnet und treffend. Einiges – wie den logischen Salto und das bedenkliche ‚mitdargestellt‘ – hatte ich in den acht Tagen schon selbst bemerkt, vom andern habe ich mich mit Wollust erleuchten lassen. [...] Ich war mit rechter Lust dabei – auch mir selbst Rechenschaft zu geben, was mir in der ganzen Arbeit eigentlich passiert war. Das ‚auch noch etwas anderes‘, bzw. ‚doch auch etwas anderes‘ stammt von Hofmannsthal aus eben dem vorgeschlagenen Motto, und ich glaube, es ist wol das Geheimnis bei der Sache, dass da lebendige Gestalten geschaffen werden, in denen ‚doch auch‘ etwas anderes erscheint. Gerade fürs ganz klare Definieren war ich nicht so sehr – eher für beunruhigendes andeutendes Ausdrücken, weil ja schon was Neues dahintersteckt, das man nicht einfach in die Tasche stecken kann – aber schon für klärende, Irrtümer abwehrende Bemerkungen. [...]

In der zweiten Septemberhälfte erwarte ich Urban und Olaf[53] zu einigen Inselwochen. Sehr schön wärs, wenn Sie Lust hätten, Ihre geplante Inselfahrt an den Anfang Ihrer Reise zu legen, und etwa hierherkämen. [...] Reiseratschläge für Sie schicke ich dieser Tage an die Bewaffnende. [...] Zuletzt umarm ich Dich noch, Liebster, für die köstlich und tief eingehenden Ozeanverse von Pfingsten und die ins Landauergedicht einklingenden Zeilen. Hab alles tief genossen und von Herzen und oft erwidert."

Am 29.8.55 sendet Stettler eine Fahrner sehr enttäuschende Nachricht – nämlich dass sich seine Reisepläne nach Griechenland (wo sie sich im Herbst treffen wollten) wegen einer Einladung zu Vorträgen in Philadelphia und der Möglichkeit, gleichzeitig die grossen amerikanischen Museen und Sammlungen zu besuchen, zerschlagen hätten. Fahrner entwirft am 12.9.55, noch in Paros, einen flammenden Brief, den er aber zurückhält:

„Eben Ihr Brief vom 29.VIII, nachgesandt aus Ankara. ‚Ti krima ine afto' – was für ein Schaden das! Von den Musen zu den Museen (amerikanischen) abgewandert: So werden Sie also noch mindestens ein weiteres Jahr in Ihrem Lateinertum stecken bleiben. Und ich hätte so gerne die erste Transzendenz über dieses Lateinertum, Ihre griechische Taufe erlebt: Notfalls selbstlos aus irgendeiner Inselecke zuschauend, liebend gern mitwirkend und mitsorgend für einen gründlichen Vollzug. Und was für ein Vergnügen es Ihnen selbst gemacht hätte, nachher zu sehen, wie sich das alles ausnimmt, wenn man transzendiert hat.. Was Euch so alles wichtig scheint und in welchen Stufungen – da kann ein schlichter Anatolier nur staunen (dabei werden Sie doch nicht etwa glauben, dass ich die ‚Wichtigkeit' jener Sammelhäuser europäischen Raubgutes für Sie <u>nicht</u> hoch genug abzuschätzen wüsste?). Nur gut, dass wenigstens Offa [Alexander von Stauffenberg] seinen goldenen Dreimonatsrundlauf bei den Mondkälbern abgesagt hat – zwei solche Wertpapiere auf einmal hätte man ohnehin nicht in diesen kreditschwachen Erdteil lassen können.

Aber alles Scherzen beiseite: Es ist ein rechtschaffener Schmerz dabei. Ich war so ein bisschen beladen mit Sachen für Sie, die sich nicht durch Reden, sondern nur durch Zusammenleben mitteilen lassen – was bei uns beiden viel zu selten ist und jetzt gar einmal ausserhalb alles Gewohnten und Gewöhnten gewinkt hätte. Und Zeus hatte es doch schon beinah so hingewendet... da kommen die mit so ein paar westindischen Dollarröllchen und verpfuschens! Hätten Sie das nicht zwanzigmal verschieben und wieder haben können? Da soll der Teufel ein vergnügtes Gesicht behalten! Der Barbara sag ich noch mündlich meine Meinung. – Halten zu Gnaden! und nehmens als Liebeser-guss!

Und jetzt schnell noch etwas recht Liebes: Morgen kommen Urban und Olaf. Wir werden Sie in unsren Seelen gefangen halten und dort so mit Ret-sina begiessen, dass Sie die ganze Zeit an uns denken müssen und recht musenverrückt werden, und ganz andere Schätzungen und Wichtigkeitsdi-mensionen bei Ihnen sprechen, und Sie achtgeben müssen, nicht noch Ihr Schiff nach Nitschewo zu versäumen... Und ich, liebster goldner Michael, werde noch was dazu tun, dass Sie auf allen Abwegen nicht los werden – Ihren Sie sehr liebenden Rudolf."

Am 21.9.1955 schickt Fahrner dann einen leicht gemilderten Brief an den Freund:
„Ich habe sehr geseufzt, auch gestöhnt, und bitte sogar einiges, was mir dabei [...] ‚im Munde dröhnte' und was im ersten, verworfenen Antwortbrief stand, berichten zu dürfen." *Dann folgt der grösste Teil des Entwurfes vom 12.9.55 als Zitat. Abschliessend schreibt er:* „So ähnlich klangs und stands, liebster Michael, aber jetzt wollen wir uns an der süssen geistigen Gegenwart des Mit-Samurais freuen und alles mit für ihn begehen! Und bitte nicht von ‚Anspannungen' sprechen bei unseren Freundschaftstagen und sie nicht mit andern in ganz anderem Sinne so genannten vergleichen!"

Stettler erwidert am 25.9.55:
„Me Hercle, das war ein guter Brief, den Sie mir da zu schreiben wuss-ten: es ist geradezu zum Nicht-Erstaunen, wie recht Sie haben mit dem Nit-schewo-Kontinent, mit allem was kühl, gebunden, ungewiss mir da von Wes-ten entgegenweht: Statt mich dem sanften Treiben ostwärts anzugeloben, zu transzendieren, wie Sie's nennen, wobei die Peripetie wohl als eine Art Äquatortaufe vor sich ginge, bei der die Kleider der Latinität mir so wie Fetzen von allen Gliedern fielen, hol sie der Diavolo. Getrocknet würde man dann an den Feuern der Freundschaft und bei kykladischen Liebesmählern. Rudolf, da würdet Ihr Euch meiner nicht zu schämen haben. Mit Olaf und Urban müsst Ihr nun meiner gedenken, einmal wird die Stunde trotzdem günstig sein. [...]

Als Unterpfand heben wir Effendis[54] „Unvorgreifliche Vorschläge für die zehnte Hochzeitsreise nach Griechenland für Michael und Barbara" auf. (Besonders liebe ich die Stelle: ‚Führer unnötig, da alles vor Augen liegt'). Also, Rudolf, die Spaltung beginne: mit Euch bin ich jetzunder, und der zu den Quäkern fährt ist ein andrer, und recht geschiehts ihm. Sollte sich dann doch ein peripatisch visitierendes Erlebnis ereignen, kann der Eigentliche sich immer noch vom Gastmahl in der Fischerhütte stehlen, um sich mit dem

andern Ich identisch zu vereinigen: genug, Ihr seht, wie mich der Trennungs-
schmerz verdüstert. Bleibt gut, <u>sehr</u> gut, Ihr alle im halkyonischen Schräglicht
Eurem Michael (dem Du alles schreiben kannst)."

*Fahrner antwortet am 31.10.55, dass ihn Stettlers Brief vom 25.9.55 „her-
zensfrei gemacht habe für innigsten Reisesegen nach USA" und sendet
eine Vorfassung des gedruckten Hofmannsthal-Werks:* „Den Dank für Ihre
Mitwirkerschaft schreib ich in unser Lebensbuch. Mich hat sie beglückt,
befruchtet, gewarnt, belehrt. [...] Vielleicht lesen Sie die Einleitung, um sich
von ihrer Wirksamkeit zu überzeugen." *Es folgt eine Schilderung der Inselwelt und der steinernen Riesenjünglinge auf der Insel Delos, die er eben
aufgesucht hatte:*

„Um einen grossen Brief von einem Berggipfel in Tenos herunter hat Sie
ein Prachtsgewitterregen gebracht, der mich zwar nicht verjagte, aber den
Gebrauch von Lumpenpapier verhöhnte. Er sollte Ihnen schildern, <u>wie</u> sehr
wir Sie in den Tanz der Inseln miteinbezogen hatten. Denn nach den vielen
Fahrten von Eiland zu Eiland auf schmucken schnellen Schiffen oder wogen-
reitend auf kleiner Barke wars wirklich als ob man den Reigen um die heilige
Delos mittanzte. Lagen da doch in entlegenen Zaubergärten, die man viele
Stunden erwandern musste und in Steinbrücken an verlassenen Vorgebir-
gen, an die man sich gegen den Wind herankämpfte, die steinernen Riesenjünglinge, und ihre aufrechten Brüder, die als Weihgaben den Gott in Delos
erreicht hatten brannten sich einem in die Seele. [...] Und war man doch trunken genug allein vom Anblick der purpurroten Füsse der traubenstampfen-
den Männer und vom wochenlangen ununterbrochenen Zug der Esel mit den
überquellenden, schwarzblau strotzenden Traubenkörben, die sie zur Kelter
schleppten."

*Die gegenseitigen Briefe zum Jahreswechsel 1955/56 haben sich nicht
erhalten, doch deutet Stettlers Schreiben vom 5.2.56 darauf hin, dass der
übliche Austausch von Versen stattgefunden hat:*

„So hell und klirrend kalt ists draussen, dabei leicht dunstig in der Ferne,
dass die Berge geisterhaft herüberscheinen und -schimmern. Geisterhaft wird
mir selber zumut – ‚keine ferne macht dich schwierig' – der rechte Augenblick,
um Ihnen endlich für die Kalypso-Verse, den guten Brief vom Stefanstag, ja
und für den schwarzberockten Hofmannsthal[55] zu danken, der ja nun wirklich
<u>gute Figur</u> macht. Ein wenig gings mir wie [mit] einem eignen Produkt: Es
bleibt dann nicht mehr viel zu sagen, man hats gehegt und in Schmerzen
gepflegt, nun nimmts erwachsen seinen eigenen Weg, auf dem man es ziehen
lassen muss, neuen Geschöpfen sich zuwendend. [...]

Hier bin ich reihum am Schreiben, Handeln und Lesen: Ein Bericht aus USA will ans Licht, die Rundbauten drängen ungeboren und schreien lautlos.[56] In Oberhofen, dem Schloss am See, wurden Fresken in der Kapelle entdeckt, die restauriert (und finanziert) werden müssen, im Museum wird auf einen internationalen Kongress hin ein weiterer Umbau vorbereitet, Anfang März muss ich in Berlin eine schweizerische Kunstausstellung eröffnen mit einer Rede, die verfasst werden will; ein Buch über Goethe in Rom will besprochen, eines über das „Phantastische in der Kunst" begutachtet werden zuhanden der subventionierenden Eidgenossenschaft, eine Geburtstagsgabe für den 70-jährigen Mentor [Wilhelm Stein] muss reifen[57] – lauter dummes Zeug, Effendi, über das es nichts zu berichten gibt! Besser wärs, wir ergingen uns in der Allee, Sie erzählten wie's bei den Hethitern, und ich wie's bei den Quäkern zugeht, denn das wissen wir nun, einander zum Trost. Auch würd ich des kleinen Robert englische Erlebnisse weitergeben, der die in ihren nordischen Hüllen vermummten Oxford-Studenten den zur Evakuation verpackten Elgin-Marbles vergleicht[58] ... oder eine Strofe von Francis Thompson zitiert: ‚I fear to love you, sweet, because love's ambassador of loss'. Wir würden der Bewaffnenden huldigen, die zunimmt an Weisheit und Verstand und die Stettler-Töchter uns eine Weise auf der Flöte spielen lassen, dem Mozart-Tag zu Ehren. Wir würden uns zutrinken, Rudolf, wissend dass in unserer Freundschaft das Köstlichste auf dem Grund der Schale ruht. Wir würden uns anschaun und wissen, wissen dass es ein Währendes gibt über allem Wandel, so mild wie das Februarlicht, das durchs Fenster scheint voll Ahnung und Frühlingsversprechen." *Beigelegt war Stettlers Gedicht über die zweite Tochter:*

DIE MITTLERE

Zauberin Geschichtenerzählerin!
Ganz in dir selber ruht blüht dein umfangensein..
Bist unser kind unser gast · dem unterm löwinnenhaar
Wange sich ründet und aug: strahl dem es meertiefenblau
Unsern bewundernden blick niederzuhalten gelingt.
Putzsüchtig streifst du durchs haus spiegel um spiegel zu prüfen ·
Schleuderst die schleife von dir · eh sie den schimmer verlor.
Dann wieder knielings am tisch wirfst du mit leichter gebärde
Heilger Dreikönige zug glockig in mäntel und kronen:
Prächtig in purpur und gold folgt er dem riesigen stern.
Möge dir selbiger stern einst deine wege verklären
Wenn du dir eigene wählst · nicht deine hand mehr in deines
Vaters umschliessender hand liebstes geleit ihm gewährt.

Am 12.2.56 dankt Fahrner für „die tief und süss anrührenden Verse" über die mittlere Tochter und erwidert dem in sein 43. Lebensjahr getretenen Freund mit der Zusendung eines Geburtstagsgedichts:

SIEBTES JAHRSIEBENT

So sehn ich mich
Wie sich die rebe schlingt und ringt
Dass sie die volle traube bringt
Wie sich ein berghaupt gipfelnd neigt
Zum bruder sinkt und sinkend steigt
So sehn ich mich

So dehn ich mich
Wie kroniger hirsch im mondwald streift
Und steht und röhrt und kämpft und schweift
Und wie ein strom von land zu land
Der doch sich in sein bette bannt
So dehn ich mich

So wähn ich mich
Wie schwerer sommer loht und flammt
Zur frucht gesegnet und verdammt
Und wie ein eiland aus der flut
Sich hebt und schaut und glänzt und ruht
So wähn ich mich.

Am 26.2.56 antwortet Stettler:

„Ob unsere Briefe sich kreuzten? Ich meine, Sie müssten inzwischen von mir den mittellangen Brief erhalten haben. Dank für den Ihren und die Verse: Dergleichen freut mich immer am meisten. SIEBTES JAHRSIEBENT: Nie mehr seit dem dritten hatt ich so das Gefühl von physischer Veränderung, nur freilich nicht ganz zu gleichem Behuf, mich mahnts eher an Abbau: Es zieht in der Schulter und dies schreib ich (zum erstenmal) mit Brille! Und doch, es wirkt ein Gedicht wie NEUER GANG noch, und wieder, auf meine ganze Empfänglichkeit.[59] ‚Wie du ein ding verneinst und ein ding bejahst' – das ist es doch! Und fast versonnen lächelnd berg ich das WINTERLIED. [...] Wie ich höre, ist nun Offa in der USA! An unsre dortigen Reise denk ich mit Vergnügen zurück, freilich auch im Gedenken an Talleyrands Mahnung: ‚Méfiez-vous des premières impressions – elles sont toujours bonnes!' [...] Darf ich zum ‚Zunftbuch' nachtragen,[60] dass mir das Turmkapitel jetzt besonders einleuchtend vorkommt? (Aufschlussreich auch für Carl Burckhardt.)"

Die Briefe im Sommer 1956 drehen sich um die Planung des einmonatigen Europa-Urlaubs, während dessen Fahrner sowohl Stettler wie auch Robert Boehringer wiedersehen möchte. Stettler schlägt Ausflüge nach dem von ihm betreuten Schloss Oberhofen vor, sowie ins Dorf Isenfluh im Berner Oberland, wo George sich einst mit Robert Boehringer und anderen Freunden aufgehalten hatte. Als Zeit werden die Tage vom 8.–11. September vereinbart. Am 2.8.56 schreibt Fahrner aus Samos:

„Unbedingt möcht ich Oberhofen sehen! Sehr gern auch Isenfluh, das ich sehr wohl erinnere. [...] Hier sitz ich an sieben Buchten und einem Wunderberg, an dem die Ölbaum- Zypressen- und Platanenwälder und Schluchten bis zu den Felswänden aufsteigen und schaue aus lieblichem Abstand auf die anatolische Küste bis Chios. Ein alter Arzt hat uns seine Häuser gegeben, er selbst wohnt im Sommer in seinem grossen [Haus], unten in der grossen kühlen Kelter – die Betten bei sieben Fässern, Tische und Stühle in den Tretbecken. Der Wein ist leidlich, die Trauben vorzüglich, das Meer unsäglich. Dank für den Gruss vom Zauberkind [...], nun stehe ich inschallah bald mit am Bett. Küssen Sie der Bewaffnenden innig die Hände – aber tatsächlich! Ich freu mich gewaltig auf sie und sie soll mir gewogen sein! Und so der Freund, dem ich mich schon in die Arme sehne."

Zum Jahreswechsel blickt Fahrner nochmals auf seine herbstlichen Fahrten in Europa zurück – auf das Zusammensein mit Stettler, den Besuch im heimatlichen Donauland und den Aufenthalt in Apulien auf dem Rückweg in die Türkei – und dankt dem Freund für dessen Privatdruck NEUE VERSE. Am 25.12.1956 schreibt er aus Ankara:

„Erst heut ruf ich Dir meinen Dank zurück: Hast mich ganz bewogen! reich beschenkt! hast mich sehr glücklich gemacht! Der ganze Lebensleib war gewachsen und dehnte sich prächtig. Wir oft hab ich seither all die Stunden durchlaufen... Meine Fahrten waren noch sehr gesegnet: Fand die Achtzigjährige [Mutter] mit ihrem Lieblingsreh wohlauf und voll Geist und Liebe. Die Heimat in Wochen klarsten Himmels schöner als je. Zuletzt habe ich nur Alexander [von Stauffenberg] noch gesehen auf seinem neuen ländlichen Sitz, sehr schön gesehen, als ich zwischen Salzburg und Kufstein doch einen Zipfel Germaniens schnitt. Dann kam das langersehnte Pülle: Lucera, Manfredonia, Monte St. Angelo (wie hab ich doch so inbrünstig zum heiligen Michael gebetet, der da aufgeschmückt und zuckern jung und leuchtend stand in der Höhlenkirche am Berg Garganus!), Andria, Castel del Monte und Barletta mit dem tollen Bärendom, dem Bronzeriesen Heraklius, dem die spielenden Kinder die Waden blank gescheuert haben (ich sah sie in ihm hochklettern und die Händchen aus einem Loch am Bronzegürtel stecken!) und der neuentdeckten Figur des Kaisers: Schwanhalsig vorgebogen das schräg gebaute, schräg bekränzte Haupt, wie ausgebrannt von Weltenfeuern und gespannt von weltdurchdringenden Energien, ganz aus der Sippe der Bamberger: Sibylle und Reiter... Zuletzt schenkten mir gewaltige Schiffsverspätungen und Zugausfälle noch die herrlichsten Mussetage in Attika, auf Chios und in Smyrna, und immer war ich und wieder war ich vom Wegbereitenden geleitet!

So kam ich mit einem schönen Mantel um die Seele hier an, und noch fliegt der Geist leicht zurück zum Thunersee, zur Steffisburg, nach Ortbühl, an den Dentenberg! Deine NEUEN VERSE sind mir eine andauernde Beglückung! Ja: die erträumten, vorerlauschten, vorgeahnten silbernen Klänge! Wage, Dich sehr zu bitten um noch drei Stück, mit der Erlaubnis, sie drei Empfäglichen, die noch im Verborgenen leben, zu geben! Kannst das gewähren? [...]

Die Verse zu Deinem Tag, mögen sie Dir nicht unerfreulich sein!" *Beigelegt waren mehrere in der Türkei entstandene Gedichte Fahrners, die nicht alle identifiziert werden konnten.*

Am 13.1.57 dankt Stettler für den Jahresgruss:

„Süss war mirs, wiederum mit Deinigen Versen ins neue Jahr überwechseln zu dürfen, mit zu Herzen gehenden. Das SCHWARZMEER[61] hat einen Ton, der mir besonders einging nach eigenen Erlebnissen auf Ischia, welche Insel mich für den ganzen Winter sehnsuchtregend mit Landschaft, Licht, Figur erfüllte. Ganz Bild geworden ist dies Rudolfinische ‚Lieb weiss von Lieb', und nicht missen möcht ich die glitzernde Schlange! Wie soll ich danken? Mit einem Gedicht des jüngeren Michael,[62] der ein träumendes, ahnungsschweres Gemüt war, oder mit der herrlichen früheren Fassung der letzten Rhein-Strofe Hölderlins... [...]

Deine Schilderung des kaiserlichen Pülle sprach mich mehr an als Du denkst, die Beschreibung des schwanhalsig vorgebogenen, an die Bamberger gemahnenden Barletta-Kopfes: Wie genau sie ist, konnt ich am fast gleichzeitig eingelaufenen Aufsatz des Freiherrn von Kaschnitz über Friedrich-Bildnisse in den ‚Römischen Mitteilungen' (Band 62) nachprüfen.

Wir kamen eben von Adelboden herunter, wo die Familie sich stärkte, fürs neue Quartal die Kinder, für den Lebenskampf die Eltern, vor allem für den in ein akutes Stadium tretenden Kampf ums Ortbühl, in dem die greise Domina freilich auf unserer Seite ist. [...] Sonst gehts leidlich, hier ist endlich alles weiss verschneit, wie damals in Nymphenburg, gedenkt Dirs noch, so geisterhaft entrückt und nah? Ein anderer gemeinsamer Gang kam mir kürzlich ganz vorn in den Sinn: Als Du auf dem Dentenberg Deine Erkenntnis aussprachst, die eine Erfahrung war: sich abzufinden mit dem ungeheuren Faktum, dass Reiche untergehen...

Ich hab viel gelesen dieser Tage, den wichtigen Briefwechsel [Carl Jacob] Burckhardts mit Hofmannsthal: Wie einsam muss Hofmannsthal gewesen sein! Den Gedenkband auf [Eberhard von] Bodenhausen, an dessen Stelle Burckhardt in der Freundschaft mit H. nach dem Ableben Bodenhausens trat, den problematischen [Rudolf] Borchardt.

An Deinem Besuch denk ich mit Freude zurück, ja, es war gut, und dass für Dich wie für uns die anschliessenden Reisen so wohl gerieten, ist eine Bestätigung. Den KENTAUR[63] schick ich in ein paar Tagen nach, meine einzige noch vorhandene Abschrift liegt eben bei meiner Mutter. Drei [Exemplare] NEUE VERSE sandte ich voraus, gerne gewährt!"

Am 22.2.57 trägt Frau Barbara nach, dass nun der Umzug ins „Ortbühl", das alte Stettlersche Familiengut in Steffisburg bei Thun, in Aussicht stehe:

„Auf 1. Januar haben wir nun 5/6 erworben, und dieses Eigentum ist verbrieft und verschrieben. So wird wohl der Wechsel ins Auge gefasst werden – wenn auch alles noch vage ist. Michael – der lange zögerte, sich innerlich darauf zu richten – freut sich nun auch, und gemeinsam schmieden wir Pläne. [...] Obwohl ich mich ja schon lange auf dieses Haus freue, so ist mir die Lebensform noch recht problematisch. Wären wir 30 oder 40 Jahre früher auf der Welt gewesen, so hätte man mit 2–3 Angestellten ein gastfreies, wohlgepflegtes Haus führen können. Als Hausfrau hätte es nur ein paar Anweisungen bedurft, um den Apparat spielen zu lassen, und ich hätte Zeit gehabt für schöne Handarbeiten, wichtige Bücher und inhaltvolle Gespräche. Die uns nachfolgende Generation wird einerseits viel maschinell betreiben im Haushalt, andererseits sich von vielem lösen, was wir noch als Form und Stil übernommen und nicht aufgegeben haben."

Fahrner verspätet sich mit seiner Erwiderung an Stettler, die erst am 24.7.57 aus Phokaia erfolgt:

„Ob das wirklich wahr ist, dass ich Dir auf Deine liebsten Worte, Verse, Bilder, Sendungen vom Januar noch nicht geantwortet habe? (Da fällt mir ein, wie König Mursilis von Hattusa sein Gebet an den Wettergott beginnt: ‚Es ist so: man sündigt'...) Es muss an dem Februar im Zweistromland gelegen haben, mit dem Tauchen durch die vielen Jahrtausende und dem Auftauchen mit den andern Augen... und an der äussersten beruflichen Anspannung in den Monaten nachher, und an dem vielen liebenden Hinsinnen zu Dir, das mich die wachsende Ferne gar nicht gewahr werden liess – und an dem süssen

Zuwarten und neu zu Dir Hinwachsen und Begegnung hoffend Vorstellen, seit ich mich für drei Wochen hierher befreien konnte: ins kleine Steinhaus zu den Buchten und Inseln, den schwellenden Granatäpfeln und süss-dunklen Maulbeeren, den vielen Flutenbädern, und zu den Lesbosblicken, wenn's spät abends golden aufglänzt und schon hinblaut und davor die dunklen, fast samtigen Phoken schwimmen. [...]

Ich wünsch mir so sehr ein Wiedersehn! und dass Dich dieses Blatt rechtzeitig erreicht! Und dass Du's einrichten kannst und magst! Ich muss ein paar Tage zur 81-jährigen, rührend dahinschwindenden Mutter, dann an den See [...],dann zu Verhandlungen mit den zäh sparsamen Schwaben, damit ich mich in Karlsruhe (wer weiss, für wie lange?) leidlich bette, wohin der Ruf nun gekommen ist, dem ich inschallah zum Frühjahr 58 folgen kann. [...]

Liebster: Die ‚Strahlenschrift im Innern'![64] Innigen Dank! Und der KENTAUR – mir ganz eins mit dem im Lederwams – die Verse mein' ich! [...] Magst die Verse vom Nachtpark[65] (ich erzähl Dir noch davon) als Vorgruss annehmen?

Dich sehr erwartend, und bedenk, dass das Haus am See begangen werden muss nach der langen Brache..."

Im Herbst 1957 bereist Fahrner (nach einem kurzen Sommertreffen mit Stettler in der Schweiz) von Ankara aus den Iran. Am 17.10.57 schreibt er aus Isfahan:

„Erst heut kommt mein Dank für den reichen liebsten Tag! Aber vom Ararat aus bis zum Demavend, bis zu den Jurten der Jamuden am Ostufer des Kaspischen Meers, bis Persepolis und Naqsh-i-Rustam – mit sehr viel Dazwischenliegendem – hab ich, wie oft und wie nah, Deiner gedacht! Hier in Isfahan nicht minder: im seldschukischen Grossdom und besonders auf der Terrasse unter dem von Zedern- und Teksäulen getragenen Dach,[66] wo Abbas der Grosse den schönen Jünglingen beim Ballspiel vom Pferde zusah. Und wie gut, dass Robertchen nicht von den jungen Mollahs weiss, die an den Eingängen und in den Höfen der Medresen[67] einen gleich gruppenweis lächelnd empfangen... [...]

Das Achämenidische erwies sich als durch und durch grossartig und wahrhaft königlich, das Seldschukische noch einen wunderbaren Ruck über alles Erwartete. Vom Bad im Kaspischen Meer nächstens noch ein Zeichen. [...] Beim Aufschlagen der Jurte – Stecken der Stäbe in den Dachring und Festbinden am Scherengitter, Ziehen des schmalen oberen und des breiten Mittelbands, Auflegen und Anseilen der Filze – muss man einmal geholfen haben, und muss die pelzbemützten unwiderstehlichen Reiter haben einreiten sehen in eine Siedlung der Ansässigen, und muss die Schöninnen haben langbeinig hocken sehen in der Knüpfjurte auf dem werdenden, nah überm

Boden aufgespannten Teppich und zwischen den flink geschlungenen Knoten lachend aufblicken. Es geht Ekbatana zu! [...] Denk nur: Trotz allem bin ich oft im Geist am Waldsaum wieder mit Dir gegangen."

Am 7.12.57 fährt Fahrner in seinem Reisebericht an den Freund fort:
„Bei mir gings nach meinem Brief, ich glaub aus Isfahan, noch hinauf nach Ekbatana und dann die alte Heeresstrasse hinunter an den geschmückten Felswänden vorbei und am Feuertempel von Qasr-i-Shirin in die mesopotami-schen Palmenhaine, übrigens manche Tage mitten in den Nomadenzügen, die gerade nach den Winterweiden strebten. Und trotz meiner Fliegeabneigung muss ich den wunderbaren Rückflug rühmen: Über den zwei riesigen Strom-schlangen, über der grossen Wüste, über der Oase von Damaskus – und schon Antilibanon und Libanon und das veilchenfarbene Meer und Zypern hingebreitet und Anatolien zu, das sich ganz grün ausnahm nach den kahlen Bergkristallen des asiatischen Hochlands. [...]
Hier gehen die seinsollenden Abschlussmassnahmen vonstatten. Habita-tion an meinem Lehrstuhl gegen die üblichen Intrigen durchgeführt, sodass meine Zöglinge nun als Professor und Dozentin im Sattel sitzen. Sonst gros-ses Berufsgetobe. Mein Trost bleibt [der Hengst] Cevall, der schnelle, auf dem ich nicht nur weit in die Steppe reite, sondern noch weit, weit umher, sodass sich kein Ferner meinem Sinnen entziehen kann, am wenigsten der Michael den Herzensgedanken seines Rudolf."

TEIL II: 1958–1968

Mit der Veröffentlichung der Hofmannsthalstudie begann Fahrner seine Rückkehr nach Deutschland vorzubereiten. Nachdem er verschiedene beruf-liche Möglichkeiten abgetastet hatte, eröffnete sich die Aussicht auf einen Lehrstuhl für Literatur an der Technischen Hochschule Karlsruhe. Lange Ver-handlungen mit dem Baden-Württembergischen Ministerium folgten, doch wird die Zusage immer wieder verschoben. Am 30.12.57 schreibt Fahrner an Stettler noch aus Ankara:
„Schön ist es mir und teuer, Dir so von meinem Jahrestag zu Deinem hin-überzuwinken. Dank für den [photographischen] Liebesgruss, den zärtlichen, mit dem zart geneigten Haupt. [...] Das Gereimte, weil Du's doch gerne hast, wenn sich solches bei mir einstellt – alles nur Boten nahen Gedenkens. [...] Meine Lippen sind etwas trocken: Auf Eingreifen des Botschafters hat sich plötzlich herausgestellt, dass ein ganzes Komplott in Bonn auf die unglaub-lichste und unerwartetste Weise versucht, meine Rückkehr zu hintertreiben

und mir überhaupt jeden äusseren Rückhalt in Deutschland zu nehmen. [...]
Herrlich schlägt sich Offa für mich – wirklich herzbewegend!" *Dem Brief
lagen mehrere Gedichte bei, darunter KASPISCHES MEER, BOYABAD*[68] *und
PHOKAIA:*

PHOKAIA

Verzückter schein der tiefen abende
Samtdunkel schwamm vorm blau der liebesinsel
Eiland bei eiland und das goldgerinsel
Verglomm in stiller flut das labende

Und noch beim roten widerschein entstieg
Dem äther überm grün der horizonte
Der sich in der versunknen sonne sonnte
Der liebesstern und rief der seele: flieg

Du musst die grossen bahnen ziehn wie ich
Um deinen sternenherrn in süssem mühen
Von seinem lichte leuchten und ihm glühen
Und wo er dir entschwand da triffst du – mich.

Stettler antwortet am 9.1.58:
„Welche Botschaften zum neuen Jahr! Die kreisenden Vögel [in BOYA-
BAD] gemahnen an ähnliche Segler, die aus den Schründen zwischen den
Phaidriaden stiessen, als wir in Delphi völlig allein vom Stadion zur kastali-
schen Quelle stiegen und ein Jugendtraum sich verwirklichte! Dann Deine
Verse, die mir besonders zugedachten, die selber etwas vom Über-den-
Dingen-Schweben haben: ‚Wie er dich leuchtend trug ... schwebend um
ding und ding ...', wie schön ist das und wie wahr, Rudolf, es ‚hält sich die
Waage'. Bitte sag Dir das auch jetzt, wo Du mit solchen Widerwärtigkeiten
zu kämpfen hast. Spiegelbild des heutigen Germaniens? Illusionen machst
Du Dir jedenfalls keine, wenn, wie ich hoffe, der Sprung dann dennoch
gelingt. Du wirst die grossen Landschaften nie vergessen können, durch
die Du gezogen bist und woher die Grüsse mich erreichten: auch dafür
Dank! Was waren das für klangvollste Namen, und was beschworen sie an
Vorstellungen alles herauf: Isfahan und Ekbatana, Verlaines CRIMEN AMO-
RIS (in ‚Jadis et Naguère'): ‚Dans un palais, soie et or, dans Ecbatane / Des
beaux démons des satans adolescents…' und dann die Evokation Rim-
bauds darin: ‚Or le plus beau d'entre tous ces mauvais anges / Avait seize

ans sous sa couronne de fleurs. (…) Et c'est la nuit, la nuit bleue aux mille étoiles…'

Dann Dein KASPISCHES MEER: wie lieb ich den Reiherhals! Und PHOKAIA: ‚Du musst die grossen Bahnen ziehn wie ich' … – Effendi, das, solche Verse, sind nun einmal die Nahrung, die ich brauche, Dank für alles das, und Dank der Kyria! Ich kann nicht mit gleichem erwidern, bin immer noch am Kinderzyklus, von dem ich drei neue Proben für Euch abgeschrieben habe. Auch sandte ich einen Griechenlandaufsatz,[69] dem ich einen zweiten nachzuschreiben hoffe, in dem von Tempeln und Skulpturen die Rede ist. Wie sang der schreckliche Dehmel: ‚Nur Zeit'! In Griechenland waren uns Deine ausführlichen Notizen an Barbara von grösster Nützlichkeit und waren schliesslich ganz abgegriffen vor lauter Konsultiertsein!!" *(Beigelegt das Gedicht ABEND – VERGESSENER BALL IM GARTEN)*[70]

Kurz darauf zog Stettler mit den Seinen im alten Familiensitz „Ortbühl" in Steffisburg ein, von wo aus er Fahrner in Schönschrift auf kostbarem Papier folgendes Gedicht sendet:

R.F. DEM HEIMKEHRENDEN
FROHEN WILLKOMMENSGRUSS
M. St.
ORTBÜHL BEI STEFFISBURG
IM BRACHMONAT 1958

Lass dich über land und meere tragen
Deren gischt dich jugendlang verführt,
Forsche nach dem ursprung all der fragen
Was dem Himmel was dem Hier gebührt

Blaue ferne mit dem blick ermesssend
Die dir wunder zeigt und vorenthält –
Eher nicht der tiefen qual vergessend
Als in dir das wunder einkehr hält

Bis du spät erkennst: im dich-erinnern
Wohnt es liebend · bebend bruderwärts,
Endlich sieh die strahlenschrift im innern
Friedestiftend, sänftigend dein herz.

Am 12.3.58 schreibt Fahrner:

„Ich bin zurück. Nach harten Kämpfen und fast zu grossen Anspannungen gings jäh. Zu bewältigen ist dieser Wechsel äusserlich und innerlich noch viel schwerer als ich mirs ohnehin schon gedacht hatte. Schick mir doch ein kleines Gedenkzeichen nach Karlsruhe bahnpostlagernd! Das wär mir sehr viel wert. [...] Für die uns süss verzückenden Verse mehr Dank als ich jetzt sagen kann! Und so für die zum Staunen reichen und unmittelbar hingeschilderten griechischen Eindrücke."

Die Freunde taten, was sie konnten, um Fahrners Heimkehr gebührend zu feiern und ihn neu bei sich aufzunehmen. So erinnert sich Fahrner in „Mein Leben mit Offa", einem als Schönschrift vervielfältigtem Privatdruck: „Bei meiner Rückkehr nach Deutschland 1958 empfingen mich Offa und meine um ihn gescharten jüngeren Freunde in Urbans Atelier, nah dem Nymfenburger Park mit einer Aufführung von Hofmannsthals Kleinem Welttheater. Ich empfand es als eine Erwiderung auf mein in Ankara erschienenes Buch ‚Dichterische Visionen menschlicher Urbilder in Hofmannsthals Werk', und es war sehr bewegend zu schauen, wie die Spielenden ihre Lebensgestalten mit den Gestalten der Dichtung vereinigten. Mit den Freunden fühlte ich mich alt und neu verbunden. [...] Das schönste Geschenk bei jener Nymfenburger Aufführung des Kleinen Welttheaters – Michael Stettler sprach den ‚Dichter' – war mir das Erscheinen Offas als Gärtner gewesen. Er hat die Erscheinung eines sich weltlicher Aufgaben begebenden Herrschers, der sich der reinen geistigen Lebensflamme weiht, vor unseren Augen mit seinem ganzen Wesen erfüllt."

Trotz der Bemühungen der Freunde und der neu gewonnenen räumlichen Nähe, die leichtere Begegnungsmöglichkeiten schuf, verfällt Fahrner nach seiner Rückkehr in tiefe Depression. Am 2.7.58 berichtet er Stettler von „ganz schlechtem Ergehen durch den Absturz ins Hiesige – ein Zustand, der mir jede Äusserung so schwierig und fragwürdig macht, dass Du sicher das Tuch der Gnade über mein Schweigen würfest wenn Du ähnliches kenntest. [...] Wie wars ‚drüben', wie bist Du zurückgekommen?[71] Meine Gedanken sind sehr oft bei Dir – wünschend und liebend und mit so mancher Frage wie Du wohl all dem von innen begegnest, was aus sotaner Weltlage auf uns eindringt." *Weiterhin fragt Fahrner, ob Stettler an einer angekündigten Tagung in Darmstadt teilnehmen werde, und ob dies eine Gelegenheit sei, sich wiederzusehen.*

Gleich am 6.7.58 antwortet Stettler mit einer Bildkarte, auf der das neu bezogene Ortbühler Anwesen zu sehen ist: „Dank für endliches Lebenszeichen! Ja, ich komme nach Darmstadt, aber es werden viele dort sein und ich muss an dem Tag gleich zurück in Sachen Prozess um die Steffisburg. [...] Hier geht's gut, viel Atemraubendes all die Zeit. Lieber, nimms nicht zu schwer, den Absturz in Hiesiges, wie könnt es anders sein, sage mit Walt Whitman: ‚I am the man, I suffered, I was there.'"

Ein verlorener Brief von Stettler muss wohl von seiner Neuaufstellung der Objekte im Berner Historischen Museum gehandelt haben. Fahrner antwortet darauf am 23.7.58:

„Ich genoss Deine verhalten-offenen Worte mit den Blitzen von der Ewigkeit, die vielleicht nicht ohne Raum ist und von den Dokumenten, an die sich der Mensch, um zu glauben, hält, wie der ungläubige Thomas an die Wunden des Herrn, genoss die erregend hingestreuten Zitate und wie daraus ‚Dein' Museum aufsteigt (auch in den Bildern): Was Du aus dem ‚stummen Getöse' gemacht, und das Bernische und Dein Bernertum."

Im Herbst verbringt Stettler, inzwischen Vater einer vierten Tochter, einen Urlaub auf Ischia und geniesst die ursprüngliche Landschaft und die Menschen, von denen er Bilder an Fahrner sendet. Zum 25. Todestag Georges bereitet er seinen Artikel „Erinnerung an Stefan George" für die Neue Zürcher Zeitung vor, nach dessen Erscheinen Fahrner den Freund mahnt, sich nicht zu sehr an die „Gazetten" zu verschwenden.

Am 15.12.58 schreibt Stettler:

„Gleich will ich – eben von London zurückkehrend (wo ich dienstlich war und von wo ich eine herrliche Handschrift voller innniger Johannes- und Marien-Illuminationen[72] ins Land zurückbringen konnte nach jahrzehntelangem Exil, vor den Augen der Amerikaner) Dir antworten danken für all Deinen Anteil am Meinigen.

Warum ich die Erinnerung der Gazette in den Rachen warf? Weil ich es satt bin, zu jedem Gedenktag des Meisters all die unverschämten Artikel zu lesen und es mir scheint, es sollte doch auch einmal ein unverzeichnetes Bild den gewöhnlichen Leuten, die immer das andre vernehmen, zu Gesichte kommen [...] – und die, wie ich sehe, dafür recht empfänglich sind. Und was ich an denen dort ‚drüben' bejahe? Du weisst aus meiner früheren Beschreibung, dass es nicht die Drugstores und Fernsehantennen sind, sondern halt einfach, solang sie jung sind, ihre substantiell-physische Frische, Unverbrauchtheit, die mich anmutet, mich freut und erfrischt, und von der ich ein bisschen was in unsere existentialistisch-intellektuell-ungraziösen Studenten transplantieren möchte. [...]

Rudolf, wann kommst Du? Durchaus wärst Du im frühen Januar willkommen; könntest all das Hiesige endlich sehen, mit mir am Feuer sitzen und durch die grossen Stuben wandern oder durchs fahle Winterlaub. A bientôt, und Dir nun für die Jahreswende alle guten Gedanken und Wünsche, so voll wie die Bütte an Trauben ist, die der junge Ischianer hier auf dem Haupte trägt. Und wenn Du kommst, lehr' ich Dich das Lied,[73] das sie drunten sangen vom Sarazenen ‚chi tutte le femmine fa 'namura' (was soviel heissen will wie fa inamorare) – weil dort 1000 Jahre sind wie ein Tag und weil ein Tag die Lichtfülle eines Jahrtausends in sich zu bergen scheint. Es ist gut, im Nebel an dergleichen zu denken, und handkehrum wird der raunende Dämmer voller Gefunkel wie ein Tausendblumenteppich am Firmament."

Am 19.12.58 dankt Fahrner für das Gedenken und die von Georges Grab in Minusio gesandten Lorbeerblätter, sowie für das Foto von der Weinlese:
„Dank Dir so sehr für das Gedenken mit dem Lorbeer: Hast mich ganz berückt und beglückt. Und der Insulaner! Bild und Sang und all Deine guten Worte! Zur Gazette: Antwort passt!"

In seinem Brief von Weihnachten 1958 lädt Stettler den Freund ein, doch noch im Januar das Ortbühl zu besuchen:
„Es ist viel im Augenschein zu nehmen, das jüngste, unsagbar süsse Kind, [...] die schönheitere Mutter, der alternde Vater! Das liebe alte grosse Haus, auf Säulen ruht sein Dach, die 500-jährige, geborstene, noch grünende Eiche, der Lindenhügel, wo ich meinen Steintisch setzen will, die Pyramide des Niesen [-Berges] überm Burgunderschloss Thun vor unsren Fenstern:"

> So will ich dass du kommst und mit mir trinkest
> Aus jenen Krügen die mein Erbe sind,
> Geschmückt mit Laubwerk und beschwingten Kindern,
> Und mit mir sitzest... und meine Landschaft hingebreitet siehst:
> Dass dann vielleicht ein Vers von Dir sie mir
> Veredelt künftig in der Einsamkeit...

Fahrner antwortet aus Überlingen am 30.12.58, dabei seinen Besuch im Ort-bühl zu Anfang Januar bestätigend:
„Dank für den Zauberbrief. [...] Wir werden, hier Versammelte, Deiner gedenken: Morgen gen Mitternacht, und am ersten Jänner, wenn schon beim Frühmahl die Gläser klingen, der Becher kreist...
Indessen tu ich's schon für mich allein, und <u>wie</u> ichs tu! Deine NEUEN VERSE, und viele der älteren dazu – magst es hören? – waren mir das Lebensgeleit die letzten Monde hindurch und sind es noch indem ich die Schwelle überschreite. Lieber Dichterfreund, den ich umfange:

An meinem tag zu Deinem tag – gedanken
Und traum und gruss und dargebotene hand
Mein wird wie Du es gibst Dein haus und land
Dein wie Du's nimmst mein sinnen, minnen, danken!
Will mit Dir reden sitzen wandern schaun
Mit Dir dem los dem zubedingten traun.

In Erinnerung an den Besuch schreibt Stettler am 1.2.59: „Ja, hübsch war
das Verse-Rezitieren:"

Blühende Jugend eile doch
Den Seelenfreund zu suchen
Und Satans hartes Sündenjoch
Mit Eifer zu verfluchen
Noch lebst Du in der Morgenzeit
Steh auf, der Mittag ist nicht weit.[74]

*Am 25.3.59 berichtet Fahrner von der Insel Juist, ferner dass er endlich eine
passende Wohnung in Karlsruhe gefunden habe (das gemeinsame Haus mit
Gemma Wolters-Thiersch in Überlingen bleibt freilich sein Hauptsitz) und
dass an der Hochschule „die ersten Fische angebissen" hätten, was eine
ganz neue Situation ergäbe. Weiter schreibt er:*
    „Von mir diesmal viel Günstiges zu berichten: hab mich für ein paar
Wochen mit einem grossen Bücherkoffer verinselt, um eine Hölderlinvorle-
sung und -seminar vorzubereiten. Wetter immerzu herrlich, tiefe Stille, und ein
Meer ganz für mich!"
    Wenig später sollte er hinzufügen: „Die Hölderlinarbeit faszinierend, stär-
kend, weite Welten erhellend." *Ausserdem bittet er:* „Ob Du mir auf meine
Kosten nicht doch ein paar Bilder der Ischia-Schönheiten abziehen lassen
könntest? Bin unsäglich durstig nach schönen Anblicken und immer mehr
überzeugt, dass Winckelmann recht hat, wenn er die ganze griechische Kultur
darauf zurückführt, dass man dort immer schöne Menschen in bester Auswahl
und in besten Gelegenheiten vor Augen hatte. [...] Lass Dir die beiliegenden
bescheidenen Reihen [?] als Ostergruss gefallen, weil sie mir eben so kamen
in Gedanken an das schon so oft geschenkte Wunder unserer Gespräche."

Stettler schreibt am 9.4.59:
    „Herzlichen Dank für die guten Osterwünsche, Ostergrüsse, Osterverse!
Die grossen Feiertage haben hier im Ortbühl alle ihr besonderes Gepräge
und Gewicht. [...] Dass Du eine befriedigende Wohnung in Karlsruhe hast

finden können, finde ich besonders glücklich. Du warst doch da bisher etwas unbehaust.

Was nun den Besuch von Frau Gemma und Dir betrifft, so sehen wir ihm mit Freude entgegen. Im April ist es allerdings nicht allzu rätlich, hierher zu kommen, da ich schon beträchtliche, zum Teil auswärtige Verpflichtungen habe, eine mehrtätige Gottfried-Keller-Stiftungssitzung in Winterthur, eine Museumstagung in Lausanne, und dann eigene Vorträge und Führungen, Besuch einer Ausgrabung und dergleichen mehr. Vor Pfingsten wird auch noch die Taufe unserer Jüngsten in der Schlosskapelle Oberhofen mit anschliessendem Familientreffen in Steffisburg sein, die Eröffnung von Oberhofen für das breite Sommer-Publikum und ein grosser Empfang der ausländischen Missionschefs im Museum stattfinden.

Ich will auch danach trachten, dass ich bis dahin einige Ischia-Abzüge für Dich bereit haben kann. Der Kontakt mit diesen heitern Inselmenschen geht erfreulicherweise brieflich weiter.

Als Drucksache sende ich auch zehn Exemplare meines Aufsatzes an den See, mit der Bitte, ihn sorgfältigst zuzudenken. Der Bruder des von mir sehr verehrten, verstorbenen Malers Otto Meyer-Amden[75] hat mir diesen sehr schönen Handsatz zum Geschenk gemacht. Ich freue mich, wenn er Deinen Beifall hat finden dürfen."

Von Genf aus, wo er bei Robert Boehringer zu Besuch war, berichtet Fahrner am 28.4.59 über die Bemühungen, einen geeigneten Aufbewahrungsort für die hinterlassenen Plastiken von Frank zu finden, und erinnert an Stettlers alten Vorschlag, sie auf Schloss Oberhofen bei Thun, einer Filiale des Berner Historischen Museums, unterzubringen. Ob der noch gälte? Er bittet Stettler, mit weiterer Diskussion zuzuwarten, bis dieser seinen auf Wunsch Robert Boehringers verfassten Bericht zu den Plastiken gelesen habe. (Die Plastiken wurden später nicht nach Schloss Oberhofen, sondern ins Kloster Bebenhausen bei Tübingen verbracht, wo sich das Stefan George Archiv damals befand.)

Aus den folgenden Monaten sind nur Kartengrüsse Stettlers aus Kopenhagen und Ischia erhalten – die räumliche Nähe mit den besseren Möglichkeiten zu gegenseitigem Besuch könnten eine Erklärung für die abnehmende Zahl von Briefen sein. Am 3.12.59 verdankt Fahrner Stettlers Erinnerung an den Kunsthistoriker Bernard Berenson,[76] „über die Du solch einen Sagenschimmer gelegt hast", sowie eine Sendung vom Mai, mit Stettlers Rede „Masstab und Tradition"[77] und fragt sich: „Wie Du wohl damals den Satz aussprachst: Viele Kräfte sind heute am Werk, um der Auflösung entgegenzuwirken?"

Im September 1960 wird eine berufliche Veränderung Stettlers publik: Das in New York und Turin lebende Sammlerehepaar Werner Abegg (er aus Zürcher Seidenhändlerfamilie stammend, sie Amerikanerin) will seine bedeutende Sammlung mittelalterlicher Kunst mit Schwerpunkt auf Textilien in eine Stiftung einbringen, und in der Umgebung von Bern soll ein eigens dafür zu bauendes Museum errichtet werden. Abegg war nach einem begeisterten Besuch des Historischen Museums mit Stettler in Kontakt getreten und hatte ihn mit Antritt auf 1. März 1961 als Direktor der neuen Stiftung abgeworben. Neben dem Musealen sollte Stettler auch für die Planung des Baus zuständig sein. Als geeigneter Ort wurde ein Landstück in Riggisberg gewählt und erworben. Dazu Stettler an Fahrner am 17.9.60:

„Aus dem links geklebten NZZ-Ausschnitt ersieh bitte, dass sich meine berufliche Tätigkeit bald vom allzuvielen Administrativen dem Baulichen wird zuwenden können. Geplant ist eine fast klösterliche Oase in noch unverbauter Landschaft: eine Idee, die mich in der immer mechanistischeren, immer konformistischeren Umwelt weiterbringend beschäftigt und anzieht."

Am 27.10.60 beglückwünscht Fahrner den Freund zu den „neuen grossen Wegen – wie sie mich anziehen, bewegen, für Dich freuen und für mich und fürs Ganze! Burgen und Bergen gegen die Umwelt sind jetzt vielleicht das Wichtigste." Er beklagt sich über eine Phase der Niedergeschlagenheit und unterschreibt: „Dein schmerzlich stummer Rudolf." Am 30.12.60 vermag er noch keine Besserung melden:

„Bin noch immer ganz stumm, ob auch sehr eingedenk [...] Ich suche mir vorzustellen, wie Du wanderst und wirkst und Dich mit Wünschen und Mitgedanken zu begleiten. Wie gern wüsst ich mehr von Dir. Kannst mir nicht etwas von Versen schicken, die vielleicht indessen entstanden? [...] Bin ganz verlangend nach einem Ton Deiner Stimme. Denk: dass Du mich sehr froh machen könntest und mir sehr viel Gutes tun mit jedem Wort und Zeichen. [...] Könnt ich, ich würde Dir mit Eignem etwas abzulocken suchen – ja, könnt ich doch! Aber an Versen ist auch nur Dunkles entstanden, das besser nicht vorgewiesen wird."

Stettler steht in dieser Zeit unter hohem Druck. Am 21.1.61 schreibt er:

„Auf 1. März gebe ich die Leitung des Museums in andere Hände. Bis dahin ist noch Unendliches zu ordnen, abzuschliessen, Bauarbeiten, andere Vorhaben. Die Einrichtung der grossen Stiftung, für die ich nachher arbeiten werde, ist in vollem Gang und fordert meine wache Aufmerksamkeit, so gehör ich jetzt nicht mehr mir selbst. Und letztes Jahr war vieles abzuwägen, da dreierlei gleichzeitig auf mich zukam: das Landesmuseum in Zürich, die Professur an der ETH Zürich und die schon genannte Stiftung, für die ich mich entschied, da sie allein es möglich machte, im Ortbühl zu bleiben und also doch wohl auch bei mir selbst.

Im April dann [...] Bezug der gemieteten Büroräume in Thun, von denen aus im Verlauf der nächsten drei, vier Jahre der Museums- und Forschungsbau genannter Stiftung entstehen soll: eine zugleich eindeutige und vielfältige Aufgabe, auf die ich mich erwartungsvoll freue. Aber vorher wollen, wie gesagt, die nächsten Wochen und Monate noch überstanden sein. Dann kommt wirklich ein Schild ,Neuland', und das ist gut, denn ich spüre in mir jene Veränderungen, an denen glaube ich auch Du noch trägst, Rudolf: ,we are not old but ageing', und das sind lange Tunnelgänge. Reichen wir die Hand hinüber und herüber, umeinander wissend, hilfreich in diesem Wissen. Und Dank nochmals für den guten Zutrunk in der Silvesternacht!"

Am 9.6.61 meldet Fahrner, dass die Seebäder (auf der Insel Juist) ihm gut getan hätten und der Zustand sich verbessert habe. Ein neues Treffen wird in Aussicht genommen, wozu Stettler Schloss Oberhofen oder Ortbühl vorschlug. Ferner berichtet Stettler am 18.6.61:

„Von 17.–20. Juli habe ich in Turin den ersten Abtransport von Abegg-Sammlungsgegenständen zu überwachen. Vor der Julimitte bin ich noch fast ständig unterwegs, so wie ich jetzt auch Aufenthalte in Paris, Italien, Wien und Salzburg hinter mir habe. Aber wenn ich jeweils heimkehre, muss ich mich nicht mehr unters Museumsjoch beugen und bins drum zufrieden. Nur für Verse ist die Zeit zu unruhig, Prosa schreib ich weiterhin am Sonntagvormittag."

Im Spätsommer 1961 muss Fahrner wieder das Ortbühl, und dazu Schloss Oberhofen und den Bauplatz für das neue Museum in Riggisberg besucht haben. Am 29.12.61 schreibt er:

„Dank Dir sehr für alle lieben Grüsse und Zeichen. Den meisten Dank ruf ich Dir und der Bewaffnenden noch zurück für die wunderschönen Tage, die Ihr mir im Sommer schenktet und deren Bilder und inneres Wirken mich immer noch stärkend und froh machend begleiten. Hast mich so zauberschön durch Deine Gefilde geführt: äussere und innere – und wie oft sind es dieselben! Weil sie bei Dir so ineinander sind! Wünsch Dir noch viele Schlösser – kannst mir gar nicht genug haben! Und will Dich gerne von Schloss zu Schloss suchen und wünsch Dir vor allem das Eine einzig-Deine an dem entrückten, geheimnisvollen und doch so kühn weltoffenen und sicher künftig wirkenden Ort, in den eingeweiht zu werden ich als ganz besonderes Geschenk empfand. Und _wie_ hab ich den befreiten, den sich – mit welchen Weltaspekten

– befreienden Michael genossen! [...] Lass Dir Deinen ‚Jungen Burckhardt'
rühmen[78] (mit den Bildern) – er ist so schön gemacht, dass er mich fast mit
dieser Existenz versöhnen kann, die zu goutieren mir sonst so arg schwer fällt.
Er ist auch in so makelloser, recht eigen Miguel'scher Prosa geschrieben,
dass ich es Satz für Satz in Fügung und Klang wiederholt genoss [...] Nimm zu
Deinem Tag meine Herzenswünsche [...]. Magst Du das Bruchstück ALI UND
ANIS als Gruss für Dich, den Poeten [annehmen], dessen jedem neuen Vers
immer begierig entgegenlauscht Dein Rudolf."

*Zu dem zugesandten Bruchstück aus Fahrners erstem Spiel nach Motiven
aus Tausendundeiner Nacht, schreibt Stettler am 12.1.62:*
   „Welch reizendes Geburtstagsgeschenk hast Du mir zugedacht, doppelt
reizend, weil ich erst auf Seite 3 merkte, dass Anis weiblichen Geschlechts
ist. Im Lesen hörte ich reizende (nochmals!) Musik à la ‚Entführung aus dem
Serail'! Auch hab ich nur eine kleine Retouche vorzuschlagen: Auf Seite 2:
‚Vom Schein der weichen Lende' erinnert mich assoziationsmässig zu sehr an
weiche Kniee, und Ali (den ich sehe!) seh ich dorten nicht weich! Hab Dank,
Rudolf, für diese graziöse und graziös geschriebene, kostbar eingehüllte Fest-
tagsgabe: aber – ob sie ein Bruchstück bleiben soll? [...]
   Zu Carl J. Burckhardt antwortet er: Dass ich für Carl ein Faible habe seit
Jahren, hab ich Dir gewiss auch schon bekannt, find bei Euch allen in dem
Punkt keine Gegenliebe, [...] bei mir hats viel mit Hofmannsthal zu tun, aber
auch mit manch anderem."

Fahrner antwortet am 14.1.62 bezüglich der ‚weichen Lende':
   Dank für Deinen reizenden (nochmals reizend!) Dank für ALI UND ANIS! Fast
schade Deine Entdeckung auf Seite 3 – aber der Unterschied der Geschlech-
ter hat ja wenig zu sagen. Die ‚weiche' Lende hab ich aus den orientalischen
Quellen übernommen, wo sie – etwas üppig oder schwächlich Weiches wird
durch die stehende Kombination mit Gertenschlankheit ausgeschlossen – ein
terminus technicus zum Ruhme des Fehlens jeder Starrheit in diesem Punkte
ist. Aber Du kannst in Deinem Exemplar jedes Beiwort einsetzen, das Dirs
noch anmutender macht, und ich übernehme es dann vielleicht. Wenn Du Lust
hast, schicke ich Dir einmal die Fortsetzungen?
   Den Carl will ich Dir gar nicht schlecht machen. Es hebt ihn bei mir, wenn
er Dir Vergnügen macht. Gegen seinen Hofmannsthal-Briefwechsel und seine
diesbezügliche Überlieferung hört ich neulich recht ernste Bedenken. [...]
Hältst Du das für möglich?"

In den folgenden Monaten ist Stettler beschäftigt mit dem Realisieren der neuen Museumsbauten und mit vielen Reisen, bis hin nach Isfahan, von denen einige Kartengrüsse zeugen. Am 12.1.62 schreibt er aus dem Ortbühl:

„Wir sind nun fest an den Bauplänen zu meinem Klösterlein.[79] Hab die Bibliothek, wie ich sie wollte, durchgesetzt und mein Bureau mit Kaminfeuer, an dem <u>wir</u> zur Abwechslung auch sitzen werden! In Paris kauften wir etliches Sassanidisches und Luristanisches, aus Silber ersteres und emaillierter Bronze letzteres, hinreissende Vasen, die die Kyria wird ansehen kommen müssen. Auch unser Limoges Email ist gut. In Turin [sahen wir] dann eine chinesische Tapete mit Geschichte der Webekunst an – und eben prüfen wir was Frühtürkisches."

Am 30.12.62 berichtet Fahrner aus Karlsruhe, dass er eine Vorlesung über die Problematik der modernen Naturwissenschaft und deren Spiegelung im modernen Drama vorbereite, mit Abschnitten über Brechts „Galileo", Hans Henny Jahnns „Der staubige Regenbogen" und Dürrenmatts „Physiker" – eine Problematik, die ihn auch in seiner Rede „Die Aufgabe der Geisteswissenschaften an der Technischen Hochschule" von 1961[80] und in seiner stillen Mitarbeit am Buch von Friedrich Wagner: „Die Wissenschaft und die gefährdete Welt" (München 1964) umtrieb. Noch wichtiger waren ihm wohl neue dichterische Möglichkeiten, die sich mit Vollendung von ANIS AL-DSCHA-LIS ankündigten – nämlich die ganze Reihe von lyrischen Stücken, Dialogen und Dramoletten, die ihn in den Jahren nach der Emeritierung parallel zur Weiterführung des beschreibenden Werkes über das „West-Östliche Rittertum" beschäftigen sollten. Zu Stettlers fünfzigstem Geburtstag am 1.1.63 sendet er ihm das fertige Stück ANIS AL-DSCHALIS in einer Schönschrift zu.[81]

Stettler dankt am 16.1.63:

„Erst jetzt komme ich dazu, für soviel Zeichen der Freundschaft zu meinem halben Centenar zu danken. Wie aber soll ich <u>Dir</u> danken, da Du mich mit dem <u>wunderschönen</u> Manuskript des Spiels von Anis und Ali entzücktest?

Seine Pflaumen
Sind einziger Geschmack für meinen Gaumen[82]

Effendi, ich glaube, erst seitdem ich in Isfahan und Shiras war, kann ich den Reiz eines solchen Spiels wirklich kosten. Das süsse Geschling, die Verkleidungslust, die Liebesseligkeit, die Anmut der Gebärden, die Gartenzier, die Blumigkeit der Rede und das bewusste Geniessen der Beteiligten an alledem. Zauberhaft hast Du das gemacht. Weisst Du, was mich, als wahre Peripetie des Spiels, wohl am meisten gepackt hat? Die Geste, mit der Ali dem vermeintlichen Fischer sein Mädchen schenkt und das Lied, das Anis darauf singt! Was könnten unsere helvetischen und germanischen Zeitgenossen daraus lernen, die solche Mühe zur kleinsten generösen Geste haben!

Viel hab ich auch von Dir ganz persönlich darin gefunden: wie Du die Gruppen lenkst und zusammenbringst, die Freude an den gebratenen Fischen, an den entzündeten Lichtern, am sprachlichen Hin und Her. Und was für eine köstliche Personnage ist Dein Ibrahim! Musik aus ‚Entführung aus dem Serail‘ hörte ich die ganze Zeit als begleitende Melodie, graziös, heiter, beschwingt, dazu. Was für eine Geburtstagsgabe an mich! Effendi, hab Dank für diesen Glanz!

Meine Erwiderung kommt auf verschiedenen Wegen: keine so einzig schön geschriebene, bloss gedruckt, aber vielleicht wird es Dir doch Spass machen: eine Auswahl meiner Verse aus allen Perioden. Ferner als Drucksache einen Aufsatz aus der Neuen Zürcher Zeitung über den Maler Otto Meyer-Amden; und noch eine ‚demo profano‘ Allotria.[83] Mögest Du mich in allem ein wenig wiedererkennen wie den Kalifen im lausigen Fischergewand!“

Am 20.1.63 reagiert Fahrner vorerst auf Stettlers Zusendung der Schrift über Otto Meyer-Amden:

„Der ‚Menschenfischer‘ hat mich sehr bewegt, ja hingerissen! Ich ahnte nichts von ihm. Und nun soviel Lieberweckendes, Verwandtes, Ersehntes, Geglaubtes! Frage: Wo kann man das alles sehen? Zunächst werd ich nach der illustrierten Monographie greifen, aber die Originale? Und die Entwürfe? Wo? Man wünscht sich wiederholten, andauernden Umgang damit und mit seinen zartfesten nüchtern-zauberischen Worten, aus denen Du lauter Kostbarkeiten ausgewählt hast. Dank für diese Eröffnung. […]

Ich hatte am Dreikönig die schönsten, reichsten, mich ganz beglückenden Tage in Genf mit Robert Boehringer. Da war auch wunders die Rede von neuen Versen von Dir und ihrer Schönheit – es hatte sie aber jemand mitgenommen und so bekam ich sie nicht zu Gesicht. Magst denken, wie gespannt ich darauf bin! Oder willst Du mich, den so oft um solches Bittenden, von der Kenntnis ausschalten?“

Wegen des Todes seines Bruders kommt Fahrner erst am 12.2.63 dazu, für das „hinreissende“ Erwidern des Freundes auf sein Stück ANIS AL-DSCHALIS und für die Zusendung des Privatdruckes mit Stettlers ausgewählten Versen[84] zu danken:

„Oh Dein süsses Lob der ANIS – dank Dir mit einer Umhalsung! Gibts Schöneres als in Solchem schlechthin begriffen werden?! Und so brüderlich-iranisch!! Und mit sicherem Blick auf den Kern: den Schenke-Rausch und das

Anis-Lied! Und so geniessend, dass die Lust doppelt wird und schimmernd reich! – Ja, die Nicht-Generosität der Germanen und Helvetier! Aber sei nur froh, dass Dir nicht jeder gleich sein Mädchen schenke beim ersten Zeichen Deines Wohlgefallens! Eine meiner Dankleistungen ist, dass ich – wie gern ich es auch täte! – nicht gleich für einen Besuch bei Dir anfrage und Dein Dich-Widmen an die grosse Aufgabe achte. [...] Liebster Dichter-Kalif: Was Du ein lausiges Fischergewand nennst ist ein himmelschönes schimmerndes Kleid: Unablässig geniess ich die edlen zaubrischen Verse und Michaels Leib und Seele darin und die von ihm uns geschenkte Lebensgebärde! Und dass Du die kostbaren DELFINE[85] vorangestellt hast geht mir natürlich silbrig ein! Weisst Du eigentlich, dass vor wenigen Jahren in Neuseeland wieder einer aufgetaucht ist, so ein singender, Knaben liebhabender, der sich unter die Badenden einschmeichelte und den Liebling auf seinen Rücken lockte und wieder und wieder aufs Meer hinaustrug und ans Ufer brachte? Soll ich Dir den Gazettenbericht schicken? Was Du Allotria nennst – der ‚Rat der Alten‘ – ist ein kleines Lebensbuch, das mich überall, wo ich ankostete, bei Bekanntem und Unbekanntem, lieblichst Michisch ansprach und nährte: Ich nehms zur Begleitschaft und dank Dir, indem ich's immer neu anblicke und einblicke! Nimm vorlieb mit diesen dürftigen Reihen, die sich mit Deiner Lobeskunst nicht messen können und wollen – nur ein Zuruf! – aus auch bei mir nicht leichten Tagen.“

Fahrners Zustand hatte sich seit dem Frühjahr, als sie sich gesehen hatten, zusehends verschlechtert, sodass er sich für das Wintersemester 62/63 beurlauben lassen musste. Dazu kam ab dem Herbst 1963 die Sorge über die Erkrankung von Alexander von Stauffenberg an Bronchialkrebs, über die Stettler am 10.12.63 von Fahrner unterrichtet wird:

„Sicher hast Du schon von Offas schwerer Krankheit und Gefährdung gehört. Im Oktober war er noch bei mir am See zur Redaktion seines Gedichtbuches. Da schien die Behelligung der Stimme noch von Überanstrengung und Erkältung auf einer Sizilienfahrt herzurühren, wo er Andere führte. Seitdem lauten die Nachrichten immer schlimmer.“

Neben Stettler war Alexander von Stauffenberg (1905–1964) Fahrners zweiter bedeutender Dichterfreund aus dem früheren George-Kreis, der ihm nach den Kriegsverlusten geblieben war. Alexanders Dichtung „Der Tod des Meisters“ war 1943/44 im Austausch mit seinen Brüdern Claus und Berthold von Stauffenberg und mit Fahrner entstanden und wurde 1945 im privaten Delfin Verlag veröffentlicht – ebenso wie seine „Agamemnon“-Übersetzung und eine mit Frank Mehnert und Fahrner begonnene Übersetzung von Odyssee-

Gesängen. 1963 arbeiteten Alexander von Stauffenberg und Fahrner an der Herausgabe des „Denkmals", das Alexanders Dichtungen zur Erinnerung an die im Krieg gefallenen Freunde und den Opfergang des 20. Juli 1944 enthält.[86] Fahrners Briefe an Stauffenberg sind leider nicht erhalten (sie wurden von Alexanders zweiter Frau offenbar nicht bewahrt), sodass ihre Korrespondenz nicht als Ganzes rekonstruiert werden kann. Doch bleiben Fahrners Erinnerungen „Mein Leben mit Offa" (Privatdruck 1985), aus denen hier ein kurzer Abschnitt, die letzten gemeinsamen Jahre betreffend, angeführt sei:

„In diesen Jahren war Offa mit seinem grossen Werk über ‚Trinakria – Sizilien und Grossgriechenland in archaischer und frühklassischer Zeit' tief befasst. Seine Pindarübertragungen der sizilischen Oden an die Herrscher von Syrakus und Akragas hatten ihn in diese Gefilde geführt [...] Alle Kapitel dieses Werkes hat er wie sie entstanden uns Freunden vorgelesen und ihre abschliessende Gestaltung mit uns besprochen. Ich selbst hinwieder war durch meine Karlsruher Aufgaben in Anspruch genommen mit mehreren Vorlesungen über Goethe, Vorlesungen über die Zeit von Eckehart bis Luther und einer Vorlesungsreihe über ‚Dichter als Wegweiser zur Dichtung', darunter eine Pindar gewidmete,[87] zu der Offa mir helfend zur Seite stand. Daneben hielt mich meine Mitarbeit am Werke Friedrich Wagners ‚Die Wissenschaft und die gefährdete Welt' in Atem, zu der er mich durch seinen leidenschaftlichen geistigen Kampf mit der indessen emporwachsenden Weltgefährdung – er hat ihn in den fünfziger Jahren als erster begonnen – gewonnen hatte.

In Offas und meinem Bunde mussten in dieser Zeit – oft schmerzlichst von uns empfunden – die dichterischen Arbeiten zurückstehen. Indessen liessen wir nicht ab von dichterischen Plänen und spähten aus nach der Zeit, da sie wieder frei und stark in uns hervortreten könnten. Offa lebte ganz im Sinnen auf gemeinsames Dichterwerk, ja wollte es vorausträumen bis in unsre spätsten Jahre als Oktogenare. Und der neue Beginn für dieses Tun schien gekommen, als 1963 Offas Trinakriawerk[88] und das Werk Friedrich Wagners beendet waren. Grosse lockende Hoffnungsschimmer hatten uns eben noch umgeben als der Freund durch eine unerkannt in ihm gewachsene Krankheit jäh entrückt wurde."

Der Verlust von Offa im Januar 1964 stürzte Fahrner in eine tiefe Depression, aus der er schwer herauszuziehen war. Darunter litt auch die Korrespondenz mit Stettler in den folgenden Monaten. Immerhin beteiligte er sich an der von Stettler vorbereiteten Festgabe zu Robert Boehringers 80. Geburtstag. Aus Stettlers Rundbrief:

„Am 30. Juli feiert Robert Boehringer seinen 80. Geburtstag. Mit Rücksicht auf seine Sehbehinderung wird diesmal nicht, wie vor zehn Jahren, eine umfangreiche Festschrift erwogen. Im Einvernehmen mit Frau Margrit Boehringer ist aber geplant, ihm am Geburtstag eine handschriftliche Festgabe der Freunde zu überreichen. Diesem Brief liegt ein vierseitiger Bogen bei, der von Ihnen mit Text, Zeichnung oder Lichtbild zu versehen wäre."

Fahrners am 24.5.64 an Stettler gesandter Beitrag war ein Gedicht aus seinem kurz vorher vollendeten Stück ISHAK, das dann 1972 als eines seiner DREI SPIELE im Privatdruck erschien:

ISHAKS RÄTSELLOB

Wie früher dämmer leis und lächelnd kaum
Auf gartenbeete hin den morgen weht
Und schmückt die blüten mit dem ersten flaum
Der von den sternen in das tagen geht

Und wie ein segel das vom hafenrain
Sich löst und seine bahnen leuchtend zieht
Wie tiefer teich der kurz des spiegels schein
Verdunkelt aufglänzt wenn die wolke flieht

Und wie der sichelmond ein feines schwert
Den äther schneidend durch die sterne fährt
Wie sich ein tränenüberströmt gesicht
Aus starkem troste hebt und grüsst das licht

Und wie die übervolle honigwabe
Erfliesst und träuft und gibt die süsse labe –
Wer weiss es wem ich dies verglichen habe?

Das Stück über Ishak, den Hofdichter des Kalifen Harun al-Rashid, spielt virtuos mit einer halb imaginären, halb aus Tausendundeiner Nacht entlehnten Dichtergestalt, die sich zuerst scheinbar unerkannt, später erkannt, durch einen geheimnisvollen Korb in die Gesellschaft einer ungewöhnlichen Dame heben lässt. Worauf, Abend für Abend sich steigernd, Geschichten erzählt, Dichtungen gedeutet und Lieder gesungen werden – bis Ishak, am letzten Abend in Begleitung des Kalifensohnes el-Mamûn erschienen, sich in vollem Glanz enthüllt. Sein RÄTSELLOB ist ein Preis der Dichtung und des Dichtertums. Bei einem späteren Besuch in Genf hat

Fahrner das ganze Stück Boehringer mündlich vorgetragen und dessen Bejahung empfangen.

Stettler schrieb am 14.6.64 nach Erhalt des Gedichtblattes:
„Hab <u>Dank</u> für Deinen Beitrag zum hohen Feiertag unseres Robert Boehringer. Ganz eigen, <u>Dir</u> ganz eigen die Vermählung von Ost und West, Orient und Deutschland in dieser Poesie, die ich erst, seitdem ich selber <u>dort</u> war ganz erfassen kann und innig liebe. Wie schön die Huldigung mit Ölbaum, Lorbeer und Zypresse, mit Zelt und Gartenteiches Spiegeln – wie zart der erste Flaum, der von den Sternen in das Tagen geht, wie genau das feine Schwert des Sichelmonds, das ‚den äther schneidend durch die sterne fährt'.

Ich selbst bin noch ganz erfüllt von der Ägäis-Kreuzfahrt, die ich mit Barbara im Mai unternahm und die uns bis nach Ephesus trug. Jeden Morgen, wenn man den Kopf durchs Bullauge steckte, lag eine andere Insel im unsäglichen Morgenlicht vor dem Blick: Delos, Samos, Kos, Patmos, Rhodos, Kreta. [...] Ganz sacht und fest wurde man mit jedem Tage wieder ein Stück näher an sich selbst zurückgeführt, sich selbst zurückgegeben. Und was für Kuroi als Schutzgötter auf diesen Inseln. [...] Dies dichtete ich, als das Schiff ‚Hermes', unser Schiff, an Ithaka[89] vorbei die Adria hinauffuhr:

OMAGGIO MEDITERRANEO	MEDITERRANE HULDIGUNG[90]
Svelta crociera in mare	Schnelle fahrt durch hohe see
Delfini nel mare blu –	Delfine im blauen meer –
Navigare, volare	Oh dies kreuzen und fliegen
Ogni giorno di più.	Tag für Tag noch mehr!
La nave del dio astuto	Das schiff des listigen gottes
Ci porta ci porta di là	Es trägt und trägt uns dahin
(Del dio ch'ha tutto saputo)	(Des gottes der alles gewusst)
Verso la felicītà.	Glückseligkeit im sinn.
Siamo i tardi eredi	Wir sind die späten erben
Del bello che sempre sarà	Des schönen das ewig währt
Quello di ieri – non credi? –	Das von gestern wird – glaub es! –
Domani t'incanterà.	Zauber der morgen dich nährt.

Non credi? Grüsse auch von der Barbara, Auguri.
Ja, wir bleiben einander nah."

Fahrner antwortet am 28.6.64:

„Dein Brief hat mich gleich dreifach beglückt: Dass Du meine bescheidenen Verse so wissend und so eingeweiht ins Ost-Westliche aufnimmst und mir so teilnehmende Worte dazu schenkst. Dass Du mich teilnehmen lässt an Deiner Ägäisfahrt, die ich mir immer für Dich wünschte und die nun so schön gelang. Und dass Du mir diese Verse gönnst, die leichten, beschwingten, tiefsinnig süssen, die mich die Lüfte mitatmen lassen, die Du durchfuhrst, mich mitfliegen lassen verso la felicità! Als ob Du gesegnet wärst – nein Du bist es und zauberst mit Deinem schönen Schiff so mächtig, dass ich nur zurückrufen kann: io credo!"

Zu Ende des Jahres 1964 bahnen sich neue Entwicklungen an: Stettler wird neben seinen Museumsverpflichtungen zum Leiter der Schweizerischen Kulturstiftung „Pro Helvetia" ernannt, während Fahrner neben seiner Karlsruher Lehrtätigkeit (von der er sich zeitweise beurlauben lässt) mit dem Aufbau eines neuen Lehrstuhls für deutsche Literatur an der Universität Kairo beauftragt wird. Zu Beginn des folgenden Jahres wollen sie sich nochmals im „Ortbühl" treffen. Stettler schreibt am 11.12.64:

„Ja, das ist gut, ein schnelles Wiedersehen nach soviel äusserem und innerem Geschehen hüben und drüben! Mir passt es um den 7./8. Jänner nicht schlecht, wenn es auch meine erste Arbeitswoche im Jahr sein wird [...] und Barbara mit zwei Kindern noch in unserem neuen Tusculum auf 1800m Höhe in Mürren sein wird, während ich wohl am 4., spätestens 5. Jänner von dort zu Tal, d.h. ins Ortbühl steigen werde. Ich halte also [...] die Abende vom 7. und 8. Jänner im Ortbühl für Dich frei und auch ein Bett. Tagsüber bist Du dann z.T. mit mir, z.T. mit hiesiger Landschaft oder an meinem Kaminfeuer geborgen."

Am 11.2.65 meldet Fahrner seinen bevorstehenden Abflug nach Kairo. Ägypten hatte er schon auf einer zusammen mit Freunden in den dreissiger Jahren unternommenen Nilreise kennengelernt[91] – nun reizte ihn wohl die Möglichkeit, hier seine in Ankara begonnene Spurensuche nach dem „west-östlichen Rittertum" wieder aufzunehmen, zumal er mit seinen DREI SPIELEN *bereits in die Welt von „Tausendundeine Nacht" eingetaucht war. Dem Freund Michael Stettler hatte er zu dessen Geburtstag am 1.1.1965 eine Schönschrift des vollendeten* ISHAK, *des wichtigsten Stückes aus den* DREI SPIELEN *gesandt, hatte ihm auch bei ihrem Treffen am 7./8. Januar daraus vorgelesen. Nun war er ungeduldig, Stettlers Reaktion auf das ganze Stück zu erfahren. Am 20.2.65 schreibt Stettler dazu aus Mürren:*

„Du hast recht, fürwahr, mit Deiner Frage, ob der ganze ISHAK mir kein Sterbenswörtchen abzulocken vermöge. Doch, er vermags, aber dazu bedurfte

es der ersten Mussetage seit Deiner Abreise von Thun, als Du winkend ent-
schwandest. Wie heisst es bei Deiner Ingeborg Bachmann: ‚Es kommen
härtere Tage'. Das traf für mich zu in Form von pausenlosen pensa: Baukon-
ferenzen und solchen beim Bundesrat, eine sofortige Mittelerhöhung für Pro
Helvetia betreffend, und das hiess wieder Eingaben verfassen und vieles
andere: kurz, es gab kein Briefschreiben mehr. Nun aber gings, anlässlich
der ‚Sportwoche' der Kinder, hinauf in die kristallne Höh, wo wir der Dinge
lachen und uns an Gebilden freuen wie Deinem ISHAK, noch Dein Vorlesen
der ersten Szenen am heimischen Feuer im Ohr, halb eingelullt vom Spiel
der Verwandlungen – gedenkt Dirs? Gross ist das Geschenk, das Du mir
zu meinem Wiegenfest mit Deiner Dichtung gemacht hast, lieblich, anmutig, zärtlich dargeboten in so makelloser Schrift. (Dank auch der Schreiberin!). Wieviel, Effendi, von Dir drin ist in dieser tanzenden, genauen, hin-
und zurückschreitenden Sprache, der Freude an Wortspielen, am Hin- und
Widerwenden von Ausdrücken in diesem ganzen königlichen Dichterspiel,
das sah ich daran, dass Du selbst in den Personen des Ishak, el-Mamûn,
Chalifa, Dschafar mir immer wieder entgegentratst, aus Ihnen hörte ich Dich.
Und die reizenden Mädchen, wie gehören sie ganz zu Dir! Ein paar Verse
lös ich heraus:

> Gedichte · Herrin · sollte man nicht denken
> Nur wissend sagen und dem blumenwald
> Der worte nicht durch denken abbruch tun..

> ... bis zu jenem hauch
> Des übergangs von sein zu schein · von schein
> Zu wesen und von wesen in die stunde:
> Den augenblick!

> Dass sie männer sind
> Sie müssens ständig sich beweisen – das
> Schafft vorteil auch für uns!

> ... kann nicht leben ohne das
> Im sang geliebte leben!

Wie wahr! Ganz besonders genoss ich die Antwort des Ishak auf el-Mamûns
Misstrauen: ‚Lässt man so freunde holen?' Und die mannigfachen Wortspiele
wie: ‚Ins singgemach – Ins sinngemach', und jenes tiefe Dichterwissen:

> ... das wissen das in liedern sich
> Verlautet kann aus e i n e m sinn nicht stammen.
> Ist wissen von der welt so wie sie selbst
> Sich weiss...

Darin klingt für mich auch früher Hofmannsthal auf. Ach, und überhaupt dieser ganze Dichterwettstreit in Masken, el-Mamûns Erzählung von Iblis, ‚ein lied von solchem silbenfall und sinngefälle (...) als säng der ganze raum der boden und die decke und die säulen‘, und dann, immer mit den Flötenmelodien der Munis, die Variationen auf das ‚Kennen‘:

> Ob du mich kennst?...
> Ich kenn dich wohl...
> Dich kenn ich nicht ...

Das ist ein Spiel von wundersamen Verschränkungen bis zuletzt, wie sichs gebührt, der <u>Dichter</u> den vielen Betenden und Singenden seine Stimme leiht:

> Und aus vielen Seelen betend beben
> Wird schimmernder gesang.

Dann ganz am Schluss noch einmal die Relativierung aus dem Mund der Mädchen:

> Die männer – meinen sie nicht was sie wissen
> Das s e i so wie sie's wissen..

Das ist reizend, Effendi! Und vorher der Betrieb mit dem Korb, und mit dem Spiel im Spiel mit Chalifa und dem Affen, das Hinein- und Hinaustreten aus diesem Spiel im Spiel, die Rolle der Kutalkulub – die Steigerung durch die drei Nächte hindurch, und immer der Preis der Dichtung und des Erzählens von Geschichten – und was für Geschichten! – das ist genau, wie mirs auch Arnold Hottinger[92] von solchen Dichterwettstreiten erzählt hat, nur hier mit ganz bewusstem Kunstverstand gestaltet von einem, der eben wie Du, Effendi, ganz tief in diesem bilder- und gebärdenreichen Orient zuhause ist.

Die Elemente der Verwandlung, von arm und reich, waren schon im früheren Spiel, das Du mir schenktest; hier aber, scheint mirs, sind die Mittel noch reicher, noch verschränkter, wie jene Muster, die ich an den Kuppeln und Portalen der Moscheen in Isfahan sah. Nimm meinen Glückwunsch und Dank für dieses Geschenk eines Dichters an einen Dichter. Dichtung und Gesang als höchstes Lebenselement – das ist doch das Thema, ist unseres ja auch in unseren so viel trockeneren Gegenden.

Eben hatte ich zum Wochenende einen jungen Mann, der als Student sich den Meister ganz allein entdeckte und seitdem der Dichtung gehört und sich von ihr nährt – es gibts also immer noch!

An Schefolds[93] Geburtstag führten die Studenten einen Teil aus den ‚Wolken‘ des Aristophanes in Masken auf, sehr hübsch, halb griechisch, halb baslerisch, Sokrates in einem Korb wie Deiner von Ishak, an einem Flaschenzug sich hin- und herziehend.

Wie mag's Dir gehen auf Deinem Gastlehrstuhl? Und klimatisch? Essensmässig? Als Ganzes? [...] Nun geht's hinaus in den Schnee! Es ist hochalpin hier und ich kann mich nicht sattsehn. Wir sind auf 1 800 m, und die Luft ist mineralisch, der blaue Gletscher der Jungfrau ist gegenüber, im Tal braut der Nebel, die Hütte ist von enormer Gemütlichkeit.“

Fahrner erwidert am 27.3.65 aus Kairo:

„Jetzt habe <u>ich</u> <u>Dir</u> zu danken und tu es ganz von Herzen für Dein reiches, schönes, so ganz wissendes Lob für den ISHAK! Kann's etwas besseres und genussreicheres geben für einen Poëten als dies: wenn er sich so ganz und überallhin und in alle Nuancen hinein verstanden, aufgenommen und genossen sieht und fühlt – und – eben einen Dichter als Leser, nein als neu-mit-Dichter hat?! ‚Gibst Du Dich weg erhältst Du Dich zurück‘ – ja wenn Du Dich an einen <u>Solchen</u> gibst! Das muss ich Dir auch noch zurufen, dankend, dass Du <u>mich</u> <u>mir</u> so gegeben hast!

Hier ging bis jetzt alles ganz vorzüglich. Von den Universitätsspitzen wurde ich mit erlesenster Höflichkeit, Entgegenkommen, Förderung aufgenommen und behandelt (!!), wie ichs nicht einmal in Spanien[94] erlebt habe. Da müsstest Du einmal dabei sein bei diesem Spiel der Blicke, Gesten, Andeutungen, Vorausverständnissen, leis und lang nachhallenden gemeinsamen Wissungen, und bei diesen äussersten Spannungen in der grössten lächelnden und ernsten Ruhe! Da lohnt es sich doch noch, sich zu unterreden und gemeinsam ‚ein Ding zu drehen‘, wie Ganelon im Chanson de Roland so trefflich sagt. Das Ganze ist ein rechter See von Vornehmheit sich darin zu baden, von den Prachtsräumen und den schwarzen Dienern im weissen Seidenkaftan und weissen Seidenturban bis zu diesen Regenten-Persönlichkeiten (über 42'000 Studenten und entsprechende Lehrerscharen) mit der so seltenen Kombination von Witz und Würde. Mit <u>solcher</u> Förderung, die zugleich handfest durchgereift und alle Listen und Spiele des Umgangs, des Kampfes, der Tücke, der Freundschaft, sich selbst geniessend, durchläuft, lässt sich dann auch in den ja immer bedenklichsten ‚mittleren‘ Regionen wirken – zumal, wenn einem auf der anderen Seite so entzückende Studenten und Studentinnen aufs entzückendste entgegenkommen. Hab jetzt zwanzig Seminare gehalten und könnte ein süsses Lied von diesem Mass an Aufmerksamkeiten, Klugheiten, innigem Lauschen, witzigem und tiefsinnigem Erwidern und herzgewinnender Dankbarkeit singen. So darf ich hoffen, meine Aufgabe rechtzeitig und zur Zufriedenheit meiner Gastgeber und meiner selbst zu beenden.

Schwierigkeiten mit den gerade sich abspielenden Ereignissen[95] gab es auf ägyptischer Seite bis jetzt <u>überhaupt</u> <u>keine</u> – eher eine besondere Offenheit! Und Unangenehmes <u>nur</u> bei den hiesigen Germanen, die zum Grossteil wie aufgescheuchte Hühner durcheinanderlaufen und über ihr eigenes Geschrei erschrecken.

Klima bekommt mir bei grosser Sonnenvorsicht ausgezeichnet. Der Flug war grossartig: Aus dem düsteren Schneenebel der gräulichen Nundinense[96] (man kann den nicht-lateinischen Namen dieser depravierten City am unteren Main hier gar nicht aussprechen!) schwang man sich durch die dicke Wolkendecke und schwebte über dem Wolkenmeer, aus dem nur die höchsten Alpengipfel herausschauten in der Abendsonne. Noch eh die Alpen erreicht waren kam die Nacht. Jenseits des Walles aber riss die Wolkendecke auf – die Lichter Venedigs glitzerten – und man schwebte durch die ‚mondbeglänzte Zaubernacht‘ über lichten Wölkchen und dem Mittelmeer hin und tauchte jäh – nach kaum mehr als drei Stunden – in eine atmende Mainacht am Nil hinunter.

Die Stadt ist riesenhaft – eine ganze Landschaft für sich in die grün glühende Nilebene gebettet zwischen den felsigen niederen Wüstenhügeln, die auf der einen Seite die Zitadelle, auf der anderen Seite die Gizeh-Pyramiden tragen. Die riesige Weite zieht sich durch die modernen Vehikel wieder zusammen, und man kann gut am Mittag auf der Zitadelle dem Muezzin zuhören und die Stirnen der Beter auf den Boden sinken sehen, am Nachmittag die Pyramiden umwandern und, aus der Wüste zwischen den beiden grossen [Pyramiden] und ihrem reizenden Töchterchen hindurch zurückkehrend, zwischen sprengenden Reitern vor die grosse Sfinx treten – und am Abend im kühlenden Wind am Nil spazieren gehen und sich an-monden und an-sternen lassen.

Den ‚Rittern‘[97] geht's auch nicht schlecht bei fündigsten Bibliotheken, einem zweiten Direktor des Archäologischen Instituts, der über orientalischen Wehrbau arbeitet und gerade ein Buch über Kreuzritterburgen herausbringt, einem Referenten, der in Syrien ein Omayaden-Wüstenschloss ausgräbt, wo sich die arabischen Ritter fassen lassen, und bei den sieben alten islamischen Städten,[98] die mit grandiosen Monumenten aus der modernen Hochbauten-Stadt auftauchen – und aus dem Schutt späterer Stadtschichten, die inzwischen schon wieder um sie und über sie hingesunken sind.

Fand eine sehr angenehme, weitläufige, hübsch möblierte Wohnung mit allem Zubehör und einem trefflichen nubischen Koch und Diener, der mir das Haus hält. Es gibt ganze nubische Diener<u>zünfte</u>, die alle Stellen in den Händen haben und von ihren Sippenhäuptern regiert werden. Und es gibt sehr hübsche junge Diener. Der meine ist jung und mittelhübsch, aber der weisse Kaftan und der weisse Turban helfen ihm gewaltig auf, und seine Wildkatzengebärden! Sein grösstes Unglück ist meine Unzufriedenheit, die er aus den kleinsten Zeichen errät und ergründet – sein grösstes Glück meine Zufriedenheit, die ihn zu tänzerischen Freudengebärden hinreisst. Er kann auch glänzend singen und <u>trommeln</u>, und ich treibe es bei meinen Mahlzeiten wie Katharina Sforza, die sich auch dabei immer vortrommeln liess.

Und im Gewürzbasar hättest Du mich sehen sollen auf der Polsterbank: Kaffee schlürfend, von leichtem Sandelqualm umschwebt, die Handrücken und Handballen ganz mit Düften bestrichen, und beim Schweigen und beim Prachern [Feilschen] den alten Obergauner mit meinen Listen erquickend, die er genoss, wie ich die seinen. Ambra, Moschus, und ‚das Geheimnis der Wüste‘ (eine raffinierte Düftemischung) gefielen mir am besten.

Die Sonne kommt! Meine Morgengrüsse! [...] Ob und wann wir uns sehen könnten? Bin am 8./9. Mai in Zürich: <u>vor</u>schliessend oder <u>an</u>schliessend? Oder besser wenn Meyer-Amden schon eröffnet ist? Für Palmsonntag habe ich meinen Rückflug gebucht und bin bis Osterdienstag am See. Danach mit Gemma, sie begleitend, zur Kur in Badenweiler. [...] Halsung und Umarmung!"

Stettler dankt am 9.4.65 für Fahrners Kairo-Bericht und freut sich, „dass alles so gut und wie im Spiel gegangen ist". Er steht in dieser Zeit unter starkem Druck: Voranschreiten des Baus für die Abegg-Stiftung in Riggisberg, Besprechungen mit dem anwesenden Stifter, Vorbereitungen für eine Ausstellung des Malers Meyer-Amden in Bern (zu der er Fahrner einlädt), eine Ausstellung der von ihm präsidierten Gottfried Keller Stiftung in Zürich und eine berufliche Reise nach Polen. Erholung brachte ihm ein kurzer Aufenthalt in Italien: „Besonders geglückt war eine Reise nach Rom und Neapel Ende letzten Monats, mit Tagen auf Procida und Ischia, zur Hochzeit meines Freundes, des Kapitäns."

Zur Jahreswende 65/66 und zu Stettlers Geburtstag schickt Fahrner dem Freund seine ITHAKA-ERNTE, die wegen ihrer Länge im Anhang (S. 194–201) erscheint. Der Brief hat sich verloren. Stettler antwortet am 13.2.66, wieder aus seinem Berg-Asyl in Mürren, wohin er sich von der Betriebsamkeit in den Niederungen zurückzieht:

„Die ‚Sportwoche' der Kinder, die wir in Mürren verbringen, im kleinen Berghaus, das ich Dir auch einmal zeigen möchte: ‚Wo wir der dinge lachen in kristallner höh',[99] gibt mir die Musse Dir für Deinen guten Brief zu danken, den Du mir zum ersten Jänner schicktest (ich verbrachte ihn auch hier oben). Ich tue es von Herzen, hoffend auch Du habest gut begonnen, am See und dann wieder am Nil! Wir kamen erst am 8. Jänner ins Tal, wer weiss, sonst hätt ich Dir vielleicht in Kloten zum Abschied gewunken! Unten ging's dann gleich geschäftig an. Der Innenausbau meines Instituts ist jetzt in Gang gebracht, bringt viel Spannendes und auch Geduld- und Nervenproben, doch immer gutes Einvernehmen mit dem Architekten, den Du kennst. Letzten Mittwoch hab ich den Hausmeister engagiert, der (wie ein Kapitän beim Bau des Schiffes) die Fertigstellung der Gebäude aktiv miterleben soll. Auch verlor ich meine älteste Freundin, meine sehr geliebte Tante von Tavel-Stettler, die nach einem Schenkelhalsbruch ziemlich unerwartet kampflos verschied – mit 92 Jahren noch <u>keine</u> Greisin! Zur Bestattung kam auch ihr Neffe Robert von Steiger, den ich nach Jahren wiedersah und dem ich ein GOLDENES VLIESS zueignen konnte,[100] in dem er eine so aktive Rolle spielt. Eine leichte, gute Wiederbegegnung...

Deine ITHAKA-ERNTE erinnerte mich an mein eigenes Vorübergleiten dort: Ich <u>war</u> der Delfin, dichtete auf italienisch (ti ricordi?):

> Siamo i tardi eredi
> Del bello che sempre sarà.
> Quello di ieri – non credi? –
> Domani t'incanterà.

Eine solche ,incantazione' sind auch Deine lang hinschwingenden Verse, deren Goldgrund ich der Luzia[101] (die das Titelwort sah) erklären musste und deren einheitlich durchgehaltener Ton bei viel lustvollem Sternengang und sich-Verzweigen die einheitliche Inspiration erweist. Schön ist die Steigerung, wie vorm Goldgrund und vor der Praefiguration der göttlichen Gestirne das Lager bereitet, der Nachtbund geschlossen wird und dann am Tag die lebende Säule ins Licht ragt. All das ist Gegenwart – und wo ist Odysseus? Du selber? Ich vermute ihn am Ende im lachenden Baum. Wie freut es mich, dass diese Inselernte dem geliebten Urban [Thiersch] zugefallen ist, dessen Bildhauerherz just vor der lebenden Säule ins Hüpfen geraten muss!

Und sehr freut mich, dass Du von Kairo so Gutes berichtest. Ja, ich war sehr fürs dortige Gastjahr. Egoistisch wie Deine Freunde nun einmal in Dingen der Freundschaft sind, können für sie von Deinen arabischen Spalieren nur Früchte abfallen und Verse! Dichte weiter mit dem Schenken! Die Bewaffnende grüsst mit mir. ,Ave atque vale, semper memor mei!'"

Fahrner antwortet am 10.6.66 aus Kairo auf Stettlers Lob der Ithaka-Verse:

„Und wie Du alles durchdrangst und ausleuchtetest, das hat mich ganz übermütig vor Freude gemacht und den Poëten köstlich ermuntert und bestärkt. Und gar wie Du's – ‚oh cortesia del cuore‘[102] – an Deine ganz unvergessenen Vorübergleitverse, die delfinischen, ithakischen anschlossest! Du bist ein Einziger – das weisst Du selbst – nicht nur im eignen Dichten, sondern auch im Aufnehmen von Gedichten und im Davon-Sagen-Können. Sei umarmt dafür und wundre Dich nicht, wenn Du Dir nächstens wieder dergleichen zuziehst! Ja, Du hast recht: Odysseus im Baum!“

In Fahrners Brief aus Kairo ist auch erstmals die Rede von dem mit Robert Boehringer abgesprochenen Plan, ein Buch der Erinnerung an den im Krieg gefallenen Frank Mehnert (1909–1943), den Begleiter Stefan Georges in dessen letzten Lebensjahren 1929–1933, vorzubereiten:

„Zum Frank-Buch – wir sprachen ja darüber – denk ich wie Du: Weniger ‚Gedenkbuch‘ als Bezeugungen und Berichte und eben was ihn zur Erscheinung bringt, indem es zeigt wie er erschien. Anfang Juli komm ich an den See und hoffe [...] aus Briefen, Bildern und Zeugnissen herauszusuchen, was vielleicht in Betracht kommt. Will auch dann eine erste Niederschrift versuchen von dem was ich etwa sagen könnte und Gemmas Mitwirkung zu fördern trachten. [...] *Nach einer Aufzählung von möglichen Dokumenten:* Dann ein Frankbrief an Claus, den Claus mir einmal in Wuppertal vorlas, der den ganz jungen Frank nach meiner Meinung ganz hinreissend verlautete – und damit fielen mir ein die sehr ergiebigen Briefe Franks an Claus und Berthold, die bei den beiden Wittiben [Witwen] wenn jemand so Du herausholen könntest!? [...]

Hier gings weiter über alles Erwarten. Die Prüfungen bestätigen bis jetzt, was die Stundenprotokolle sagten: Die sind erwacht und an der Dichtung, der deutschen, erwacht – eine herzerfreuende junge Sippe.“

Aus dem Buchplan entstand eine rechte „Suche nach der verlorenen Zeit" mit vielen Nachforschungen bei der Familie Mehnert, bei verstreuten Freunden und in manchen Archiven. Michael Stettler unternahm es mit Hilfe von Fahrner, eine Vielzahl von Zeugnissen über Frank und von Frank selbst zu einem mosaikartigen Werk zusammenzustellen.[103] Es erschien 1968 zum hundertsten Geburtstag Stefan Georges, zu welchem Anlass auch eine grosse Ausstellung über den Dichter und seinen Kreis im Deutschen Literaturarchiv in Marbach stattfand. Wie schon bei der Herausgabe des „Denkmals" von Alexander Stauffenberg (1964), wurde in Abstimmung mit Robert Boehringer auf den Titel „Gedenkbuch" verzichtet, um so die Einmaligkeit des von George herausgegebenen Gedenkbuches für Maximin zu wahren.

Das Bild von Frank war für Stettler mit der Erinnerung an seinen ers-
ten Besuch bei George verknüpft, da er es war, der ihn zum Dichter geführt
hatte.[104] *Bei Stettler blieb es, soweit sich feststellen lässt, bei den frühen*
Begegnungen mit Frank in Minusio und Heiden 1930–33, während sich bei
Fahrner fast ein Jahrzehnt engen gemeinsamen Wirkens an die erste von
George veranlasste Bekanntschaft anschloss – darunter bildhauerische
Unternehmungen, viele Reisen, eine zusammen begonnene Homer-Über-
setzung, sowie weit ausgreifende Pläne für den mit Freunden gegründeten
Delfin Verlag, für den Frank auch eine neue Letter entwarf.[105] *Stettler hat die*
ihn beeindruckende Erscheinung Franks in einem Gedicht wiedergegeben:

BILDNIS

Wie du vor uns erschienst: erblüht und strahlend
Erhaben sorglos über scheelen blicken
Der kümmerlich verschrobnen die sich duckten
Wenn deine lauterkeit sie traf und blendete
Wie mit dem flammenschwert – so lebt dein bildnis ·
Ob eine welt auch unterging · in mir.
Nicht eines schattens anhauch trübt dies ganz nun
Verewigte gesicht – ein stern der funkelt
Und nah bleibt · wenn das dunkel uns umfängt.

Fahrner hat dann 1966 das besondere Wesen von Frank und die gemeinsa-
men Jahre mit ihm in ausführlichen Erinnerungen beschrieben,[106] *aus denen*
Stettler viele Auszüge ins Buch einarbeiten konnte. „Bin ich froh, dass Du
das Ganze redigierst!" schrieb Fahrner an den Freund. Dass die Herausgabe
des Erinnerungsbuches zu keinerlei persönlichen Spannungen zwischen
den beiden geführt hat (obwohl Fahrner als nächster Freund von Frank eher
befugt gewesen wäre, als Herausgeber zu fungieren), darf man als Beweis
ihrer tiefen Verbundenheit und ihres selbstlosen Dienstes an einer gemein-
samen Aufgabe werten.

In seinem Brief vom 3.7.66, von der griechischen Insel Kerkyra, meldet Fahr-
ner an Stettler, dass sich „ein Turm von Briefen und Bildern von Frank" im
Haus in Überlingen gefunden habe, und lädt ihn zu einem Sichtungsbesuch
ein. Stettler antwortet am 8.8.66:
   „Dank für die Nachricht aus Kerkyra, die mich bei unserer Heimkehr aus
Mürren erreichte! Wie schön, dass soviel Fränkisches sich erhalten hat und
ich auswählen darf! Frage: wann? Ich muss lang vorausplanen, da ich ja kaum

mir selber gehöre. Jedenfalls nicht vor dem Winter. September ist wohl schon ziemlich besetzt; auch ist in diesem Monat eine Reise nach Ungarn pendent und dann ein dringend nötiger Kuraufenthalt in Ischia, da ich von Rheuma und Neuralgien durchzogen bin, es ist ein Graus. Der Bau in Riggisberg erfordert ständige Präsenzen und die Allesverschlingerin Pro Helvetia auch. [...] Drum glücklich Ihr auf griechischer Insel! Schreib dort an Deinen Blättern, bitte.

Verschieben wir also die Entscheidung; ich will versuchen, im Dezember oder Jänner zu Euch zu kommen; ja, Du solltest dabei sein, wie sehr gern ich auch die Gemma zu besuchen ‚pflege‘. Nächste Woche hoff ich zu Robert Boehringer in Genf zu können, zu sehen, was er an fränkischem Glanz im Archiv hat. Es gab da ein Photo Robert von Steigers, das erste Bild von Frank, das ich überhaupt sah und das mich ihm sogleich verfallen liess im Jahre des Heils 1930.

Im übrigen bin ich trotz äusserem Druck (oder wegen?) recht produktiv, liebte ja früher den Satz: ‚Nur unter äusserster Pressung entsteht der Kristall.‘[107] Leider nur Prosa.“

In die Arbeit am Frank-Buch hinein fallen Fahrners neue Versdramen, die er in einer Zeit gesteigerter dichterischer Produktivität hervorbrachte und dem Freund (meist zu den Jahreswechseln) zusandte. Trotz seiner beruflichen Anspannung nahm Stettler die Stücke mit Freude auf und kommentierte sie in ausführlichen Briefen. Bei einem Treffen in Überlingen vom 7.–9. Januar 1967 stand die Durchsicht der Briefe von Frank im Vordergrund. Gleichzeitig aber las Fahrner dem Freund auch einen Teil seines neuen Versdramas PERLENBAUM vor, das er ihm als Ganzes in einer kalligraphischen Abschrift überreichte.

In Kairo entstanden, widmet sich dieses Stück dem Lebensgang der ägyptischen Sultanin Shagarat ad-Durr (wörtlich „Perlenbaum") – einer einzigartigen Frau, die 1250 zur Herrschaft gelangte, nachdem ihr Gatte Sultan as-Salih (der letzte Ayyubiden-Herrscher) in der Kreuzzugsschlacht bei Damiette umgekommen war. Mit den ihr treu ergebenen Gefolgsmännern des as-Salih leitete sie die Dynastie der Mamluken ein und fand schliesslich ein blutiges Ende. Bewegt von dieser muslimischen Rittersaga und vom Schicksal der mutigen Frau, hatte Fahrner auf seinen Gängen durch das alte Kairo[108] oft ihr gut erhaltenes Kuppelgrab besucht und einschlägige historische Quellen studiert.[109]

Kurz nach ihrer Begegnung in Überlingen schreibt Fahrner am 11.1.67 aus Karlsruhe:

„Ich hoffe, ich gehe durch mein schlechtes Betragen (wie <u>un</u>orientalisch) nicht Deines Briefes zum PERLENBAUM verlustig, wenn Du ihn ganz überschaut hast?! Ein ganz grosses Geschenk hast Du mir ja schon gemacht, als Du sagtest, es <u>wäre</u> ein Perlenbaum!

Dank noch einmal für Dein Kommen und für alles Fränkische! Mir war zumut wie in einer neuen Delfin-Ära, und die grossen Beglückungen von damals im täglichen Zusammenwirken und -leben mit dem Einzigen stiegen auf und wurden wieder fühlbar! Möchten wir Dir bei Deinem Schönwerk nützen können!"

Stettler antwortet am 22.1.67 vorerst in Bezug auf das Frank-Buch:
„Dank für Deine Nachrichten vom 11. und 19. Januar! Natürliche Grösse für die Photos wäre für die Ablichtung günstig, Negative können kleiner sein. Robert Boehringer mahnt mich, bei der Zahl der Abbildungen die Kosten zu bedenken! Auch möchte er einen Untertitel, Viktor Frank genüge für den heutigen Leser nicht. ‚Ein Begleiter Stefan Georges'? Für die Stelle aus dem Claus-Brief wird man die Witwe um Urheberrecht-Genehmigung fragen müssen; für die Frank-Briefstellen wen? Ob Du eventuell bei Lars Mehnert nach den Briefen der Mutter über Frank fragen könntest? Mit Frau Marianne Farenholtz[110] habe ich keine Verbindung, korrespondierte nur mit [ihrem Sohn] Christian Farenholtz, von dem ich eine Aufzeichnung erbat. (Noch nichts erhalten ausser Fotos.) Natürlich ist <u>jeder</u> Beitrag erwünscht, wobei man erst im Ensemble überblicken wird, was original gebracht wird und was in der Einleitung zitiert. Ich warte damit, bis alles beisammen ist, oder doch fast. Hätte gern noch mehr aus der Meisterlichen Zeit, schrieb in dem Sinn an Robert Boehringer, der zurzeit durch die Neuauflage von ‚Mein Bild' [von Stefan George] noch überbeansprucht ist. Hab Dank für Deine Mitarbeit an dem schwierigen Plan! Über den PERLENBAUM <u>nach</u> der Sportwoche in Mürren! Zurzeit in eisernen Klammern meiner Berufe und meines Trigeminus."[111]

Aus Mürren geht dann Stettler am 7.2.67 auf Fahrners neues Stück ein:
„Grüne und blaue Gletscher hängen ihre Zungen herab, die Firnen schimmern, die Schroffen leuchten. Haarscharfe Lichtlinien sind die Konturen der Eisriesen unterm azurnen Seidenzelt. So recht das Klima für Deinen PERLEN-BAUM! – So hab' ich nun das ganze Tryptichon! Das erste Stück galt dem zauberischen Verwandeln des Einzelnen, das zweite dem Dichterwettstreit in Masken; nun aber, im PERLENBAUM, die grosse Haupt- und Staatsaktion; alles Persönliche ins Überpersönliche gewendet und dementsprechend härter, grausamer, an Shakespeare gemahnend:

Wenn ich vom Schlachtfeld nochmals wiederkehre
Den Mund zu küssen komm' ich ganz in Blut.

Was für ein sublimes Spiel unter Staatsstützen, alten und künftigen! Wie hoheitsvoll und unerbittlich die Fürstin! Ihre Ehe aus Staatsraison – und dann nach sieben Jahren der Vollzug mit den Ritterdolchen der Knappen! Die Dramatik des Geschehens gebändigt durchs Dichterwort. Das Hierarchische der Stufungen verstärkt durch paarweises Erscheinen der Figuren: Aibak und Baibars, Yusuf und Arslan, die beiden Dichter, der Sufi und die stille Botin. Die Kontinuität im Genealogischen, das auch das alte Testament so liebt! Das Hereinwirken der Franken und des Heiligen Römischen Reiches Deutscher Nation! Die Nuancen von Arabischem, Türkischem, Iranischem und von Eufrat! Byzanz! Damiette!

Viel muss zusammenkommen, dass einer so dichten kann: das Aufwachsen in einem Dichterstaat; das Gestaltenkönnen seiner eigenen Umgebung; die Kenntnis der nahöstlichen Dynastien, des Nahen Ostens und seiner Länder, Ägyptens, des orientalischen Zeremoniells und dessen tiefinnere Bejahung in einem selbst – das Aufhebenkönnen des faktischen Geschehens in eine dichterische, höhere Wirklichkeit. Es ist geleistet, Effendi! Ich sagte Dir schon am See, als ich erst das erste Drittel kannte: der PERLENBAUM ist ein Perlenbaum! Ich setze ein paar solcher Perlen, die mir besonders lächeln, wiederum hin; ist Dir's recht?

> Dass ihr beider sohn
> Gestorben · ist ein unglück von der art
> Bei der wir irdischen glauben · Allah habe
> Uns ein zuviel an glück ersparen wollen.

Das geht mir nah, da eben der 20-jährige einzige Sohn von Freunden auf unbegreifliche Art den Tod fand. Weiter gefiel mir:

> Denkst du auch manchmal ...
> ... an die rosse deren haar
> Die nackten schenkel kitzelte wenn wir
> Zur schwemme ritten? Luft war da wie glas ...

> ... und ein opfer
> Wenn es zum opfer kommt · das lohnt und leuchtet.

Alles was der Sufi sagt kommt aus grosser Ruhe heraus. So auch:

Wer keinen meister hat, den führt der teufel.

(Könnte von Frank sein!) Und Shagarats Sprache ist immer auf der Höhe ihres Ranges:

> ... hast jahr um die kette deiner stillen
> Und deiner lauten taten hingereiht...

Überhaupt ist deutlich, wie Jedes Sprache seinen äusseren oder inneren Rang ausdrückt. Drum lieb' ich Ibn Matrûhs Sprache:

> ... schon immer macht dein scherzen
> Im ernsten kleid mich sängerisch verzückt!

Entzückend wie Shagarat dem Zuhair die Staatskanzlei beliebt macht: ‚Wieder im staatsrat, auf der freunde bank!' Weiter liebe ich ihren Blick auf die Stille Botin:

> Sie hat auf ihren namen verzichtet
> Weil sie bei ihrem tun sich selbst nicht meint.

Sehr ausdrucksvoll ist Zuhairs Rede von as-Salih, als dieser den Zusatz forderte:

> Berief zuletzt noch meiner kunst gesetz
> Dem er als lebenssatzung unterworfen.

Als die Stille Botin das Bild des jungen as-Salih beschwört, musst ich an den Burgunderherzog in Rogier van der Weydens Münchner Dreikönigsbild denken. Erlabend das Liebesidyll zwischen Yusuf und ihr: Wie sie im ‚Grossen Buch', drin es geschrieben steht, zusammen lesen: Da kommen, wie manchmal bei Ibn Matrûh, Töne vor, die an Shakespeares Sonette gemahnen, was kein geringes Lob ist:

> Ich lese und da steht in meinem teil
> Dein schönes bild und sagt: ich bin dein heil.

Mich sehr berührend ist auch Aibaks Monolog vor der Ehe-Beratung: Der Funke der von seiner Heimatsteppe jenseits des Elburz [-Gebirges] springt, ein Stern wird, Blitze nach Iran sendet und bis Byzanz, und neue Funken bis nach Cordova und Aachen wirft: Es ist das Programm meines Museums in Riggisberg, wie Du mit eigenen Augen sehen wirst.

Mündlich werd ich einmal mit Dir diskutieren müssen, ob Wortbildungen wie ‚Edelblut' und ‚Hochgestalt' dem heutigen Sprachgefühl im Deutschen noch entsprechen.

Schön dünkt mich, dass trotz der Tragödie die Hoffnung das letzte Wort hat:

Er weiss, wir wissen. Gang der welt, geh zu.

[...] Es ist ein dichtes Gewebe, das Dir da gelungen ist, Zettel und Einschlag, und die Rechnung geht auf. Es schimmert brokaten in grosser Schönheit und ich sende Dir meinen Glückwunsch, denn es ist ganz von Dir; wüsste keinen, der es so vermöchte. Ganz würdigen könnt's wohl nur einer, der in der orientalischen Dichtung zuhause ist wie etwa Arnold Hottinger.[112]

Dass ich nun alle drei Dichterwerke in so schöner Abschrift besitze, entzückt mich. Wenn ich wieder im Ortbühl bin, will ich nachsehen, ob sie auch alle drei die gleichen Masse haben, und sie zusammenbinden oder in eine hübsche Kassette tun und dann kann ich wie Wolfskehl sagen: ‚Nain, des isch kai Dribtischon, des isch a Drilochie.' Allein schon dieser PERLENBAUM scheint mir Deine Ägyptensemester voll aufzuwiegen. Drum nochmals von Herzen Dank! Mit dergleichen macht man mir doch die meiste Freude!

Dass die Fotos und Ablichtungen zum Frank-Buch eingetroffen sind, schrieb ich schon. Das Claus-Motto[113] wird mir immer plausibler. Ich hoffe nun noch auf einige Ernte in Genf im Packen, der von drüben gekommen ist. Werde Robert Boehringer in den ersten Märztagen besuchen gehen, um einen Schritt weiter zu kommen. Bin froh, dass ich die Überlinger Ernte nun im Hause habe. [...]

Noch etwas zum PERLENBAUM: Kennst Du André Gides ‚Verlorenen Sohn'? Im Vorwort sagt er, er knie in diesem Dichtwerk wie auf einem mittelalterlichen Bild drin, seitlich unten ganz klein, als Stifter, tränenüberströmt."

Aus Fahrners Antwort vom 20.2.67:
„Du Grossbeglücker und Zauberstricker und Tiefbeglücker! So etwas soll noch einmal einem Poëten passieren! Gibt es gar nicht! Bist einzig! Einfach alles verstanden und durchblickt und <u>mitgenossen,</u> vom Bau und Sinn bis zum einzelnen Vers (das heisst ja: Wendung) und bis zum ganz klein in der Ecke knienden Tränenüberströmten! Da soll einem nicht das Herz im Leibe lachen! – Freu mich wenn Du mir ‚Edelblut' und ‚Hochgestalt' tilgen hilfst! Man kann nicht streng genug gegen Floskeln vorgehen, die sich immer eindrängen wollen als bequemer statt der produktiven, auf die es ankäme. Wenn Du das

Ding dem Arnold Hottinger vorzeigen wolltest, so würde ich nichts dagegen sagen, aber Handel treiben: Nur wenn er erlaubt, dass Du mir die wunderbare Übertragung aus Dschelaleddin Rumi mitteilst, wobei ich feierlich zusichern würde, sie <u>nirgends</u> zu verwenden, es sei denn auf seinen eigenen Wunsch.

Wonnige Vorstellung: Die drei Handschriften bei Dir in <u>einem</u> Schrein."

Stettler schreibt am 4.3.67:

„Heute fliegst Du nach Ägyptenland – hast Du heruntergeschaut? Der Tag war so hell, das Ortbühl leuchtete...

Leider bin ich von fünf Dutzend Aktionen der Pro Helvetia im In- und Ausland überschwemmt (der Nuntius lachte mich kürzlich an: ‚Ma, caro Dottore, siamo <u>tutti</u> pro Elvezia!') und zudem dermassen im Sog der Institutsvollendung, dass meine Privatkorrespondenz einfach zusammengebrochen ist. Ja, ich habe durchaus Deinen Brief vom 20.2. und die Beilage und Deinen vom 2. März: Für alles Dank! Und gute Wünsche für Kairo, dann für Saloniki. Wie beneide ich Dich! Die Georgs-Rotunde[114] dort ist ein alter Traum von mir [...], auch war sie ein Haupttrumpf in meinem seinerzeitigen Vortrag über die Rundbauten, den ich u.a. in Princeton und in Dumbarton Oaks hielt, welch letzteres mich zur Riggisberger Oase inspiriert hat – und diese Oase begrünt sich nun. Du siehst, Saloniki! Aber ich kann nicht kommen; ich fliege am 13.4. nach Rom, am 17.4. nach Ungarn, am 28.4. nach Paris, immer offiziell – und dann beginnt die Endrunde hier. Einweihung wann? Ich wag's nicht zu fixieren. Genug, das Werk schreitet. – Und grosse Kulturaustausch-Gespräche im Innern des Landes, ‚Präsenz der Schweiz im Ausland', mein neues Buch auf Weihnachten, und FRANK! Frank als Denkbild eine Labsal wie eh und je, so blank, so ganz, so schön. Dank für Einsichtnahme in seine Briefe an Dich; ich weiss, was es bedeutet. <u>Viktor Frank</u> tout court: ja, das wär am schönsten! Es bedarf <u>keiner</u> Untertitel! Aber ob das Robert Boehringer versteht? Leider konnt ich ihn nicht besuchen, da er just an den zwei Tagen meines Genfer Aufenthaltes Sitzung der Stefan George Stiftung hatte. Ich bat ihn, jedenfalls das Frank-Buchvorhaben vorzubringen, und er sagte es mir zu. Hab noch nichts gehört. Nein, die Adresse des alten Lehrers [von Frank] gabst Du mir nicht. Bitte frag den Klaus Mehnert junior nach der Anschrift und schreibe jenem. Erwarte also Dein Manuskript – und ich schreibe begierig an Gemma um Ablichtungen von Abschriften von Entwürfen Franks über den Meister und Annalen, die ich doch in Genf nicht bekomme, bis ‚Mein Bild' fertig ist – genau das wär doch, was mich interessiert! Und damit kommst Du erst jetzt! Ach, wir Armen! Dafür bekam ich eine schöne Aufnahme eines Berthold II Porträtkopfs, also des später gefertigten – wie hinreissend war dieser Berthold [von Stauffenberg]! Gibts dergleichen je wieder einmal?"

Am Pfingstmontag 1967 schreibt Fahrner aus Überlingen, dass er eine erste Niederschrift seiner Frank-Erinnerungen vollendet habe: „Sie ist als Entwurf gedacht und ich bitte Dich, mir Deinen Eindruck zu sagen. [...] Besonders frage ich Dich: da man bei solchen Erinnerungen notwendig allzuviel von sich selber sprechen muss: ist diese Schwierigkeit leidlich gelöst?" *Ferner bestätigt er, dass er Franks Aufzeichnungen über den Meister in dessen noch ungeordnetem Nachlass in Überlingen gefunden habe. Am 3.7.1967 schreibt er weiter aus Karlsruhe:*

„Dank für Deine so lieben Grüsse aus Paris vom 23.V. und nach der Rückkehr vom 28.V. – und das bei allen Deinen Anspannungen! Und noch ein so teures Lob zur ‚Wortkunde', die Du gar noch gelesen und genossen hast![115]

Meinen FRANK hab ich indessen (Urban und ein anderer sprachen, wie mir schien, einsichtig dazu) noch einmal übergangen: habe den etwas keulenschlagartigen Anfang durch Tilgung mancher Wendungen und durch Umstellungen, wie ich glaube, entstellt und an den Schluss des ganzen gestellt – wollte nun mit der Lebensgeschichte nach der Erzählung der Mutter anfangen. Der Anfang als Schluss schien mir auch geniessbarer, wenn man schon viele Erzählungen gehört hat, und könnte die etwas gestreut berichteten Gesprächsäusserungen wieder zusammenfassen. Die Südtiroler politischen Visionen Franks kämen wol besser [...] nach den Südtiroler Fahrtenberichten, statt wie jetzt am Schluss?

Die Arndtausführungen [...] hab ich anders eingeleitet und sehr gekürzt (auch den mir lieben Bericht von Bertholds Teilnahme herausgenommen), damit der Erzähler nicht so hervortritt und alles auf Frank konzentriert bleibt. Die Lepsiusgeschichte [...] hab ich jetzt ohne Namen erzählt – sonst manches besser geordnet und Überhänge abgeschnitten. Suchte Deine noch fehlenden Äusserungen beim Abändern schon aus der Vermutung mit hineinzudenken, ob ich etwas davon erraten habe? [...]

Franz Gries[116] hat hübsche Frankbilder, darunter zwei mir neue, geschickt. Ich lasse sie aufnehmen und schicke Dir dann Abzüge. Abschriften der Frank betreffenden Briefstellen der Mutter hat er in Aussicht gestellt, aber Klaus Mehnert senior, der immer miterwähnt sei, vorher befragt. Ich habe beide zur Eile gemahnt. Frau Marianne Farenholtz erwarte ich um Monatsmitte zum Gespräch und fahre, wenn es passt, mit ihr zu Christian Farenholtz, zu sehen, was da vielleicht noch herauskommt.

Herzensdank für die arg liebe, durch Gemma vermittelte Nachricht von der Fertigstellung des Schreins für die Trilogie. Fühlte mich als Poët ganz neu fundiert! Ist der Schrein nun schon voll? oder geht noch was hinein? [...] Und wann sehe ich den Riggisberg?"

Am 18.7.67 folgt eine weitere Sendung Fahrners aus Karlsruhe:

„Hier schicke ich Dir die Ablichtungen zweier Briefe Franks an Franz Gries (eine Seite und vier Seiten) und die Ablichtungen von fünf Briefauszügen aus Briefen der Mutter Franks an Franz Gries, die ich in Schreibmaschinenabschrift, redigiert von Klaus Mehnert senior, erhielt.

Du wirst Deine Freude an den Frank-Briefen haben, deren Originale ich aus vielleicht übertriebener Sorgsamkeit hier behalte, für den Fall, dass Du sie doch noch einmal selbst in die Hände nehmen willst, was sich lohnt. Ich versuchte im Dankesschreiben, sowohl bei Herrn Gries wie bei Klaus Mehnert sen., noch mehr zu erhalten, was der letztere auch zugesagt hat. Er will alles heraussuchen, wenn er am 7. August in sein Schwarzwaldhaus in Schömberg bei Freudenstadt kommt. Ich liess es nicht an Beschwörungen zur Beschleunigung fehlen. [...]

Frau Marianne Farenholtz war hier und hat mir sehr geholfen zu Berichtigungen und Ergänzungen in meinen Frank-Erinnerungen, und es könnte jetzt bald die zweite Fassung in Abschrift gegeben werden. Also winke, wenns geht, wegen der Schreibart."

Stettler antwortet am 22.7.67 aus Schloss Oberhofen am Thunersee nach Erhalt von Fahrners Sendungen:

„Dank für vielfältige Nachricht. [...] Die Meinen hatten hier im Schloss zwei allerschönste Sommerwochen, ich nur deren Nächte, aber mit erfrischendem Hauch vom Wasser herauf, während das Land in seiner Hitze brütete. Zurzeit hängen wir in Riggisberg die romanischen Fresken auf und ein Bildhauer stellt die ebensolchen Steine zurecht. Plötzlich wird ein kleiner, von niemandem gekannter Kosmos einfach da sein!

Dein Message vom 16. [?] war sehr lieb und erfreuend: <u>das</u> kommt in den Schrein! Dann kamen die Ablichtungen: das war auch wieder mal was! Stoff zu Träumen...! Aber wer ist Herr Gries? Wie genoss ich die ‚Verkloppung' von 3 Bänden Scheffel zur Erstehung von 5 Bänden George![117] Hoch fesselnd und bewegend die Lebensunlust-Krise <u>vor</u> der Begegnung mit dem Meister und dieser <u>noble</u>, echte Kommentar der Mutter.

Und Franks vorgeorgische deutsche Fraktur (zu der das Robertchen <u>nachher</u> zurückkehrte – auch darin einzig!). Und schön seine frühste, halb ungelenke, halb kraftvolle Staatshandschrift! Also Dank für all das! Und nun bin ich gespannt auf das Bild! Wie selten kriegt man noch <u>neues Authentisches</u> in our days!

Wegen der Schreibart: Ob Robert Boehringer in die Aufnahme in die Stiftungsreihe einwilligt, ist noch <u>völlig offen</u>! Bis jetzt konzedierte er mir 64 Seiten wie das GOLDENE VLIESS, auch dürfe es nicht mehr kosten als jenes. Als ich darauf hin eine eigene Finanzierungsaktion für das so wichtige Bildmaterial (dessen Zusammenbringung dank Euer aller Hilfe schon allein, wie ich mir einrede, eine Leistung für sich darstellt), von mir an die Hand genommen, vorschlug, schrieb er, er wisse nicht ob die Stefan George Stiftung solche Hilfe von aussen annehmen könne. Aber das ist cura posterior. Ich hätte im Moment lieber Normalschreibung, da von dieser allenfalls leichter zur Kleinschreibung überzugehen ist, wie mir scheint, als umgekehrt, aber auch das ist vielleicht Einbildung? Gemma schickte ihr Manuskript auch in Normalschrift. (Wenn Du schickst, ist alles da, aber Du hast Zeit bis Mitte September.)

Bei Robert Boehringer rief ich neulich an, Besuch war noch nicht möglich, es gehe aber normal, und gestern kam wieder eines der sekretariellen Lebenszeichen. [...]

Also, wenn Riggisberg eröffnet und meine Büchersorgen absolviert sind (Band I Schriften der Abegg-Stiftung, nicht von mir verfasst aber herausgegeben, über 500 Seiten; zwei kleine Bände ‚Bernerlob‘, einer neu mit einem Aufsatz über Stefan George im Berner Oberland,[118] der im Herbst als Vorabdruck in der NZZ vorgesehen ist), kommt FRANK als nächstes an die Reihe. Dann werde ich wirklich alles synoptisch vor mir haben und koordinieren können. Ob Du noch kürzen könntest? Privates weglassen oder blosse Chronik, denn Sorge machen mir Wiederholungen! Habe Manuskripte von Robert Boehringer, Karl Josef Partsch, Theodor Dschenfzig (der gerade gestorben ist), Gemma, Urban, Hans Braun, Ludwig Thormaehlen (aus dessen ‚Erinnerungen‘), viel Einzelnes von Walther Greischel, Urban, viele Briefe, nun aber die Briefe der Mutter. All das wird in eine Frank'sche Propostura zu bringen sein, heiter und ernst zugleich, muss das Einzigartige spiegeln ohne bloss Beschreibung zu sein, im Sinn des Churchill'schen ‚Die Krone strahlt‘. Ob ich als simpler Redaktor das fertigbringe, ohne mich mit allen Beiträgern für den Rest des Lebens zu überwerfen, steht noch dahin! Drum meine Bitte: Tragt bei und gebt mir Vollmachten! Und denkt an die Leser, die nichts wissen! (‚Et priez pour le pauvre Gaspard‘, i.e. Michael.) Das ganze also ein Abenteuer, dessen Ausgang noch völlig ungewiss, mit einem Robert Boehringer, der gleichzeitig drängt und hinhält – siehst Du die Situation? Doppelt also halte ich mich an das Lied des Galeerensklaven Miguel Cervantes: ‚Das ist die Freiheit, dass wir in Ketten singen...‘.“

Fahrner antwortet am 18.9.67 von der Nordseeinsel Juist:

„Nun hab Du Dank – grossen! – dass Du mir bei all Deinen mächtigen Beanspruchungen so schön und so ausführlich schreibst! Kann erstens ohnehin und dann doppelt aus meiner Thiersch-Redaktorschaft[119] Deine Lage als Redaktor mehr als nachfühlen: mitfühlen. Hast mein ganzes Vertrauen, dass

Du aus Eigenem und allem was Dir zukommt einen möglichst Frankischen und möglichst reichen und umfänglichen FRANK gestalten wirst. Nutze bitte meinen Beitrag wie es Dir am besten scheint. Dankbar wär ich natürlich, wenn Du mich zu Auslassungen und Änderungen, die Dir Deine Kompositionsaufgabe zu verlangen scheint, noch hören würdest. Kannst auf mein willigstes Ohr und Herz für Deine Intentionen rechnen!

Ich konnte natürlich zunächst nur immanent kürzen, war mir auch nicht ganz klar, was alles Du mit ‚Privates' meintest. Was im Zusammenhang mit den andern Beiträgern (und schon um Wiederholungen zu meiden) wegfallen müsste, kannst nur Du übersehen, und auch sonst kürzt ja der überprüfende Gefreundete immer leichter und meist auch besser als der Autor. Den von mir bereinigten Text kann ich leider erst in acht bis zehn Tagen schicken, weil die sonst so zuverlässige Sekretärin durch ein häusliches Unglück mit den Schlussseiten in Verzug geraten ist.

Zum Finanziellen: Robert Boehringer, bei dem ich im August ein Wochenende war, fragte mich nach meinem Frank-Beitrag. Ich erzählte ihm davon und gestand die vierzig Seiten Länge, berichtete unsere Kürzungserwägungen. Er meinte, das wäre doch schade, und schien zu neuen finanziellen Überlegungen bereit.[120] Aber wahrscheinlich weisst Du inzwischen viel mehr.

Jetzt aber das Wichtigste: Gries ist ein alter Lehrer, der mit Franks Mutter nah befreundet war, die Mehnertsöhne gut kannte, und dem die Mutter laufend über die Buben berichtete. Der junge Frank-Neffe, der ihn noch öfter sieht, hat mich mit ihm in Verbindung gebracht. Auf seine erste Sendung (Frankbriefe an ihn selbst und Briefe der Mutter), die Du in Ablichtungen erhieltest, schrieb ich ihm so dankend, dass es ihn offenbar bewegte. Und nun schickte er unglaubliche Kostbarkeiten: Drei Briefe Franks und ein Gedicht Franks an Berthold [Stauffenberg] von Januar und Februar 1924, die er nach seiner Angabe später in Büchern gefunden habe, die Berthold von ihm ausgeliehen und zurückgegeben hatte. Unglaubliche Fata, die zu solcher Erhaltung führten! Sie werden Dir, glaube ich – ganz abgesehen von der Frage direkter Verwendbarkeit – schönster Lohn für Dein Mühen und köstliche Stärkung bei der Arbeit sein. Ich meine, Du musst sie im Original in Händen haben. Schicke sie deshalb nach genommener Abschrift allem Risiko zum Trotz eingeschrieben. Bitte lasse sie ablichten und schick die Originale (wegen meiner Kairoreise) an Gemma eingeschrieben zurück. Und bitte lass auch eine Ablichtung für Robert Boehringer und das Archiv machen und eine für mich! Ja? Bitte! Am liebsten hätt ich sie Dir selbst gebracht!

Indessen hast Du den Riggisberg eröffnet! Wir haben – auch Gemma und Urban – innigst Deiner gedacht: den Kosmos gefeiert, den Du da auftauchen liessest – und ich dachte an die Aibak-Rede aus dem PERLENBAUM und an das, was Du dazu gesagt. Dass ich Dir kein schriftliches Zeichen dazu gab, hing mit weniger Angenehmem zusammen, das Du doch ‚irgendwie' (sagt Hofmannsthal in solchen Fällen) wissen musst: Bei mir ist der schlechte Zustand eingetreten, der sich – diesmal lange ausgeblieben – doch offenbar rhythmisch wiederholt. Weiss noch nicht, <u>wie</u> tief es diesmal hinuntergeht und tu das mögliche, um Allzuschlimmes zu verhindern. Doch ist's schon schlimm genug [...] Am 29.9. sollte ich für vier Wochen nach Kairo fliegen, weiss aber nicht, ob's noch gelingt, ob's mir möglich ist.

Da Urban nicht wie vorgesehen an den See kommen konnte, sind Gemma und ich hierher auf die Insel gefahren, die nach sehr verwandelnden Ereignissen (die lange hier waltende Freundin[121] ist am Anfang dieses Jahres gestorben) neue Ordnungen verlangt. Zu dritt suchten wir das Thiersch-Buch[122] zu fördern. Ich bin mit meinen übernommenen ‚Lebenszügen' tief hineingeraten. Wünsch mir sehr – mit den Andern – Deine Teilnahme zu gewinnen! Neulich legten wir eine Reihe von geplanten Abbildungen in ein fürs Format etwa vorbildliches Buch und ich hatte das Gefühl, da könnten grosse und schöne Schätze auftauchen, etwas gar nicht gekanntes, kaum geahntes, das zur Welt des Meisters ganz neue Züge bringt."

Auch zum Jahreswechsel 1967/68 sandte Fahrner dem Freund ein grosses neues Dichtwerk, diesmal das im Kontext seiner west-östlichen Ritterstudien entstandene Stück LAUNCELOT in einer kalligraphischen Abschrift des Manuskriptes – der Buchdruck erfolgte erst im Jahre 1971. Aus Fahrners Nachwort zur gedruckten Fassung ersieht man, wie sehr ihn der Zyklus der Artus-Sagen (in denen Launcelot eine tragende Figur ist) bewegt haben muss: Einerseits wegen der „Tafelrunde" als Symbol einer sowohl mythisch als auch konkret bestehenden, durch ein geistiges Kraftzentrum vereinten Gemeinschaft (was man mutatis mutandis mit jenem dem George-Kreis teuren Denkbild des „Geheimen Deutschland" vergleichen könnte);[123] andererseits wegen des vorbildlichen Zusammenwirkens von Dichtern und Herrschern an der Ausgestaltung einer ethisch begründeten Staatsidee, die als Keim dem jeweiligen „realen" Reich inneren Halt und Legitimität verleihen konnte. Die Ursprünge der Artussage gehen auf die „Historia Regum Britanniae" des Geoffrey von Monmouth zurück. Es war wohl die grosse Alianor von Aquitanien[124] (Gattin von Heinrich II. Plantagenet und Königin eines Reiches, das von den Pyrenäen bis nach Schottland reichte), die den normannischen Hofdichter Meister Wace inspirierte, aus Geoffreys Epos einen höfischen Artus „hervorzuzaubern" und die für das spätere Rittertum entscheidende Tafelrunde einzuführen. Diese Vision wurde vom französischen Dichter Chrétien von Troyes am Hofe von Alianors Tochter Marie de Champagne weitergeführt und mündete schliesslich in der 1469 vollendeten Synthese des Engländers Thomas Mallory. In seinem Stück hat Fahrner Handlung und Gestalten aus der Tradition dieser mittelalterlichen Quellen geschöpft und mit selbsterfundenen Figuren verflochten, dabei die ihm wichtigen ritterlichen Themen von Gefolgschaftstreue, Freundschaftsbund und hoher Minne anschlagend.

Stettler erhielt das neue Werk in Mürren und schrieb vorerst am 5.1.68 auf eine Karte mit dem Bild seines „alpinen Tusculum" in Mürrren:

„LAUNCELOT traf als grosse Überraschung in <u>wunderbarer</u> Abschrift hier oben im Berghaus wohlbehalten ein, wie auch Dein Geburtstagsgruss. War hier oben fest am FRANK! Grad ein Jahr, dass ich die Briefe (180 Stück) in Überlingen las. Auf die Lektüre Deines Artusstücks bin ich sehr gespannt."
Dann ausführlicher am 9.2.68, wieder aus Mürren:

„Die sogenannte Sportwoche gab mir die lang ersehnte Musse, Dein kostbares Geburtstagsgeschenk mit lieber Widmung zu lesen, aufzunehmen und Dir nun auch ein Wort darüber zu schreiben. Zunächst von Herzen Dank, die Verwöhnung ist gross, es wird ein neuer Schrein zu bauen sein, der erste ist ohnehin schon allzu prall gefüllt! Nach dem Orient ist's nun der Okzident! Bin ich falsch berichtet, wenn im Glauben, Dein LAUNCELOT sei früher entstanden, vielleicht in den delfinischen Jahren des ‚Parzival' und des ‚Rolandlieds'? Man spürt die enge Vertrautheit mit jener Welt, die hier sehr verdichtet erscheint. Mir stieg Erinnern an eignes, ganz jugendliches vor-meisterliches Dichten auf, da Ritter und Tjoste [ritterliche Zweikämpfe] meine Verse bevölkerten, wenn es nicht Katakomben und sonstiges Biblisches war. Im Launcelot nehm ich <u>Dich</u>, seinen Dichter, nun wieder <u>ganz</u> wahr, am meisten vielleicht in der Strofe Lionels, der Artus zitiert:

> Weiss nicht ob je ein weib
> Begreife dass mancher
> Edle mann von der art ist
> Dass er nicht fessel tragen
> Kann, nicht darf in der liebe
> Nicht in der treuesten, müsste
> Selbst sich verlieren sobald ihn
> Schnürte die fessel, und sie auch
> Die ihn zu halten sich sehnte
> Müsst ihn verlieren.

Das ist so Effendisch, dass es mich gleich um einen Grad heiterer stimmte! Auch müsste man das singen!

Die Dreiheit Minne-Kampf-Lied, die die Tage der Tafelrunde füllt, kommt in schönster Konstellation und Ausgewogenheit in Deinem Spiel zum Ausdruck: in direkter Handlung und erzählenderweise. Dann, wie immer bei Dir, die choreographischen Angaben, die <u>höchst</u> sprechend und anschaulich sind. In der Diktion ist oft eine geradezu Shakespearische Verkürzung mit Lust am Wortspiel, die aufmerksamstes Lesen erheischt. Ich erinnere hier etwa an die Passage Elenors:

> Die neider raunen immer
> Führen beweis: was ist das ist! Allein
> Was nicht sein kann kann sein! Dafür steht Er
> Er ist der beste.

Lass mir das Vergnügen, Dir jene Verse zu zitieren bei denen mein mitgehender Bleistift wie eine Wünschelrute zuckte und eine Marke an den Rand setzte: [...] Grossartig die kalte Klinge Gawans auf den Hälsen der Buhlen:

> Und als sie dann zusamm erwachten, fühlten
> Die kalte klinge auf den hälsen liegen,
> Vom lebenden das zeichen, der sie schonte,
> Da ritt er weg und liess die schöne stolze
> Dem sterben durch ihr leid.

Und treffend in die Mitte: ‚Ritter ohne gnade / Ist ritter ohne ehre.‘ (Ganz meine Ansicht). Und wie hübsch dann:

> Ihr vergesst
> Vor lauter damentod das schnelle sterben
> Des ruhms das heut uns droht, der achtung die
> Den frieden aufrecht hält. Turnier, ihr trauten,
> Ist friedensschlacht die kriege spart.

Und wie <u>sehr</u> schön, Effendi, Lionels Bekenntnis:

> Ich bin bereit zum ruhmverzicht dem äussern,
> Dem innern freilich, ich gestehs, dem glüh ich
> Und meine dame heisst: herr Launcelot.

Dann, wie immer bei Dir, die choreographischen Angaben, die <u>höchst</u> sprechend und anschaulich sind. Sehr schön immer der Herr Anonym, etwa in:

Und keiner hemmte dich als
Wer stärker minnt
Und süsser spinnt
Das höhere netz der kraft
Der kraft die siegt, die schafft.

und wie er der ‚Liebkühnen' ein Liebeslied ins Ohr singt! […] Dann Launcelot [über Tristan]:

... und streut die ritter
Aus ihren sätteln, und weil ich ihm auswich
In Kynke Kenadonne malt er rosen
Aus ritterblut.

Und Ginever:

Muss wol so sein dass immer dunkle blumen
Zugleich an freudenseen wachsen, leuchten
Und leuchten machen –

Launcelot in der 10. Szene:

Er brannte ihnen
Sein licht so brennend rein in ihre seelen
Dass sies nicht tragen konnten, meuchelten
Den wahren bruder.

Luft aus dem ‚Stern des Bundes' fühl ich hier wehen:

Der freund
Steht nicht in deiner sippe, einer andern,
Von andern vätern her, wo ahnenblut
Von schooss und samen nur wie stiftung ist
Für dieses männer einzig einende:
Das geistige geblüt, drin liebe fliesst,
Noch eine andre, wo der neid nicht hausen,
Einbusse keinem drohen kann, weil einer
Im andern grösser wird?

Zuletzt noch Ginevers entsagendes, klares Wort:

> Du weisst den weg wie ich: kein klagelaut
> Nur preis und rühmen ist erlaubt nach solchen
> Verlusten die nur höchster reichtum kennt.

[...] All das, Effendi, ist mir sehr lieb und kostbar, und wie gesagt, eine Provinz Deiner Dichtkunst in meinem Besitz, die mich überrascht (nein, eigentlich doch nicht überrascht) und sehr beglückt hat. Es ist Farbe, Bewegung, Minne (auch Erotik!), Klang, Kampf, wölbende Halle, Becher- und Schwerterklang, ein ganzes dichterisches Zeitalter drin. Verschränkung im Aufbau, Wechsel zwischen draussen und drinnen, Handlung und Erzählung, Mann-männlichem und Mann-weiblichem.

Ein <u>besonderes Lob</u> bitte der Schreiberin.[125] Ich habe die anderen Prachtwerke hier nicht zur Hand, aber mich deucht, noch keins sei so schön gleichmässig geschrieben gewesen, eine reine Augenwonne, kann mich nicht sattsehen! Wie Frank sagte: ,Die Schrift ist doch ein Hebelarm!' (Das einzige, was ich nicht so sehr mag, weil vielleicht allzu allergisch dagegen, sind die vielen Stabreime, aber die gehören ja wohl zum Stil; sie sind ja auch nur auf einigen besonderen Seiten. (An der Allergie ist bei mir vermutlich der Richard Wagner schuld!)

Zum Frank-Buch schreib ich ein anderes mal. Es ist nun alles beisammen; die vielen Beiträge musst ich zu einer vita exzerpieren und zusammenstellen, da <u>manche</u> Überschneidung und Robert Boehringers <u>strenges</u> Gebot zur Kürze! In die Vita verteilt die Bilder des leiblichen Franks. Als zweiter Teil die (wichtigen) Notizen zu Stefan George und Briefe Franks. Als dritter [Teil] Auswahl aus seinem plastischen Schaffen. Am Ende Hin- und Nachweise. Mit all dem gehe ich bald zu Robert Boehringer (der nun endlich den Berthold-Nachlass aus Leipzig auf Fränkisches hin durchsuchen liess) um denselben durchzusehen und mit ihm die Drucklegung zu besprechen. Es wird nicht einfach, weil er über die hohen Un- und Verlustkosten im Verlag klagt!" *(Es folgt eine Frageliste zu Urheberrechten, sowie zu einzelnen im Frank-Buch genannten Personen und Orten.)*

Fahrner antwortet am 14.2.68:
„Kann Dir Deinen liebsten Dank für den LAUNCELOT und für alles was Du mir Schönes, Begreifendes, Wichtiges dazu sagst jetzt gar nicht genug und nicht gebührend verdanken – wie müsst ich Dein Loben loben! Aber das musst Du gleich wissen: Du hast mir ein Glück und eine Freude geschenkt, wie nur Du sie geben kannst! Beide Hände! (Nur damit Du richtig weisst: Es ist das

Stück, das ich zuletzt machte, im Hochsommer 1966 auf Ithaka. Begonnen am 27. Juli auf der Anfahrt im Terminibahnhof in Rom beim Warten auf den Anschlusszug in der Rosticceria, fortgesetzt in Barletta – bei Friedrich II. – und auf Kerkyra bis Szene 2. Die Hauptsache auf Ithaka und am 23. August beendet. Danach noch ein paarmal übergangen – und freilich trug ich die Dinge lang in mir.)

Heut schnell etwas Versäumtes – es ging allzuviel über mein Haupt: Klaus Mehnert senior (denn der Frankneffe, Sohn des Bruders Lars, heisst auch Klaus, also Klaus Mehnert junior) sandte auf mein Bitten und Mahnen, von dem ich Dir berichtete, noch im letzten Jahr eine Reihe Bilder (Fotos), eine Familienaufzeichnung und ein paar Scherzskizzen des Frankvaters von einem Wasserfall des Kindes Frank. Das alles schick ich Dir nun schleunigst, und eine Liste davon. Ich glaube ja nicht, dass irgend etwas Aufzunehmendes dabei ist (was Du nicht schon hättest). Aber Du musst es doch gesehen haben – besonders die Bilder des Frankvaters und dessen Hände (!!) und musst davon wissen, wenn Du mit Klaus Mehnert senior Kontakt aufnimmst. Zu Deinen Fragen:

a) Rechte am Abdruck der Briefe der Frank-Mutter an Gries könnte m.E. nur selbiger haben und Klaus Mehnert senior als Erbe der Mutter. Beide haben sie gemeinsam nach Klaus Mehnerts Auswahl zur Verfügung gestellt. Klaus M. hat die Abschriften der Auszüge übersandt.

b) Am Abdruck der Frank-Briefe an Gries: Da müsste es ähnlich liegen, wenn nicht die Stefan George Stiftung, der Frank in seinem an mich gerichteten Testament alles auf den Kreis Bezügliche vermacht hat, etwa zuständig wäre? Aber über diese Rechtsfragen weiss sicher Robert Boehringer viel besser als ich Bescheid. (Dabei fällt mir ein, dass ich wohl versäumte, Dir dieses Frank-Testament zu zeigen? Eine beglaubigte Fotokopie gab ich damals an Robert Boehringer und auf Anforderung auch an Klaus Mehnert senior.)

c) Franz Gries lebt in 527 Gümmersbach, Rathausstrasse 1. Seine Daten habe ich nicht. War wol Lehrer (jetzt pensioniert?) und Freund der Frankmutter. Der Frankneffe sehr mit ihm verbunden.

d) Klaus Mehnert senior war der älteste [Bruder], dann Frank, der jüngste Lars.

e) Dem Frankneffen ist der Hinweis auf Gries und Vermittlung zu Gries zu verdanken.

f) Den Namen des kleinen Ortes nördlich von Berlin, wo Mutter Mehnert sich auf einem kleinen Landgut des Sohnes Lars (der Landwirt war und dort angekauft) zuletzt vor der Flucht aufhielt, erinnere ich im Augenblick nicht – meine Aufzeichnungen sind in Karlsruhe – obwohl ich sie dort besuchte. Weiss auch nicht mehr, ob ihr Fluchtweg direkt von dort nach Westen ging oder nochmals über Berlin-Friedrichshagen, wo sie vorher gewohnt hatte und wo noch eine indessen verstorbene Tante sass.

g) Staraia Russa[126] sah ich mir nochmals im Atlas an. Folgt man dem Meridian, so sagt man wohl am besten südlich des Ilmensees. Abweichung nach Westen oder Osten kaum festzustellen.

h) Vom Kostgängertum der Stauffenberge bei der Frankmutter weiss ich nichts.

Gespannt auf Deine Frankarbeit, die sicher nicht leicht war unter all den Bedingungen, und auf das Buch,[127] das mir seltsamerweise nicht nachgeschickt wurde. Du schriebst ja an die Hochschule? Nimm schon einen ersten Dank!"

Am 7.3.68 schreibt Stettler:

„Nochmals Dank für Deinen ausführlichen Brief vom 14. Februar. Entschuldige bitte die Maschine, submersus sum. Ich war über Sonntag in Genf bei Robert Boehringer und besprach mit ihm das Frank-Buch, hatte das Ganze mit und auch einen Voranschlag der Druckerei. Er beklagte sich über den geringen Absatz der Stiftungsdrucke, ist aber doch gewillt, das Frank-Buch in die Reihe aufzunehmen. Nach von ihm ergangener Weisung zur Kürzung wird es sich gut da einfügen. Die Bilder sollen in Photolitho reproduziert werden.

Wir besprachen ausführlich die Rechtsverhältnisse. Er hält es für unerlässlich, dass sowohl Klaus Mehnert senior wie der Neffe, Klaus Mehnert junior, eine schriftliche Einwilligung geben, dass sie mit dem Abdruck von Briefen und Briefauszügen von Frank selber sowie von dessen Mutter einverstanden sind. Was das plastische Werk, sowie die Aufzeichnungen über Stefan George betrifft, so besteht das Recht daran beim Archiv, gemäss Testament. Da ja der Bruder Klaus offenbar kollaborativ ist und auch das Material geschickt hat, sollte es nicht schwer fallen, seine Einwilligung zu erhalten. Ich glaube, es wäre das beste, wenn sie durch Dich erwirkt würde, je nach Deinem Gutdünken direkt an mich gesandt oder an Dich. Ohne diese Einwilligung will Robert Boehringer den Satz nicht in Auftrag geben. Das gleiche gilt für Franz Gries, der ja die Publikation ausdrücklich begrüsst hat. Aber es wäre gut, wenn man von ihm eine ausdrückliche Genehmigung besitzt, dass die von Frank an ihn gerichteten Jugendbriefe abgedruckt werden. Diese Briefe scheinen mir wichtig. Darf ich Dich bitten, auch bei Franz Gries eine solche Ermächtigung zu erwirken. Alle übrigen beteiligten Briefempfänger haben mir ihre Briefe ausdrücklich zu diesem Zweck zur Verfügung gestellt, so jüngst noch der Bildhauer Hedblom einen hübschen Brief Franks an den Sohn des Bildhauers.

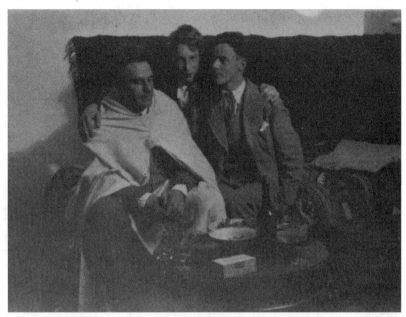

1. Bild aus „alten unnennbaren Tagen" (s. S. 137): Der 18-jährige Michael Stettler zwischen seinem Vetter Robert von Steiger (rechts) und beider Mentor Wilhelm Stein (in marokkanischem Umhang).

2. Das Brautpaar Michael und Barbara Stettler-von Albertini im Juli 1945.

3. Rudolf Fahrner und seine Lebensgefährtin Gemma Wolters-Thiersch vor ihrem neu erbauten Anwesen in Überlingen am Bodensee (ca. 1937).

4. (Rechte Seite oben) Rudolf Fahrner im Zug zwischen Ankara und Istanbul (ca. 1952).
5. (Rechte Seite unten) Michael Stettler am Schreibtisch (1950er Jahre).

6. Aussichtsseite (Westen) des Stettlerschen Anwesens „Ortbühl" bei Steffisburg, unweit von Thun.

7. Zeichnung von 1830, das Haus „Ortbühl" von der Strassenseite zeigend, mit der südlichen Säulenhalle.

8. Stettlers „alpines Tusculum" (sein Chalet in Mürren) zu Füssen des Jungfrau-Gebirges.

EINEM DICHTER

Aus dämmer hobst du den demanten
An dem der wesen glanz sich bricht
Und alle die ihn sahn erkannten
Im widerschein das ewige licht.

Effendi zu dank und glückwünsch: sein MS̄t. XII.79

KOUROS

In neuen morgen bricht die helle spur.
Die gasse leuchtet unter deinem schreiten.
Du kommst für eines augenblicks entgleiten
Und füllst den unauslöschlichen kontur.

Stefano Bianca: Dank, Willkomm, Grüsse!
27.1.1579   Ihr M.St.

9. Zwei Gedichthandschriften von Michael Stettler.

10. Rechte Seite: Rudolf Fahrners Gedicht „Lebensgestalten in Gemmas Kunst" (1978)
    in der Schönschrift von Edda Cremer.

104

Scheinen die schatten nicht auf der totenwiese
Wo der Asfodelos grüsst die kommenden · leuchtet
Denen die weilen am dunklen strome? sie knieen
Sitzen · liegen und stehn und gebären sich ganz nach
Ihrem lose und zeigen es an in gebärden
Paare und einzelne wesen · und wehende sage
Wird aus dem tun das sie tun · umringt von den armen
Des umgleitenden stroms.

Schön im nächsten gebild im gewobenen kahne
Liegend durch das gewobene schilf die verhüllte
Frau?

Doch Die ohne schatten wandelt in schwarz und
Weiss geschnitten dahin durch ihre geschicke:
Amme und mächtiger vogel und spiegel und brücke ·
Ungeborene auch · den sitzenden grossen
Lebensspender umdrängend sind die geleiter
Ihres weges. Und wenn sich die lose versöhnen
Fährt auch sie im kahn · doch durch Felsige hohe
Ufer · schlafend die bahn zu ihrer verwandlung.

Thronend sitzt in den schmelz gebannt der grosse
Orfeus · zackiger kranz entsendet vom haupte
Blitze · die kniee sind weit · denn schicksal · vieles
Strömt im gesang vom schooss ihm aus und vom haupte
Und gelassen hängt ihm die hand herunter:
Gestern schlug sie die leyer und schlägt sie morgen.

Aber ein arzt · ein rotgewandeter · schlanker ·
– Schattend deckt ihm ein hut · ein breiter · das haupthaar –
Hält im arm die gebogene schwarze schlange ·
Weiss von leben und tod und dauert im wissen.
Hoheit ist sein geleit.

Oh · sanft du die Sappho
Wie sie das Orfeushaupt im arm · das die meerflut
Brachte zu ihr an die insel · glüht unterm schleier
Kühl hin schimmernd vom inneren glanz ihrer lieder

Die sie gesungen und singt von zeiten zu zeiten
Hüllend das heisse herz in die strenge der sendung?

Und der goldene ring entgleitet Suleika
Aus dem kahn in den Fluss als liegend den arm sie
Hangen lässt übern bord und der wirkende traum steht
Über den augen wie sie da gleitet im kahne.

Doch dass Merlin zweimal erscheint am waldquell
Schreitend · die wildgans in seiner hand und dann zweie
Er · vom pfeile begleitet der sie erlegte
Und vom weissen haare umwallt und vom mantel ·
Lässt dich sinnen und fragen was er an botschaft
Zweimal gebracht? ob er löst die weltentrauer
Sinkenden heils?

Und grün im grünenden leuchten
Und das wasser · das blaue · vom kruge entströmen
Lassend steht am quell der unsterbliche Chyser ·
Und du weisst es mit einmal wer leben und leben
Neu · ein unerschöpfliches · giesst in die Seelen.

Hast du gewusst dass gestalten des lebens in farben
Treten können im schmelz des glases · in dränte
Die die farbigen Flüsse umzäunen · in mulden
Draus das bare metall sich wölbt und in Formen
Denen erinnerung nur an wirklichkeiten
Haftet an und wieder entgleitet im schauen
Dinge · netze · und ruder · die tulpenkelche?
Dass der regen · der baum · die wände der häuser ·
Insel und wolke und teich und dunklige meerflut
Nur wie schleier vors aug dir ziehn · doch sprechen
Schweigern in Formgebärden und Farben?

Haare
Wehende · scheinen zu fliegen vom haupt · doch da steht nur
Silbern der schild der kunst und die fliegenden strähnen
Sind die strahlen der kunst · der zaubernden · kühnen ·

20./21. juli 78

11.   Rudolf Fahrner, ca. 1967.

12.   Michael Stettler, ca. 1970.

Das Dispositiv des Buches, das ca. 120 Seiten umfassen wird, sieht nun so aus:

Motto von Claus Stauffenberg

Vorwort

Gedicht „Bildnis" von Michael Stettler

I. Lebensbild mit folgenden Kapiteln:

   1. Franks Erscheinung
   2. Stefan George und Frank
   3. Herkunft und Jugend (da drin die wichtigen Briefe der Mutter über die Krise des Vierzehnjährigen vor seiner Bekanntschaft mit Berthold Stauffenberg)
   4. Bildhauerei
   5. Dichtung und Übertragung
   6. Schrift und Delfin Verlag
   7. Ausklang

   In diesem Lebensbild sind Auszüge aus sämtlichen mir zur Verfügung gestellten Texten verarbeitet [...] jeweils unter Namensnennung der betreffenden Beiträge. Nur so war es möglich, die vielen Überschneidungen zu vermeiden und einen Fluss ins Ganze zu bringen. Da hinein verstreut vierzehn Photographien Franks in verschiedenen Lebensaltern.

II. Aufzeichnungen über Stefan George von Frank. Die Abschrift hatte ich von Gemma. Woher sie dieselbe haben mag? Wie weit sie authentisch ist, kann ich noch nicht sagen. Es traf sich aber, dass ich in Bertholds Nachlass aus Leipzig, den ich in Genf durchsehen konnte, ein Originalmanuskript fand, das mir der erste Entwurf zu diesen Aufzeichnungen scheint. Ich will bei nächster Gelegenheit abklären, ob Unterschiede bestehen.

III. Aus Briefen von Frank. Beginnend mit den frühen an Franz Gries, die ich sehr hübsch finde, mit ihren kleinen Exkursen über die Kommunisten und Schwarz-Weiss-Rot; und endend mit dem letzten an Dich, der erst nach seinem Tode abgegangen war. Dazu je eine Tafel mit Büste Franks von Ludwig Thormaehlen und Urban Thiersch.

IV. Zwölf Tafeln mit Bildnisköpfen von Frank.

Endlich Nachweise und Inhaltsverzeichnis.

Ich glaube, das Ganze wird nun so sehr rund und lebendig, es hat mich unendliche Arbeit gekostet. Wenn ich zusammenzähle, sind es mehr als vierzig Sonntage. [...]

Für die Beantwortung meiner Fragen im letzten Brief danke ich Dir herzlich. Robert Boehringer insistierte nochmals mit der Frage, ob die Brüder Stauffenberg zeitweise, z.B. wenn die Familie in Lautlingen war, bei der Frank-Mutter in Pension waren: Du schriebst, Du wissest nichts davon; wer könnte das wissen?[128] Vielleicht die Gräfin Nina? Und weiss man, wann die Mutter nach Berlin-Friedrichshagen zog? Schon 1927?

Von den 37 Photos des Bruders war nichts zu verwenden. Auch in Genf, wo viele hübsche kleine Schnappschüsse waren, fand ich bildlich kein neues Element mehr, nur in zwei Fällen bessere Abzüge. Das hat mich beruhigt, da es zeigt, dass ich mit meinen Recherchen doch nun ziemlich ringsum bin. Die Einheitlichkeit von Franks Wesen trat aus allem hervor. Im Berthold-Nachlass waren interessante Dinge, obwohl nicht für meinen bestimmten Zweck verwendbar, so ausführliche Sophokles-Notizen, offenbar für Albo,[129] und ein leider nicht fertig gestellter, ganz detaillierter Bericht über die letzten Tage in Minusio, auch die Entwürfe zum dortigen Grab. Alles ziemlich durcheinander, man merkte, dass die SS darüber gewesen war, aber immerhin vorhanden.

Robert Boehringer fand ich sehr ordentlich, wenn er auch nicht mehr selber lesen kann; immer noch kämpferisch, so dass man sich wehren muss, aber für das Sichwehren hat er dann volles Verständnis, und körperlich ganz aufrecht.

Ich hoffe sehr, es gehe Dir besser, jetzt wo die Tage endlich länger werden. Ob Du mein Buch inzwischen bekommen hast?"

Und weiter berichtet Stettler am 21.3.68:

„Klaus Mehnert hat sehr rasch auf Deinen Brief an ihn, für den ich herzlich danke, reagiert, in angenehmer Weise und auch seinen Neffen Klaus junior mit unterzeichnen lassen. Ich lege eine Photokopie des Briefes bei, der, soweit an ihm, grünes Licht zur Drucklegung gibt. [...] Die einzige Genehmigung, die mir nicht vorliegt, ist diejenige des in Marokko unerreichbaren Robert von Steiger. Von ihm bringe ich sein Photo von Frank aus Basel im Jahr 1927, sowie eine Büste Franks nach Robert von Steiger und eine sehr schöne Briefstelle. Da das Denkmal für Frank ja doch so umfassend wie möglich sein sollte, ich selber von Frank zuerst durch Robert von Steiger hörte und dieser eine sehr primäre Beziehung zu Frank hatte, darf er m.E. nicht im Ensemble fehlen, weshalb ich die Publikation riskiere, überzeugt, dass sie sinnvoll ist.

Anlässlich meines Besuches bei Robert Boehringer in Genf erzählte er mir, Eberhard Zeller habe ihm Wolfgang Hoffmanns Erzählung aus den Türkenkriegen zukommen lassen; sie sei ihm vorgelesen worden und habe seine grosse Anteilnahme erweckt. Er wollte Näheres über den Autor wissen. Ich erzählte ihm, was mir bekannt war, und habe ihm neulich auch eine Ablichtung der mir seinerzeit von Dir freundlich in schöner Abschrift geschickten Verse gesandt – Verse, die, wie Du weisst, mir sehr teuer sind. Ich habe seit meiner Bekanntschaft in Wolfgang Hoffmann einen gewissermassen postumen Blätterdichter gesehen und freue mich, wenn die Gedichte auch Robert Boehringers Beifall fänden. Die Erzählung ist ja leider allzurasch bei Suhrkamp erschienen. Ihren Glanz hat sie sich aber in all den Jahren erhalten. Ich habe nun eine vage Erinnerung, dass von den Versen auch ein Privatdruck existiert.[130] Weisst Du darüber etwas? Und könntest Du es auch mich wissen lassen? Robert Boehringer hätte auch gerne mehr über den Autor erfahren. Öffentlich gibt es das Kapitel über ihn in Rainer Hildebrandts Buch ‚Wir sind die Letzten'."[131]

Fahrner antwortet am 27.3.68 aus Überlingen unter anderem:
    Robert Boehringers Anteil an Wolfgang und Deine schönen Worte freuen mich sehr. Den Privatdruck seiner Verse versuche ich durch den Vermittler, der ihn mir damals verschaffte, für Dich zu erhalten. Für Robert Boehringer kann ich vielleicht eine Aufzeichnung über Wolfgang machen, die Du dann auch bekämst.[132] Schön, dass Robert von Steiger im Frankbuch vertreten sein wird."

Als interessante Reaktion aus dem Freundeskreis auf das Erscheinen des Frank-Buches im Sommer 1968 sei hier abschliessend noch ein Brief Urban Thierschs vom 21.7.68 an Michael Stettler eingeschaltet:
    „Dein Werk kam gerade am 12. Juli, wurde mit grösster Spannung aufgenommen und nahm mich gleich ganz gefangen. Beglückend ist zunächst, soviel einzelnes Neues, das mein Bild von Frank bereichert und erweitert, zu entdecken. Begeisternd die Aufzeichnungen über Stefan George, die mir innerlich wie äusserlich im Zentrum des Bändchens zu liegen scheinen. Mag sich einer mehr oder weniger mit <u>dieser</u> Sicht auf den Dichter einig glauben – es ist doch eine Sicht, die bisher kaum kundgetan wurde, und nun in dieser bronzenen Form der Darstellung und Sprache, in der Frank selber als Erscheinung mit aufgerufen ist. Eine Sicht, die vielleicht starke und reiche Züge des Lebens, manche Farben, Höhen und Tiefen weniger beachtet, die aber ein

110

Bild von einzigartiger, unbändiger Leuchtkraft gibt. Auch so ist es mir ein Bild von Frank und ich fühle mich dabei an das schöne Wort in Deinem Gedicht ‚Bildnis' gemahnt: ‚Ein Stern der funkelt und nahe bleibt'.

Besonders lieb ist mir auch die Gründung des Werks auf Deine eigenen lebendigsten Eindrücke, und dieser FRANK erscheint mir so unmittelbar und strahlend und wahr wie man es sich nur erhoffen konnte. So erscheint mir auch der klare und knappe Aufbau des Ganzen, der das Wesentliche zur Geltung bringt, ganz dem Dargestellten gemäss – die Auswahl der Bilder mit dem Hauptgewicht auf Franks Gestalt (dem grössten Kunstwerk) überzeugend, wie auch die Auswahl der Briefstellen, aus denen sein archaisches Wesen hervortritt, bei aller strengen Abweisung des Fremden so voller Liebe für den Freund und die Welt.

Meine eigenen bescheidenen Berichte empfinde ich denkbar wohlgesonnen eingefügt, und soweit ichs beurteilen kann ist von Effendis Niederschrift sehr viel Wesentliches verwendet – nur bedaure ich hier, dass seine Freundschaft mit Frank, sein gemeinsames Wirken mit ihm, zu streng davon abgesondert schliesslich wie das eines Gehilfen (S. 37 unten) in Erscheinung tritt. […]

Vom Frühjahr 1937 bis zum Kriegsende 1945 erlaubte mir der durchaus absorbierende Militär- und Kriegsdienst nur kurze Begegnungen während rarer Urlaube. Aber hier empfing ich die stärksten Eindrücke der Freundschaft zwischen Frank und Effendi, von einem gegenseitigen, unberechnenden Geben und Nehmen und Anfeuern und Fördern, von einem glücklichen, festlichen Zusammenleben und Wirken – von dem alle daran Teilnehmenden mitgerissen wurden, von dem ich selber die reichsten Gewinne für mein Leben hatte.

Ich glaube man tut Frank auch Unrecht, wenn man trennt oder sucht, wer beim gemeinsamen Wirken der Erfindende, der Tuende war. Ausser den Aufzeichnungen über den Meister dürfte alles Schriftstellernde von beiden zusammen abgeschlossen und in die Welt gestellt worden sein, und dass zunächst keine Verfassernamen erschienen, war gewiss in Franks Absicht einer echten Sympoïese. In diesem gemeinsamen Tun liegt für mich eine besondere Bedeutung von Frank, und es war für mich ein wunderbares Beispiel, dass zwei Menschen von so ausgeprägter Eigenart so lange Jahre in grösster Intensität zusammen wirkten.

Was Effendi zu diesen Anmerkungen sagen würde, weiss ich nicht. Es war bei seiner Niederschrift mir spürbar, dass er sehr zögerte, von seiner Person etwas hineinzubringen und ich habe ihn nur gemahnt, auch im Sinne Franks gerade nicht zuviel zu verschweigen, zu abstrahieren."

TEIL III: 1968–1975

Mit der Fertigstellung des Frank-Buches fiel eine Last von Stettler, der sich nun wieder ganz der Abegg-Stiftung in Riggisberg und seinen vielfältigen kulturellen Vermittlungsaufgaben bei Pro Helvetia widmen konnte, die ihn oft ins Ausland führten. In Riggisberg plante er neue Anbauten, erweiterte die Sammlung von Textilien, Skulpturen und sonstigen Kunstgegenständen, wobei ihm das Sichtbarmachen von Einflüssen zwischen Orient und Okzident besonders am Herzen lag. Weiterhin überwachte er die Gründung einer hauseigenen, international ausgerichteten Restaurationsabteilung für Textilien und leitete mehrere Publikationen zur Museumssammlung und zu kunsthistorischen Sachfragen in die Wege .

Fahrner, der wenige Jahre vor der Pensionierung an der TH Karlsruhe stand, hatte sich schon im Sommer 1967 zusammen mit Gemma Wolters-Thiersch, ihren Brüdern Stefan und Urban Thiersch und anderen Mitarbeitern einem weiteren Erinnerungsbuch zugewandt. Es galt dem Andenken an den 1928 mit 49 Jahren aus einem vollen Leben gerissenen Architekten, Kunsterzieher und Bühnenbildner Paul Thiersch (Vater von Gemma, Stefan und Urban Thiersch), einer besonderen Gestalt im frühen George-Kreis, der Fahrner persönlich nahegestanden hatte. Der Plan zur Herausgabe einer Paul Thiersch-Monographie lässt sich in Fahrners Korrespondenz bis auf das Jahr 1956 zurückführen. Nun erst nahm er konkrete Gestalt an und umfasste Lebenszüge, architektonische Projekte (darunter viele Entwürfe und Skizzen), Arbeiten für das Theater und Thierschs Tätigkeit als Gründer und Leiter der Kunstschule Burg Giebichenstein in Halle, welche zeitweise in Wettbewerb mit dem „Bauhaus" trat. Das von Fahrner herausgegebene, reich illustrierte Buch[133] zeigt viele Facetten von Thierschs ungewöhnlicher gestalterischer Kraft, die im architektonischen Entwurf (der zwischen Klassizismus und Expressionismus oszillieren konnte) hervortrat, aber ebenso in Schriften und in der Art des Lesens von Gedichten. Auch Michael Stettler war zur Mitarbeit am Gemeinschaftswerk aufgefordert worden, musste aber wegen Überlastung ablehnen, obwohl „familiäre" Ähnlichkeiten bestanden: Wie die Stettlers hatten auch die Thierschs Generationen von Architekten und Künstlern hervorgebracht. Von den drei Kindern Paul Thierschs wurde Stefan Architekt (er war der Erbauer des Überlinger Hauses und des „Weberhofes" in Juist), während Gemma als Silberschmiedin und Emailkünstlerin und Urban als Bildhauer die künstlerisch-handwerklichen Traditionen des Vaters fortsetzten.

Ein von Stettler zum Jahreswechsel gesandtes Gedicht ist nicht mehr identi-
fizierbar. Fahrners Gegenbrief vom 31.12.68 lautete:

„Dank für Dein schönes, ergreifendes Gedicht. Wie sprichst Du zu mir
aus dem ganz deinigen und doch neu verdichteten Wortgefüge und lässt den
‚grossen Blick' auch auf mich fallen. Oh Gang der Dinge und Schau Deiner
Dichterseele!

Heil zu Deinem Tag! Diesmal komm ich ohne Gabe, ausser der meiner
Liebe und meines Dich zu umfangen suchenden Blicks.

Wir sind hier – auch Gemma – bei Urban versammelt in den schnee-
glitzernden Sonn- und Mond- und Sternenbergen und werden Dir unsere
Gedenktrünke so schwingend weihen, dass sie Brücken in Deine Berge und
in Deine ‚Schlösser' schlagen mögen!"

Am 16.8.69 antwortet Stettler auf einen nicht mehr aufgefundenen Brief von
Fahrner:

„Hab Dank für Deinen Brief vom 27. Juli. Wie schön, dass das Thiersch-
Buch soweit ist; ich weiss, wieviel es an dergleichen braucht! Für die Meer-
bäderzeit alles Gute, stärkende! Ich war mit Theres 14 Tage in Jugoslawien,
meist in Dubrovnik (kennst Du's?), auch in Montenegro und schaute von
der Festung Belgrad über die Donau – leider ohne Barbara, die mit doppelt
gebrochenem Knöchel an ihrem Fuss einen verpfuschten Sommer hat. Um so
wichtiger ist, dass sie heuer mit nach Ischia kommt, welcher Aufenthalt leider
just Anfang Oktober beginnt und wegen meinen vielen Verpflichtungen nicht
geschoben werden kann.

Roland[134] kam mit ziemlichem Schlafbedürfnis zum Wochenende vom
17. Mai, wenige Tage nach unserer Rückkehr aus Rumänien und der wunderschönen „spätbyzantinischen" Moldau. Doch, er gefiel mir, gutes Licht in den
Augen; wenn er als Korporal wieder in die Gegend komme, könne er wieder
ein Wochenende zum Retablieren hier verbringen, sagte ich ihm. Die Solda-
tenzeit ist für seinesgleichen sicher eine Anstrengung, mit der er fertig werden
muss, deshalb darf man ihn jetzt wohl nicht zu sehr beurteilen, im Effekt wird
sie ihm dann doch – wie seinerzeit mir – gut bekommen. Theres steigt eben in
die Matura; allen vieren gehts trefflich, sie sind heiter und egozentrisch. [...] In
Riggisberg pausenlos Besucher aus aller Welt."

Stettlers Brief vom 29.11.69 bezieht sich auf einen vorhergehenden Brief
Fahrners (wohl mit einem Vorschlag für ein neues Treffen), der sich nicht
aufgefunden hat:

„Da die ohnehin kurzen Winterferien bis zur ‚Befana' dauern,[135] sind wir
bis 6. Januar im Chalet in Mürren. Leider überblicke ich den Rest des Monats

noch nicht, darf ich dann nach Überlingen einen Vorschlag machen? Jetzt
ists bis Weihnachten tumultuös: Sitzungen, Vorträge, kurze Reisen, Abeggs
da, Zürich und Genf mit ihnen, Vorbereitungen, Futilitäten – pazienza! Im stei-
genden Jahr wärs schön im Ortbühl, dem heut ganz eingeschneiten Haus,
das dann immer zu sagen scheint: ,Ich habe auch meine Geheimnisse!' (Es
hat sie ja auch.) Und heute der Firnglanz! Ich pflanze Bänke vom Holz der
Eiche.[136] […] Vom Thiersch-Buch erzählte Urban Gedeihliches...“ *Dem Brief
legte Stettler ein Gedicht bei, mit dem er des 4. Dezembers, des Todestages
Stefan Goerges, gedachte:*

WER

Geburt und tod in eins ist ungeheuer. .
Betäubt vom zuckend aufgebrochnen schlund
Von giftigen schwaden ausweglos umstellt
In tiefen stürzend lautlos namenlos –
Wie kommt es dass ich dennoch atem spüre?
Wer beut dem sinkenden die hand als grund?
Dass sich die spalte mählich schliesst, wer fügt es,
Und dass erinnerung an nacht und blut
Noch tröstlich wird; wer hat dies so vermocht?

*Zum Jahresbeginn 1970 standen Erzeugnisse aus Gemmas Emailwerkstatt
im Mittelpunkt der Aufmerksamkeit: Am 31.12.69 schreibt Stettler:*
„Dank für die guten Geburtstags- und Neujahrswünsche namens auch
der um sie Versammelten; ich denke herzlich hinüber! Das Versblatt zum
4.12. kanntest Du einzigenfalls aus einer Vorabschrift zu Eberhard [Zellers]
60. Geburtstag. Freue mich über die ,tropfende Wolke'! Ähnliche Zauberge-
bilde sah ich an der Basler Ausstellung.[137] Eine Schale ,Inmitten blau' freut
mich täglich in Riggisberg. Und zeitlos herrlich, fast Staufisches und Ottoni-
sches assoziierend, finde ich die Schale, von der Gemma mir zur Jahreswende
ein Lichtbild sandte. Bitte danke ihr sehr dafür: Eine summa ihrer Kunst, met-
risch, rhythmisch und erlaucht.
Nun also das Wochenende in Steffisburg und Ortbühl, was ich jetzt besser
überblicke. Es ginge von mir aus am 17. oder 24. Jänner, wobei ich mir Deine
Ankunft am späteren Samstagnachmittag denke, sonntags ruhig im Ortbühl,
Montagvormittag ein Rundgang in Riggisberg, von wo aus am Nachmittage
Deine Abfahrt. Ein Bildnis des heiligen Leonhard von Pietro Lorenzetti (Siena)
und ein kleiner ägypto-phönizischer Kopf aus Hematit (Meteorit!) sind die letzten Zuwächse der Sammlung: ,Valent le voyage'!“

Der geplante Besuch im Ortbühl fand am 24.1.70 statt, und Fahrner über-
brachte den in der Überlinger Werkstatt eigens hergestellten Stettler-Kelch
aus Silber, mit einem emaillierten Widder als Wappentier. (Abgebildet auf
dem Bucheinband.) Eine Abschrift von Stettlers Dankesbrief vom 31.1.70 an
Gemma Wolters-Thiersch ist erhalten:

„Effendi hat Ihnen hoffentlich recht ausführlich berichtet, welch festlichen
Glanz der wunderbare Becher-Kelch, wie ich ihn auf Grund seiner geräumigen
Doppelform nenne, ins Ortbühl gebracht hat, und mit welcher Freude er aufgenommen und „inkorporiert" worden ist. Während dreier Tage kreiste er: erst
mit dem Wein aus dem Rebberg von Montesquieu, dann mit Champagner,
zuletzt in Riggisberg nur zwischen Effendi und mir, mit dunkelrotem Walliser
Pinot Noir. Am Sonntag Abend sangen wir zu Ihrem Preis das Champagner-
lied aus der ‚Fledermaus' [von Johann Strauss]: ‚Die Majestät wird anerkannt,
anerkannt rings im Land'. Ihnen und der Jungmeisterin, deren Zeichen ich mir
entziffern liess, zu Huldigung und Dank! Ich bin glücklich, meinen Dank nun
noch in diesem Briefe zu erstatten; er kommt von Herzen für dieses Werk, und
Barbara schliesst sich an.

Der Widder, den Kaiser Karl VI. im Schloss zu Laxenburg anno 1716 dem
Ahn ins Wappen setzte, prangt nun stolz und kraftvoll schlank aus kraftvoll
schlankem Becherschaft steigend: Ich bewundere die doppelte Applikation
in Email und Silber auf gewölbter Fläche, der gehämmerten schimmernden!
Das Gefäss schmiegt sich wundervoll in die Hand, und was ich besonders
rühmen möchte, ist die eigengefundene Form. Ich habe in meinem Leben viele
Kelche und Pokale und Staufe verwaltet und tue es noch, in Gold, Silber,
Jaspis, Kokos, Muschel, Holz. Diese Form war nie darunter und ergänzt, nach
den birnen-, herz-, nautilus-, ananas-, buckel- und zylindergestaltigen meinen
Anschauungsvorrat als ganz persönliche Bereicherung. Ich freue mich, und
Barbara mit mir, Ihnen Ihr Werk hier kredenzen zu dürfen und bei dieser Gele-
genheit Ihnen die Schätze des Riggisberg zu zeigen, die wir noch immer zu
mehren trachten. Danke also, verehrte Gemma, Ihnen und der Jungmeisterin
Ulla von Keiser, und alle guten Wünsche ins noch junge Jahr!"

Dem folgte unmittelbar darauf ein Brief Stettlers an Fahrner:

„Eben ging der Huldigungsbrief an Gemma, ein Lob des Becherkelchs.
Ich schrieb ihr u.a., wie genuin ich die Form finde. Als alter Kelch- und Stauf-
verwalter [...] kann ich dies bezeugen. Der Widder mit den goldenen Hörnern
und Hoden: sie haben (das schrieb ich nicht) genau die schickliche Propor-
tion. Nach der Meisterin und der Jungmeisterin sei aber nun dem Stifter von
Herzen Dank gesagt. ‚Er hat ihn ihr abverlangt'![138] Du hast gesehen, wie das
neue Ortbühler Prunkstück mich erfreut, und dass mit ihm jene ersten Überlin-

ger Abende Urständ feiern und das Gedenken dabei auch an den entschwundenen Offa geht. Wie festlich war dies erste Kreisen vor acht Tagen – Du hasts gespürt: ‚Der Stettler ... is a bissl schwarzgelb' [?] und das wird er zeitlebens sein."

Fahrner antwortet am 4.2.70:

„Dank für Deinen sehr lieben und schönen Brief. Bist ein so grosser, köstlicher Lober! Was zu immer neuen Gaben an Dich mächtig verlockt! Dank auch für die Fotokopie [meiner] Ankara-Verse, die auch mich neu bewegten: ‚Was wird sein'...? Und das schimmert jetzt ganz neu herauf, dünkt mir. […]

Festschriftübergabe[139] war köstlich! Der Herausgeber (junger Assistent) hielt eine hinreissend kecke, para-para-doxe Rede – ich gab's ihm, glaub ich, nicht schwächer zurück und der Beste hier (der Mitautor Rumpf, Professor und zur Zeit Präsident der westdeutschen Rektorenkonferenz) krönte alles mit einem nüchtern-klaren aber ganz unbedingten Bekenntnis zum Ästhetischen, der ‚einzig bleibenden geistigen Macht', als deren sich nicht hervordrängender, aber starker Wortführer hier er mich charakterisierte. Nicht ganz schlecht.

Ja: den Stefano vergassen wir – wird aber nachgeholt. Ist mir in manchem Sinn sehr nah, und Freude wärs mir, grosse, wenn er Dir auch näher käm."

Stettler erwidert Fahrner am Pfingstmontag 1970:

„Deinen Brief vom 23. April und die Festschrift durfte ich bei meiner Rückkehr aus Japan vorfinden, zu meiner Freude und mit Dank, dass auch die Reden dabei waren – wie trefflich Deine Bemerkung über das einander ‚Unangenehm-Sein'! Wie klug der Prorektor, wie charmant der Herausgeber! Und Dank für Deine Widmung! Ich sagte Dir schon bei Deinem Besuch, wie schön ich diese Ehrung Deines Wirkungskreises für Dich finde, aus der jeder Leser sich das Seinige herausholen kann; ich z.B. ‚Das Bild der Türkei in deutschen Reisebeschreibungen des 16. Jahrhunderts': dergleichen habe ich nun einmal gern, oder, weil mir ganz neu, die Bemerkungen zu Harry Martinsons Weltraumdichtung. Nachdem ich soeben Mitglied des Nationalen Forschungsrates geworden bin, der die Mittel des Bundes für die gesamte Forschung hier verteilt (aus welchem Grunde ich bald die Pro Helvetia abgeben will), interessiert mich ein so begriffsklarer Aufsatz wie der des erwähnten Prorektors Hans Rumpf. Und dass es gelang, auch noch Lenin im Jubiläumsjahr in Deine Festschrift einzuschmuggeln, erweist wie sehr Du à jour bist! Gern las ich auch Schefolds ‚Winckelmanns neue Sicht der antiken Kunst'. Max Wetter sandte mir einen Sonderdruck seines ‚Weisen in riches krone':

Wie sehr gut, dass Du ihn ihm abverlangt (frei nach Brechts Ballade)! Also Dank, Effendi, für die mich sehr erfreuende Gabe!

Nun ein kleines Staatsgeschäft: In meinem ‚Kleinen Läutebrett'[140] zitiere ich einen Ausspruch des Meisters: ‚Eine Wanze kann noch so weit gereist sein – sie bleibt eine Wanze.' Ich hatte ihn in der Sammlung meiner Dicta, sicher dass ich ihn von Walther Greischel habe. Robert Boehringer wollte nun wissen, wo und wann der (sicher authentische) Ausspruch gefallen sei; meine Rückfrage bei Greischel ergab, dass er sich an ihn nicht erinnert. Es gibt nur noch drei Möglichkeiten einer Quelle: Frank, Du, Karl Josef Partsch. Kennst Du den Wanzenspruch? Wenn ja, erbitte ich Präzisierung; wenn nein, gleichfalls ein Wort.

Die ‚Staatsreise' nach Japan war anstrengend im Nachhinein, aber hochinteressant wegen des Nebeneinanders von Tradition und rasanter technischer Entwicklung, wie nur Adaptatoren dies so vereinigen können. Und doch auch noch viel Poesie!

Riggisberg ist wieder offen; da musste ich mich gleich hineinstürzen. Schliesslich feierten wir Barbaras 50. Geburtstag und unser 25. Hochzeitsjahr mit einer Aufführung der Töchter im hübschen Auditorium."

Am 21.5.70 präzisiert Fahrner:

„Die ‚weitreisende Wanze', teuerster Freund, stammt leider nicht von mir!"

Im Jahr 1970 beginnt Fahrner, unterstützt durch das Legat zu Lebzeiten einer Mäzenin aus dem Freundeskreis, den privaten Druck seiner bereits bestehenden und künftigen „Stücke" zu planen. Mit dem Münchner Drucker Georg Aglassinger wird das Unternehmen in die Wege geleitet, bei dem die frühere, von Frank und Gemma Wolters-Thiersch entworfene Delfin-Letter zum Einsatz kommen sollte. Als erster Druck dieser Reihe – die später auf insgesamt neun Bände anwuchs – erschien das kurze Dramolett KAIHOSRAU, das noch im Handsatz gedruckt wurde. (Spätere Bände wurden aus Kostengründen im einfacheren Maschinensatz gedruckt.) Die Thematik des Stückes ist dem persischen Epos „Buch der Könige" von Firdausi entnommen, in welches Fahrner im Rahmen seiner Ritterstudien eingedrungen war. Entsprechend der persischen Mythologie geht es dabei um den Kampf zwischen der Dunkelwelt des Reiches von Turan und der Lichtwelt des Reiches von Iran. Kaihosrau ist der im Wald versteckte junge Sprössling des in Turan ermordeten iranischen Königssohnes Sijawusch, der die turanische Königstochter Ferengis geehelicht hatte. Von heimlichen Boten aufgespürt, wird KAIHOSRAU als ersehnter Held die Einigung des Dunkelreiches und des Lichtreiches vollbringen, die seinem Vater noch verwehrt war.

Stettler erhielt als einer der Ersten das neu entstandene und besonders schön gedruckte Werk, worauf er am 13.9.70 aus Montegrotto bei Padua schrieb:

„In der Ruhe meines hiesigen Kuraufenthaltes, der einer Woche Unesco in Venedig folgt, las ich Deinen so schön gedruckten KAIHOSRAU: eine Augenweide allein schon das Buch, für das ich Dir nochmals sehr herzlich danke! Du scheinst aus einem unerschöpflichen Born alter Königssagen zu schöpfen – <u>Dein</u> Morgenland, Effendi! Tugend und Tücke sind, genau geschieden, da- und dorthin verteilt. Liegt es an meinem westlichen Wesen, dass Piran meinem Herzen am nächsten ist? Und dass er Ferengis als Fürsprecherin hat? In seinem Monolog und dem vom Geist des Sijawusch enthüllten Schicksal gipfelt das Werk. Wie immer strich ich mir einzelne besonders geglückte Stellen an, etwa:

> Nach rache steht mein sinnen nicht, sie stillt
> Den trieb, doch zeitigt keine frucht, es sei
> Denn neue rache, wenn das blatt sich wendet.

> Des Ritters, der dem feind die treue hielt,
> Den wilden vater liess, dem thron entsagte
> Um seiner ehre einzig schönen thron?

> Es schmachtet trüb das land
> In finsteren widerspielen, wo sich recht
> Und unrecht glanzlos in den stricken winden,
> Des abgesunkenen getreibs, wo dasein
> Ein feiles spiel um enge süchte wird.

Oder das so wahre: ‚In stufen liegt das heil!‘, was die Heutigen nicht mehr wahrnehmen wollen. Eine gewisse Eigenart, die mir nicht so liegt, Dir aber teuer scheint und erwünschte Ballung ermöglicht, sind Worte wie ‚Einstamm‘, ‚Edelrücken‘, ‚Hochgestalt‘, aber sie gehören zu Deinem Stil, ich schrieb schon frühere Male davon. Auch frage ich mich, warum Du ‚Reichfeind‘ und ‚Rechtfeind‘, aber ‚Leben<u>s</u>herr‘ und ‚Königstücke‘ sagst?

Das Ganze ist sehr einheitlich und hochgestimmt. [...] Dass Du den Namen von Wolters an den Eingang setzest, hat mich besonders berührt.“

Die folgenden Monate bringen grosse Belastungen für Stettler: Am 8.11.70 schreibt er an Fahrner:

„Für Dein Lebenszeichen, wie für das frühere vom Herzen Dank! Dass von mir nichts kam, hat viele Gründe, deren wichtigster Dir Gemma gemeldet haben wird: der Tod Wilhelm Steins. Ein Lebensabschnitt, auch muss ich mich danach um vieles kümmern.

In Riggisberg hat der Schluss der Sommeröffnung den Beginn von Baulichem gebracht, manches ist zu entscheiden. Auch ist ein Bildband in Arbeit, der zur Wiedereröffnung erscheinen soll. Ferner soll nächstes Jahr ein erweiterter ‚Rat der Alten' herauskommen.

Der ‚Pro Helvetia', die ich auf Ende des Jahres verlasse, stifte ich ein Abschiedsgeschenk in Form einer nochmaligen Mittelerhöhung, die ich zurzeit bei den parlamentarischen Kommissionen durchfechte. („Du musst es dreimal sagen'.) [...]

Anfangs Dezember gehts zum letztenmal für Pro Helvetia auf Flug, nach Berlin, wo ich ihre Otto Meyer-Amden Ausstellung in den Neuen Nationalgalerie persönlich eröffnen will. Auch diese Rede muss noch geschrieben werden. Und vieles sonst!

Befinden: Rheuma+Trigeminus=Neuralgie, samt zu niederem Blutdruck, novemberlich schlecht. Dafür sind die vier Töchter in Hochform, tätig, blühend, elegant und verjüngt. Barbara, mit der ich am 6. Oktober in einem Berghaus voll Firneglanz Rückschau über 25 Jahre ehelicher Verbindung hielt, ist die Mitte, wie eh und je.

Grosse Freude machte uns der Besuch der beiden Meisterinnen des Bechers, der von ihnen recht eigentlich inauguriert worden ist. Des Stifters wurde gebührend gedacht! Und der [dazu geschenkte] Silberzweig mit den beiden Oliven und den zauberischen Blättern ist – und war in jenem Augenblick ganz besonders – vollends unausdeutbar. Ich würde jeden beneiden, der einen solchen besässe. Ihr wisst's, dass ich's schon immer mit dem Silber hatte..." *Dem Brief muss auch ein Jugendgedicht Stettlers beigelegen haben.*

Fahrner antwortet am 15.11.70:
„Dank für die ‚Jugendsünde' und allen lieben Bericht! Solche Sünden hättest Du eigentlich noch mehrere begehen können. Ich geniesse sehr die erlesenen und wieder – d.h. schon damals – so silbernen Vierzeiler! [...]

Zum Tod Wilhelm Steins reich ich Dir die Hand. Zu all Deinen schönen reichen Aufgaben begleit ich Dich mit Herzenswünschen, auch aller Mühsale mitgedenkend. In Berlin werd ich im Geiste mit dabei sein und wärs am liebsten leibhaftig: Dich und Deinen Maler zu bewundern! Fürs Befinden möcht ich Dir am liebsten in Deinem Raum und beim Stettlerhumpen einige Besserung zulachen!

Ich geniesse gerade sehr die Emeritierungswogen, in denen man als abgehender Löwe so herrlich brüllen kann!"

Zum Jahreswechsel sandte Fahrner dem Freund einen Auszug aus seinem neu entstandenen SPIEL DER KÜSSE als Manuskript zu, worauf Stettler am 8.2.71 erwidert:

„Leider bin ich mit aller Korrespondenz seit Beginn des neuen Jahres in Verzug, wofür ich um Verständnis bitte, auch für die Maschinenschrift dieses Briefes. Das hat mehrere Gründe. Der erste, zwingendste: das ganze Ortbühl und ich selbst wurden von einer Grippewelle heimgesucht. Dazu viele vordringliche Pflichten, die Übergabe des Präsidiums der Pro Helvetia an unseren früheren Aussenminister Spühler und die damit verbundene Liquidation, sowie Behandlung der vielen aufgestauten Forschungsprojekte, die ich in meiner neuen Eigenschaft als Mitglied des Nationalen Forschungsrates bearbeiten musste, da mein Vorgänger schon vor einigen Monaten ausgeschieden war. [...] So muss ich eine freie Woche in Locarno im Laufe des März abwarten, um zur Besinnung zu kommen. Ich werde dann auch sehen, ob ich die Rezension Eures sehr schönen Thiersch-Buches fertigbringe, die man von mir erwartet, und Dir für die drei Zwiegespräche richtig danken könne, mit denen Du mich zum Geburtstag so sehr erfreut hast und die eine besondere Blättertradition wieder aufleben lassen."

Fahrners SPIEL DER KÜSSE ist eine Sammlung von imaginären Zwiegesprächen zwischen Freunden, Gefährten und Liebenden beiderlei Geschlechts, die im Dialog aussprechen und feiern, was sie vereint. Unter den historischen, literarischen oder sagenhaften Paaren finden sich z.B. Alianor und ihre Tochter Marie, Winckelmann und sein Freund von Berg, Frederike und Wolfgang (von Goethe), Kaiserin Elisabeth und ihre Begleiterin Blanka, Stefan George und Hugo von Hofmannsthal, und Amandus und Fenk (aus der „Unsichtbaren Loge" von Jean Paul).

Am 5. März 1971 schreibt Stettler zu den drei übersandten Ausschnitten:
„Ein paar Tage Locarno zur Aufarbeitung von Pendenzen (Jahresbericht Pro Helvetia, mein letzter! Und, wie ich hoffe, auch ein paar Notizen zum Thiersch-Buch) lassen mich auch Briefschulden tilgen. Helles Licht über Palmen und verschneiten Bergen, aber grimmig kalt. Ging auch zum Grab [in Minusio]; ist für mich ein rechter Schicksalsort.

Heute will ich Dir für die wunderschöne Abschrift Deiner Stücke aus Deinem SPIEL DER KÜSSE danken, mit der du mich zum Geburtstag erfreut hast. So reizend auch die Schreiberinnen schreiben, Dichters Handschrift ist doch um ein Bebendes reicher. Am liebsten, inhaltlich, ist mir das mittlere Stück. Blankas Verse:

Ich war noch gar nicht auf der welt. Die bilder
Zogen an mir vorbei. Mir eins zu wählen
Sann ich mit dem ich leben geh. Jezt kam
Mehr als ein bild · ein bild in wirklichkeit
Und dringt mir in die seele · in den leib.

Und Elisabeths Replik:

                        Denk dir selbst
Wie schmal die pfade sind in diesem dschungel
Von hof · auf diesen herrschaftsgraten · die
Ich geh und gehen muss: die puppen tanzen
Menschen wie schlangen ringeln sich – gewinn!
Und welcher! ist die sorge. Macht ist alles...

Und der Schluss:

Jezt küss ich dich ein einziges mal · damit
Du weisst wie ich dich hab und dir gehöre
Dann sind wir täglich einig · doch getrennt
Die lippen –

Im [Dialog] STEFAN · HUGO möcht ich die Zeile vier vorschlagen wie folgt:

Kannst sehn <u>wie</u> ungewi<u>sse</u> schatten steigen
Und wo sie sinken in ein menschenlos

Was mir besser schiene als das etwas ungelenke:

Kannst sehn die ungewissen schatten steigen

Auf Seite 2 missfällt mir die Verkürzung:

Wir werden <u>des</u> wir haben nur gewiss
In einem zweiten der es hat und weiss

Schön dafür des Hugo ‚strömende Magie' am Schluss:

Der in die erde wie in wasser greift
Die edelsteine schöpft und perlen lässt
An seinen fingern · der den zeitengrund

Ausschöpfen kann: gestalten jeder tiefe
Sie warten nur ob du sie rufst · der berge
Und wälder · himmel · meere · untergang
Und aufgang der gestirne werden lässt
In strömender magie.

Wie wahr! – Alle drei Stücke habe ich hier wieder <u>laut</u> gelesen und mich am wohltuenden Fluss Deiner Verse gefreut, die ja innerhalb weniger Tage, fast Stunden entstanden sind. Bin gespannt auf das weitere Spiel! Als Dank, nicht als Gegengewicht, eine kleine, ja winzige Elegie, die ich neulich in meinen Papieren aufstöberte." *(Gedicht in der erhaltenen Korrespondenz nicht auffindbar.)*

Am 14.10.71 dankt Fahrner dem Freund für die ausführliche Besprechung des Buches über Paul Thiersch in der Neuen Zürcher Zeitung vom 15.8.71:
„Besonders genossen hab ich Deine Sätze und Wiedergaben über Thierschs ‚Bauen' in der Mitte der zweiten Spalte. Aber auch Dein bewusstes Tarnen des revolutionär-grandiosen und damit anstössigen [Wesens von Paul Thiersch] – wenn auch mit einiger Mühe."

Am 1.1.72 reagiert Stettler auf die Zusendung von Fahrners nun im privaten Druck erschienenem Stück LAUNCELOT:
„Am ersten Tag – ein Sonnentag – des neuen Jahres geht mein erfreuter Dank für das mir zugekommene Paket zu Dir, die delfinisch schön gedruckte Buchausgabe Deines LAUNCELOT, vermehrt durch das mich fesselnde Nachwort über den englischen Dichter Malory und das selbst poetische Inhaltsverzeichnis. Neu bewegt hat mich diesmal das Verhältnis Launcelots zu Ginever (‚bist gemme meiner welt'). Und überhaupt: wie viel von dir ist in diesem grossen Spiel einer unvergänglichen Welt!"

Am 11.8.72 bedankt sich Fahrner für das von Stettler zugesandte Buch „George-Tryptichon" (Düsseldorf, München 1972), das Stettlers Artikel zum Dichter und seiner Dichtung enthält:
„Herzensdank fürs Tryptichon! Schön dass man das jetzt alles versammelt hat zum immer wieder Nachlesen! Für mich ein Sondergenuss, <u>dem</u> nachzugehen, was <u>Du</u> an allem auffasstest und ihm Deine besondere, so starke eigene und lebendige Ansicht abgewinnst!
Im Garten hier [in Überlingen] steht seit kurzem ein kleiner Turm, mit der Garage nach der Strasse, dann zwei Räume drüber und übereinander: ein Kaminraum und ein Schlafraum mit Duschbad. Herrlich für mich zum Fürsich-

sein und zum Arbeiten. Auch für Gäste (erlesene) sehr geeignet. Du solltest ihn besichtigen und bewohnen!"

Stettler schreibt am 20.8.72:
„Nun bin ich in Riggisberg wieder täglich von Besuchen überlaufen: Eine Eremitage mit Fremdenverkehr. [...] Wenn es letztens kein Echo von mir gab, so weil mich der Nachlass von Wilhelm Stein in Atem hielt. Nun ist alles im Gang: Ein Nachlassband ist im Satz, gleichzeitig mit einem Sammelband von mir zu meinem 60. [‚Aare, Bär und Sterne‘], ferner ist eine Festschrift für Werner Abegg für 1973 vorzubereiten und ein Band unserer [Riggisberger] ‚Schriften‘. Reichlich arbeitsam, wie Du siehst! Habe eben den neuen grossen Offa-Band[141] auf dem Tisch, über dessen Erscheinen ich sehr erfreut bin. Und dass Deine ‚Ritter‘ gedeihen ist gut! Und der Urban-Band[142] auch! ‚Wie anders‘, schrieb mir vor Jahrzehnten Robert Boehringer, ‚könnten wir dartun, dass wir des Meisters sind, als indem wir etwas hervorbringen, was nicht gewöhnlich ist.‘ Ich meine, das gilt noch immer."

Zum 1. Januar 1973, Stettlers 60. Geburtstag, „entfloh" die ganze Familie nach Afrika, zu einer Gruppen-Safari. Fahrner schickt seinen Geburtstagsbrief am 27.12.1972:
„Da schicke ich Dir nun zu Deinem grossen Tag – denn gross ist es schon, so lange Jahrzehnte einer selbst zu bleiben und sich in so Vielem auszuwirken, in so Vieles einzuwirken – mein ganzes SPIEL DER KÜSSE, von dem Du drei Teile schon hast. Schick es Dir, obwohl die drei Stücke, wie mir schien, Dich noch nicht allzu sehr anmuteten. Vielleicht sprechen sie Dir mehr in ihrem ganzen Zusammenhang und vielleicht findet das Ganze zu Dir. Vorenthalten kann ich's Dir aber ohnehin nicht – da müsst ich's mit mir selbst tun – und so geb ich's hoffend und mutig auf den Weg, jedenfalls als ein dargebrachtes Zeichen meiner Nähe und meiner Dich und alles Deine umfassenden Freundeswünsche.

Dank für das entzückende ‚Studiosus‘-Blatt. [...] Und für das Geschenk der köstlichen Vorstellung, wie Du den ‚African Stettler Ladies Safari Club‘ durch die grosse Welt der Tiere führst, die ich nur ehedem in Kairo im Tiergarten besingen konnte – während wir durch das sonnenglänzende, ziemlich eisige Dezemberende dem Neuen Jahr und Deinem Neuen Jahr zueilen.

Hier soll morgen eine ganze Männerhorde einbrechen (manche schon heute), weil wir die 9. Szene aus dem LAUNCELOT, nämlich ‚Lamoraks Zelt‘ aufführen wollen und vielleicht auch, überraschend für die meisten, noch die 8. Szene ‚Am Waldquell‘, mit Freund Laurent [Gspann] als Artus und mir als Merlin – und alles diesmal <u>ohne</u> Masken, und statt dessen mit tollen, ganz verfremdenden Perücken, an denen die Kyria formt.

Erwarte also Deine Vorschläge zum Stettler-Humpen-Widder-Trinken und will im Stillen an Lamoraks kreisendem Sängerhumpen schon meine Voraustrünke auf Dich, den Freund und Sänger tun!"

Stettler antwortet am 16.1.73:
„Aus Afrika zurück, stehe ich einem solchen Turm von Geburtstagspost gegenüber, dass ich nur schnell und mit Maschine anfragen kann, ob Dir das Wochenende vom 17. Februar oder vom 10. März für einen Besuch im Ortbühl genehm wäre. [...] Vorerst aufrichtigen Dank für das nun vollständige SPIEL DER KÜSSE in so makelloser Schrift. Es wird mir ein Vergnügen sein, mich mit Dir darüber zu unterhalten, wie auch über die schöne Buchausgabe der ‚Spiele aus 1001 Nacht'." *Zur Jahreswende hatte Stettler dem Freund folgenden Vierzeiler geschickt:*

EPIPHANIE

Im banne dieser nacht an bleigewichten
Erscheint aus deinen traumgesichten
Der gott bestürzend · mittelmeerisch nah
Bestätigend dass wahr sei was geschah.

Am 14.1.73 dankt Fahrner für die Sendung von Stettlers Gedicht:
„Dank Dir sehr für die EPIPHANIE zur Jahreswende. Wie schön mitwissen zu dürfen, dass dieses geschah, und die Kraft dieser Siegelverse zu geniessen! [...] Das Unternehmen mit den neun Freunden, darunter sieben jüngere und jüngste, ist über Erwarten gelungen, so dass ich Lust hatte, überraschend noch als Merlin aufzutreten in der Szene mit Artus am Waldquell."

Zu Fahrners 70. Geburtstag schreibt Stettler am 15.12.1973, nachdem er die gedruckte Ausgabe des PERLENBAUMS erhalten hatte:
„Rechtzeitig schreibe ich Dir meinen Geburtstagsbrief, damit er bestimmt am 30. in Deinen Händen ist. Beide im Zeichen des Steinbocks geboren, bist Du mir fast um den Tag neun Jahre voraus – in unserem Alter nicht allzu viel, während es in der Jugend die Spanne einer Generation bedeuten kann. In unserem Fall bedeutet es, dass Du die sogenannte Belle Epoque noch in Deinen Kindheitserinnerungen bewahrst, während ich sie just noch mit der Muttermilch einsog. Für die heute Jungen ragen wir in mythische Vorzeit zurück... Dein Leben bewegte sich zwischen Deutschland, Mittelmeer und Nahem Osten, die schöpferische Spannung beider Pole prägt Dein Werk, wobei Deutschland im mittelalterlichen Sinne zu verstehen ist, Fränkisches

ist nahe (Fränkisches in jedem Betracht!), Österreich ist Deine Wiege, die grosse Monarchie, der Schauplatz heftiger Begegnungen zwischen Ost und West: In Dir, Effendi, umarmen sich die Heere… Durch die Sammlung der Abegg-Stiftung habe ich die unermessliche Wirkung erfahren, die Persien über Byzanz und das hellenistisch-koptische-ottomanische Ägypten auf das Abendland ausgeübt. Für Dich sind diese Ströme natürliche, lebendige Nahrung: Wenn einer, weisst Du vom Zauber, dem ‚fascino' des morgenländischen Traumes. Dafür zeugt erneut die sehr schöne Buchausgabe des PERLENBAUMS (welch ein Fund allein schon dieser Name!), in der ich mit Entzücken das Spiel wieder las:

Luft war da wie glas
Wie wein und manchmal seide, weich und still
Und reiherhälse tauchten in die flut
Wie wir in liebesnetze.

So gings mir als Deinem Leser! Wie liebe ich:

Jugend ist jugend wenn sie edel ist
Ein schimmerndes versprechen, und ein opfer…

Und jenen schon beim ersten Lesen wie eine Devise mir ins Herz gesenkten Vers:

Und alles was ich täte wär ein gruss
An unser neues licht.

Auch, jenem entsprechend;

… die innere krone
Der er verschworen ist zum leuchten bringen
Im gang der welt.

Neu, mir hochwillkommen ist in der Buchausgabe das geschichtliche Nachwort, wo mir sehr belehrend Dein Wort über das Mamlukentum[143] ist; aus dem auch deutlich wird, was Du als Dichter der Überlieferung hinzufügst, die Knappen, den Sufi, die Stille Botin… […]
Jedenfalls bin ich glücklich, diese schöne Spiel in der Ausgabe der Schreiberin und als Druck zu besitzen und danke Dir herzlich. Ich bin betrübt, dass ich Dir zu Deinem hohen Tag nur ein Werk der Gelehrsamkeit schicken kann

[?] und keines der Muse: die hält sich nicht an Termine! Wohl aber schickte mir gestern der 88-jährige Berner Maler Viktor Surbek (festgehalten in meinem Sammelband ‚Aare, Bär und Sterne') die nachfolgenden Verse, die ich für Dich hinschreibe:

Kannst Du mit mir den Urgedanken teilen
Dass Nicht-Gedachtes uns auch nicht bewege –
Wie eilig eine Welt um uns sich rege
Wir leben nur wo die Gedanken weilen.

Wenn zu dem Nahen die Gedanken eilen
Sind sie wie Schwalben in der Luft Gehege
Doch weder Raum noch Zeit die Fessel lege
Ans Ungeheure der Gedankenmeilen.

Um unsre Traumgebilde der Gedanken
Schling Liebesefeu immergrüne Ranken.

Die Schlussverse, Rudolf, erlaube mir als auch von mir Dir zum Geburtstag hinzureichen. Von Mürren aus, wo wir am 30. weilen, werde ich Deiner mit unseren Wünschen gedenken, und Barbara mit mir. Grüss Gemma, die Verehrte, von uns, gewiss wird Dir am See ein wahrer Festtag[144] bereitet! Halte es mit der Muse und mit dem Dichten, beglücke uns mit ihren Früchten:

… schon immer macht dein scherzen
Im ernsten kleid mich sängerisch verzückt!

Zum Schluss ein Wort der hoheitsvollen Shagarat:

Sei mit uns!
Und lass das trübende in dir verklingen
In neuem klang!

Es umarmt Dich Dein Michael."

Aus dem Jahr 1974 hat sich keine Korrespondenz erhalten. Zu Ende des Jahres muss Stettler sein neues Buch über Alexander Zschokkes George-Bildnisse[145] an Fahrner gesandt haben, während dieser am 30.12.74 dem Freund die erste kalligraphische Manuskript-Version seines neuesten Stückes schenkt:

„Zu Deinem Tage schicke ich Dir die ALIANOR mit dem Wunsch, dass sie mich Dir nahe bringen möge – und grosse Wünsche für Dich. […] Sehr dank ich Dir für Deine Nachrichten von Robert Boehringers Neunzigstem, von seiner letzten Zeit und von der Abschiedsfeier. Sehr auch für die Verse des Malers. Das sind mir sehr teure Erwiderungen.

Dein neues Zschokke-Buch hat mir schon in seiner äusseren Erscheinung grossen freudigen Eindruck gemacht. Da musst Du, mein ich, viel mitbewirkt haben. Den Umgang mit Dir darin und mit vielem Bewegendem hab ich schon begonnen und will ihn noch fortsetzten ehe ich mehr dazu sage. Derweil einen ersten Glückwunsch dazu und einen ersten Dank!"

Alianor, die „Königin der Troubadoure", war eine der herausragendsten Gestalten des europäischen Mittelalters, in deren langes Leben die vielfältigsten kulturellen und politischen Strömungen der Zeit einflossen und sich über alle heutigen nationalen Grenzen hinweg durchkreuzten. Als blutjunge Herzogin von Aquitanien brachte sie ihr Land und die Lebenslust des Südens in die erste Ehe mit dem französischen Thronfolger Ludwig VII. ein, nahm am Kreuzzug nach Konstantinopel, Antiochia und Jerusalem teil und liess sich mit dreissig Jahren von Ludwig scheiden. Durch die zweite Ehe mit dem 12 Jahre jüngeren Heinrich Plantagenet wurde sie Königin von England und der Normandie und Mutter des späteren „Richard Löwenherz", den sie, ebenso wie Heinrich, überleben sollte. Sie begegnete den grossen Figuren ihrer Zeit, wie Abt Suger, Abt Bernhard, Thomas Becket und Guillaume le Maréchal, und inspirierte Epiker und Dichter wie Geoffrey von Monmouth, Bernart Ventador, sowie (über ihre Tochter Marie von Champagne) Christian von Troyes. Fahrners Folge von zwölf erdichteten Szenen und Dialogen beruht auf eingehenden historischen Vorstudien[146] und hält ausschnittartig entscheidende Momente aus Alianors reichem Leben fest. In dichterisch imaginierten Szenen werden Vorgeschichte und Zusammenhänge wie in einem Hohlspiegel reflektiert. Die spätere gedruckte Ausgabe des Stücks wird Michael Stettler gewidmet sein.

Stettler bedankt sich am 5.1.75 mit einem Gedicht auf Japanpapier:
„Von Mürren herabgestiegen, wo wir zu den Thronen der Götter in leuchtender Bläue hinübersahen, durfte ich das Wunderwerk ALIANOR auf meinem Tisch entdecken, für das ich jetzt nicht in gebührender Form, nur in freudiger Regung mit dem Blättgen [sic] einer Reminiszenz aus Kyoto danken kann, später im Jahr mehr. Es bekümmert mich sehr, dass Du noch immer wenig wohl bist. Dazu meine besonderen Wünsche, und bedenke immer: ,Die Gottheit gibt Dir wo sie nimmt.'"

TEICH · KYOTO

Sieh mich treiben
Seerosenblatt
Untrennbar
Unrettbar
Dicht an dir
Zartheller Blüte
Spielend
Spiegelnd überm
Fosforgrünen
Nachtdunklen
Grund

Seinen ausführlichen Dank für ALIANOR sendet Stettler im Brief vom 21.2.75:

„Neuschnee auf unserem Älpchen, Sonne aus tiefblauem Himmel [...] – Ort und Stunde für die Lektüre von ALIANOR, dieser grossen Chronik aus Mono- und Dialogen vom Kaiser-, König-, Ritter- und Minnetum, in dem Du wie kein andrer mir Bekannter so ganz zuhause bist, und im westöstlichen und ostwestlichen Reich, dem ungeheuren Traum. Hab Dank für dieses Dein grosses Geburtstags- und Neujahrsgeschenk, das ich in seinem vollen Wert zu schätzen weiss und auch – nochmals sei's gesagt und bitte weitersagen! – im Wunderwerk der zauberhaften Nachschrift auf dem Zerkallbütten, jede Szene für sich eingefaltet, ebenbürtig jeglicher Buchmalerei von der Reichenau, sodass ihr Lesen nicht nur Geistes, auch Körpers Lust wird: Dank!

Zunächst, wie immer, möchte ich Dir (Szene für Szene) die mir besonders teuren Verse nennen, die ich mir beim Lesen so am Rande anzumerken pflege:

1. Frühe Werbung (Ludwig und Alianor):

> Die traurigkeit die sich im singen löst
> Ist halb so schlimm, lässt sich ertragen und
> Am ende steigt vielleicht ein jubelruf
> Auf das genossene auf aus dem verlust!

Wie wahr, wie oft erprobt!

> Du weisst, uns lehrt das herz mehr als es lernt.

Auch dies: wie immer wieder neu erfahren!

Hast du denn
An Mir was auszusetzen? – Nicht am wuchs!
Und sonst wird sichs ja zeigen.

Gut! Nicht gut find ich in der untersten Zeile das ‚zweifellos‘, schwer zu sagen
warum, doch es stört.

2. Abt Bernhard: (Bernhard und Alianor)

Ich hab mir gottesliebe immer
In menschenliebe eingesenkt gedacht

Ganz teil' ich Alianors Gedanken! Dann die Beschreibung von Frauenge-
schmeid und -gewand! Und Abt Bernhard:

Wenn es der satan ist der in ihr wohnt
Dann ist er mir noch nie so schön begegnet.

3. Amazonen: Sehr gelungene Szene!

Sagt nicht so viel. Wir wollens lieber leben
Aus freien stücken. Dann wird es gesungen
Und schliesslich auch codifiziert.

Wie haben wir das auch um und nach dem Meister erlebt! Dann die ‚Messung‘
des Hofes:

Und unserer dame auge könnte nicht
Den hof hier messen, diesen durch und durch
Schon ausgebildeten mit seinen formen
Den winken · regeln · stufungen · den fein
Gespielten lebenslisten · mit der pracht
Die würde gibt dem würdigen. Und könnte
Nicht scheiden das hier zu gewinnende
Von dem dabei zu meidenden.

4. Die schönen Wasser (Alianor und Raymond):

> Allein
> Da ist ein unterschied ob man ein ziel
> Ein unbedingt gewolltes noch erstrebt
> Ob man es hat und feiert. Wer ein ziel
> Nur fasst um neu zu planen läuft gefahr
> Dass ihm entgeht was er gewann, was er
> Gewonnen wähnte.

Nochmals, wie wahr, Effendi! […]

7. Der Dichter (Alianor und Bernart von Ventador):

> Du grausam süsse königin, den einen
> Den dichtertrost nimmst du mir nicht: du wirst
> Sie singen hören müssen meine lieder
> Die dich verschweigen und die nur dich meinen. (…)
> Weil alle sie dir bringen, singen, weil
> Die formen die ich klinge deine sind
> Der ich von deinem geist geformt bin. –
> Bernart,
> Du bist ein Erster! Freund, beginnender
> Du fängst ein Neues an.
> (Sie reicht ihm die hand zum kuss)

Gefällt mir!

8. Gefangenschaft (Alianor und Heinrich): Hier, wie schon vorher, frag ich
    mich, ob das Wort ‚Konkurrent' tragbar ist.

> ... da kamen alle
> Von nah und fern herbei und lebten leben
> Des sangs · der freude und der ritterlichen
> Beglückungen · im wettkampf und im streit
> Auf tod und leben · und im tode noch.

Ist wunderschön!

9. Der Ritter (Alianor und Guillaume le Maréchal):

> Und hast die höchste macht, die macht der liebe
> Zur meisterin des lebens eingesetzt.
> Da führtest du die paare süss zusammen
> Und sorgtest dass sie aus der trennung kräfte
> Entfalteten und in die höhe blühten
> Die nichterfüllung in der liebe liebend
> Und die erfüllung als ein frei geschenk
> In unverbrüchlichem geheimnis das
> Sie hüllte, auch im licht des hellen tags.

Nobel wie der ganze Guillaume überhaupt!

> Jung Richard hat das singen da gelernt
> Das wissen um den wert des dichtertums
> Des dichtergeists als lebensquell von allem!

How much do I agree!

10. Marie

> Auch der heilige Bernhard konnte
> Dem reiz nicht widerstehn: gedankenreiz
> Der aus den sinnen steigt.

Grossartige Formulierung!

> Auswahl allein kann menschenwesen fassen
> Und kann es über das gemeine heben
> Für die gewählten u n d die nichtgewählten!

Trotz allem Gerede gegen das Elitäre stimmt's halt doch immer noch!

> Wie auseinander sie entsprangen: Ostens
> Erlesene geburt und Westens antwort
> Und neugebild, rückwirkendes.

In solchen Verkürzungen bist Du ein Meister!

11. <u>Richard</u>. Eine vielleicht historisch überfrachtete Szene, in der Andeutungen und Namen sich so sehr auf dem Fusse folgen, dass der Nachvollzug schwierig, oder sagen wir, mühevoll wird. Ein Prunk von Wissen!

12. <u>Sterbelager</u>

> Und du lachst
> In hellem frohmut ihnen zu wenn geister
> Ihr festmahl halten.

> Ich sah die schöne
> Geballte kraft die auch in dunklem wirken
> Das lichte schafft.

Dieser Gedanke, der auch anderswo in ALIANOR vorkommt, ist sehr einleuchtend vorgestellt [...] Wiederum:

> Was vermag das dunkel
> Wenn sich aus ihm das licht gebären muss?

Das Ganze, Effendi, hat etwas von einem grossen Freskenzyklus. Besonders sprechen mich daraus an die Szenen 1. <u>Frühe Werbung</u>; 3. <u>Amazonen</u>; 4. <u>Die Schönen Wasser</u>; 6. <u>Weinlese</u>; (‚Du schrittest fürstlich so wie einer der / Die erde hat und nicht die erde ihn‘!); 9. <u>Der Ritter</u>. Ich bewundere, wie gesagt, die Dichte Deiner Sprache bei so komplizierten welthistorischen Vorgängen und Entscheidungen zwischen Morgen- und Abendland, die sich hier auf ganz wenige kämpfende und minnende Gestalten konzentrieren, aber so war es ja damals wohl. Ich fühle, wie Du in dieser Ritter- und Minnesängerwelt ganz heimisch bist und sie als einen Lebensreigen und Totentanz darstellst, der überzeitlich gültig bleibt, dabei den ganzen Kreuzritter- und Mittelalterzauber mit Gralserinnerungen behält.

> ... da sitzt ein sängervolk, ein traumvolk
> Das hat den trieb zum traum und traumeskraft!

Es macht mich glücklich, dass Du mich daran teilhaben lässt. Bei mir tropft das Gedichtete sehr viel seltener! Ob Ihr ALIANOR einmal darstellt? In Hin- und Widerrede lest? Die Form einer chronologischen Abfolge von Lebensaugenblicken ist neu bei Dir und ein schöner Fund! Jede Szene ist in sich geschlossen, wirkt vor und zurück; am Ende, in Fontevrault, schliesst sich ein

Kreis. Ein kostbarer Zuwachs zu meinen opera Rudolphi! Gemma hat Dir beim Dichten über die Schulter geschaut, immer wieder nehm ich sie wahr. Bitte grüsse sie von uns beiden, die hier in unsäglichem Glanz sitzen und die Sonne viel zu schnell ziehen sehn über blau-weiss-schrundigen Gletschern, verschneiten Tannen, Lawinengetöse, reinsten Konturen der Gipfel. Bald geht's wieder zutal, zum ‚Codifizieren'; oh Effendi, ist uns Spätgeborenen auch das unser Teil?"

Zu Weihnachten 1975 schickte Stettler dem Freund, handgeschrieben auf Büttenpapier, folgende drei Gedichte:

MINUSIO

Sie führt zu dir, die steile rebberggasse,
Zwei mauern zwischen trauben überm see,
Von westen schiebt die schwarze wolkenmasse
Sich dräuend her, was tut's? ducit ad te.

Wie zum gefährten einst der schüler eilte
Der eben noch, verzehrt vom trennungsweh,
An strofen mit dem einen namen feilte –
Sein weg ein einziger flug: duxit at te...

Und da der first, dein fenster, auch der garten –
So währt die knabenbangigkeit von eh
Sekundenlang im pochen und im warten?
Die glastür öffnet sich: ducit ad te.

VIRGINIA

Kavaliere fernher vom osten
Kehrten nimmer dorthin zurück,
Unvergleichlich galt ihnen zu kosten
Auf blauen bergen das neue glück.

Säulen schimmern an weisser rotunde,
Jugend im morgen schaut nicht zurück,
Stillt unsre alte sehrende wunde –
Auf blauen bergen ein ton von glück.

Wir aber ziehen durch schluchten und zeiten
Trauernd den einsamen weg zurück,
Immer wird unser sehnen begleiten
Auf blauen bergen ein ton von glück.

PARAFRASE
(Auf eine Sonettstrofe von Leopold Andrian)

„Noch immer hält sein bild mein herz gefangen"
Wie es einst atemraubend zu mir fand,
Noch spüre ich das jugendselige bangen
Wenn ich ihm wortlos gegenüberstand.

„Es sei gesagt dass ich ihn sehr begehrte"
Ob seine hand auch nie in meiner lag,
Mich jeder anblick mit dem pfeil versehrte,
So leicht und sicher schritt er durch den tag.

„Die lippen sein, sein haar, der flaum auf seinen wangen"
So knabenhaft und nur im traume mein –
Sie werden spät wie früh auf dieser langen
Gratwanderung mir stets im blute sein.

Fahrner antwortet darauf postwendend am 12.12.75:
   „Dank Dir gleich für Deine wunderschönen Verse, die ganz nah zu mir
dringen und für die liebste Widmung! Was gibt es süsseres, als wenn der
Dichterfreund in Versen zu mir spricht und mir die Bewegungen seiner Seele
schenkt und mir mitschwingen macht in ihren Rhythmen? MINUSIO hat mich
ganz hingenommen: Wie seh ich Dich und fühl mit Dir heut! dort! und wie
seh ich Dich und fühl mit Dir damals! dort! VIRGINIA: ein kostbares Rätsel und doch ist mir, als wüsst ich alles genau und wär mit drinne: ‚Auf
blauen bergen ein ton von glück.' Die PARAFRASE macht mich mitlieben,
den Traumnahen, und macht mich Dich lieben, der so liebt – als sei ich mit
auf der ‚Gratwanderung'.
   Magst den HORENGESANG als Weihnachtsgabe nehmen?
   Die Karte von Nymfenburg fand ich neulich und sie soll dich grüssen. Erinnerst Du Dich? Alle Wünsche zu den Festen und zur Sonnenumkehr Dir und
Barbara!"

Leise rauschenden regen auf dürstende fluren zu senken
Kommen wir dass er sich innig verbindet den krumen der erde.
Wolken scheinen wir, sind des äthers boten und gehen
Leicht in die bläue hinauf entschwindend droben doch wieder
Kehrend. Nach wirkendem lichte und brennenden strahlen den kühlen
Tränkenden tau wir bringen ihn nieder dass er an halmen
Und in der blätter mulden erfunkelt wenn sich das neue
Leuchten erhebt, dass die tiere ihn trinken die äsenden noch im
Dämmer, dass sich die frische den kindern der menschen von neuem
Schenkt den männern und frauen, dass abgewandte sich wieder
Wenden einander zu, dass tiefe gunst und die liebe
Siegend in glücklichen lebt, die trauernden löst und dass blüten
Zarte entspringen in lauten und gesten, blüten der seele.

Und wir führen herauf den wechselnden gang der gezeiten
Den die gestirne gebieten, und doch bedarfs zum gelingen
Unserer hände dass wuchs ein jedmal wieder entspringe
Dass er zur reife komme die früchte gedeihen und welke
Sorgt für stille und wuchs in ihr sich wieder bereite.
Und wir weben der grossen der alles schenkenden göttin
Festliches kleid aus blumen und düften und unsre hände
Kleiden sie wenn es die zeit ist und liegen auf ihrem gewande.
Und wir tanzen den tanz des lebens auf tragender erde
Und wir kehren uns hin wo immer im ring des geschehens ·
Eine lebensgestalt entsteht nach göttlichem willen.
Keine wird ohne uns denn wir nur wissen die rechte
Stunde und treten heran und bieten die helfenden hände.

Stettler antwortet am 1.1.76:
    „Am ersten Tag des Vierteljahrhunderts gehen meine Gedanken und Wünsche zu Dir, voller Hoffnung, ja Zuversicht, das neue Jahr werde für Dich ein helleres als das vergangene! Ich darf Dir danken für Deinen guten Brief vom 12. Dezember, Deine Anteilnahme an meinen ‚Versgen' (wie der junge Goethe sagte). VIRGINIA war ein Tropfen aus dem Honig unserer 30-tägigen Reise durch die Vereinigten Staaten, von Boston der Ostküste entlang hinab bis Washington, dann zu den Blue Ridge Mountains von Virginia, weiter nach Chicago und Californien bis hin zu Luzia, unserer Jüngsten, die bei San Francisco ein Schuljahr absolviert. MINUSIO hat noch eine

kleine Veränderung erfahren, ich meine eine Verdeutlichung, ich lege sie bei. [‚Wie zum ersehnten einst der schüler eilte‘]

Du hast mich mit Deinem GESANG DER HOREN beschenkt – darf ich vorwegnehmen, dass er mich hinsichtlich Schrift das überhaupt schönste Blatt dünkt, das ich je entgegennehmen durfte: makellos, den vibrierenden Rhythmus der Zeilen völlig visualisierend wie ein Ährenfeld, ‚geschwisterlich und alle gleich gerichtet‘ die Buchstaben und doch vom Atem der Muse als einer hauchzarten Brise ganz leicht geregt. Eine Augenweide, ich kann mich nicht sattsehen daran, ahne was ein solches letztes Gelingen an Arbeit, Hingabe, Disziplin voraussetzt und bitte Dich, der verehrten Schreiberin meine ganze restlose Bewunderung zu sagen für dieses unsäglich schöne und beglückende Geschenk – und meinen aufrichtigen Dank!

Dank gebührt Dir dem Dichter für diese volltönende, erst dem lauten Lesen sich ganz erschliessende Hymne, die die vier Elemente, Flora und Fauna umfasst, und das Menschenpaar im Gang der Gestirne und Gezeiten, und die allesschenkende Göttin und die Lebensgestalt in der Zeit, und ihrerseits ein Dank an die Schöpfung ist. Bisher kannte ich unter dem Titel der Horen nur das Gedicht von Mörike mit dem unendlich grossartigen onomatopoetischen Einsatz:

> Am langsamsten von allen Göttern wandeln wir,
> Mit Blätterkronen schön geschmückte schweigsame…

Bei Dir nun werden sie beredt zum ‚EINEN sonnigen Lobgesang‘. Wie recht hatte der Meister, uns zu raten, nicht mehr zu lernen als diesen![147] Sei also getrost, Effendi, und mit den Hausgenossinnen am See, den lieben, auch von Barbara herzlich umarmt.

P.S. Der Eislauf vor dem Schloss in Nymphenburg; Und ob ich mich erinnere? Der Kinderreigen, die helle leichte Luft. Alte unnennbare Tage! Ich bewahr die Karte als Votivbild auf!“

TEIL IV: 1976–1984

Zum 1.1.76 sandte Fahrner dem Freund eine Abschrift seines neuen Stückes KNAPPEN, das die Erziehung von jungen aus der turkmenischen Steppe rekrutierten Gefolgsleuten schildert – ein Vorgang, der für den Aufbau und den Bestand vieler islamischer Dynastien vom 11. bis zum 15. Jahrhundert (wie etwa der Samaniden, der Seldschuken und der Mamluken) von konstituierender Bedeutung war. Die Unterweisung geschah nicht nur im Reiten,

Kämpfen und in der Staatskunst, sondern auch im Dichten, Singen und Auslegen, was Fahrner ausschmückend hervorhebt, dabei sowohl historischer Figuren (Sabuktigin, Vater des späteren Sultans Mahmud von Ghazna) als auch erfundener Figuren (Singmeister Nuh und die Knappen) sich bedienend. Als besonders reiche Quelle diente ihm das in deutscher Übersetzung erschienene „Buch der Staatskunst" des 1092 ermordeten seldschukischen Grosswesirs Nizam al-Mulk.[148]

Stettler verdankte die Zusendung am 9.1.76 vorerst nur kurz mit einer Aufnahme aus „alten unnennbaren Tagen" (9.10.31), die Wilhelm Stein mit seinen „Knappen" Robert von Steiger und Michael Stettler in orientalisierendem Ambiente zeigt (Abbildung auf Seite 99). Fahrner antwortet am 27.1.76:
„Vielfach hast Du mich indessen beglückt: Mit Deinen Wunsch- und Hoffnungsworten für mein neues Jahr, die ich magisch in mir wirken lasse... Mit dem Schönen, eindringlich Nahen, das Du mir zum GESANG DER HOREN sagst – wie gerne hörte ich ihn einmal von Deiner Stimme! – und mit dem erlesenen Lob der Schreiberin. [...]
Und nun noch mit dem bestgezielten Knappendank, dem Bild der Drei, das mir ganz in Herz und Sinn dringt und mich das ‚Unnennbare' anschauen lässt. Ja, Freund, ist es nicht seltsam, dass man das Liebste, eigentlich Lebengründende, Zaubernde, nicht nennen kann? Du sagst es selbst auch von unserem Nymphenburg.
Auf Erwiderung sinnend, fand ich die Bilder von dreien der Plastiken,[149] in denen ich mich die Jahre durch versucht habe, und lege sie Dir zum Danke bei."

Am 22.3.76 folgt Stettlers ausführlicher Dankesbrief für die KNAPPEN aus Vevey, Hotel des Trois Couronnes:
„Es bedarf der alljährlichen Klausurwoche am Lac Léman, zwischen Vorfrühling und wieder Schnee, um Dir für das KNAPPEN-Stück zu danken, das Du mir in wieder makelfreier Abschrift zum Geburtstag sandtest: eine neue Perle im Geschmeide Deiner Werke im Ortbühl! Sei dafür gepriesen und aufs innigste bedankt! Mir scheint, es sei Dir hier etwas ganz Besonderes geglückt! Schon die 2'700 Seldschukenknappen auf der Personen-Seite machen mich träumen: Gewiss wär unter so vielen imagines eines für mich! Vielleicht Tughan fürwahr, der das Königsbuch zu dichten bekam. [...] Jeder der sieben Szenen hast Du etwas ganz Dir Eigenes mitzugeben vermocht. Das Rosseführen während eines ganzen Jahres, das Wundertier nie besteigen können, nur hie und da ein zarter Küssetausch! Ein Lenken, von ihm gelenkt! [...] Wie schön:

Und dienst ist wollust, grosser sinngetragner
Freiwillig dargebrachter, stolz empfangner.

Wie wahr!

<u>Nach dem Vorsingen</u>: ‚Dass sie kunst (…) noch fordern in der leidenschaft!' –
das gefällt mir! Schön, wie sich hier Tughan ankündigt, der sie alle (mit seiner
Singweise) schreckte, den wahren Herrscherblick erkannte, dem Glück traut,
das ihm zuteil werden wird!
<u>Singstunde</u>: das nenn ich Spiel!! Auch da wieder Tughan, der am weitesten
kommt, obgleich auch Ahmad nicht zu verachten ist:

> Rohr des schilfes
> Hilft es dem hirten zur flöte?

Und wie Nuh nach dem Falkenlied am Schluss auf das Liebeslied weist!
   <u>Botschaft bringen</u>: Das Mittelstück mit den zwei Edelsten, dem Fürsten
und dem erkorenen Erben; und wie <u>jener</u> über diesen nachsinnt: ‚Wie ist das
gekommen?' und <u>dieser</u> den Gehorsam <u>über</u> die freie Entscheidung stellt: ‚Er
ist mein zweites ich / Und wird vielleicht noch mehr.' Der Edlen Edelster.
   <u>Auslegung</u>: Wie hätte das dem Meister Vergnügen bereitet, wie hier das
Stirnband-Gedicht,[150] das herrliche, von den Knappen hin- und hergewendet
wird.

> Denn nicht wer recht hat mit der deutung lässt
> Sich am gedicht erweisen sondern wie wir
> In unsern augenblicken diesem text
> Dem wesen dieses dings am nächsten kommen.
> Heut gilts für uns. Und andre werden andres
> In diesen versen finden, morgen zeigen
> Sie andres auch uns selbst und machen uns
> Erstaunen, fragen, neu. Doch heute waren
> Wir ihnen nah.

Nicht ganz versteh ich die Zeile: ‚Das ihn verloren, <u>dem ihn</u> etwas nahm'!
Etwas nahm ihm den Glanz? So muss es ja wohl sein. Nicht sehr anschaulich.
   <u>Nach der Auslegung</u>: Sehr hübsch der Einsatz: ‚Glaubst du dem [Sing-
meister] Nuh? – Ich glaub ihm dass ers möchte'; und hübsch die Umstellung:
‚Ja, aber einem andern dass ich das beibringen könnte denk ich nicht'! Hin-

gegen stört mich das heut zum Überdruss verwendete Brecht'sche Mode-
wort ,verfremden'. Gut dann: ,Herausfordrung ist liebe' (Toynbees berühmtes
,challenge and response'): hier schliesst sich mit dem Falkenlied der Kreis,
nun kommt nach dem Dichten die Tat, das Siegen gegen die dumpfe Über-
macht, und aus ihm hervorgehend die Erwählung der zwei. Wie schön und
sinnvoll das Gewebe dieser Dichtung! und wie fein gesponnen zuvor! Erneut
wird mir bewusst, wie tief Du dem Nahen Osten verbunden bist, wie Du von
seinen Quellen getrunken und Dir auch Deine Sprache geschmiedet hast, um
jene ferne, noble Hochkultur zu beschwören. Zu jeder dieser sieben Szenen
könnte ich mir ihre Verbildlichung in einer Miniatur vorstellen. Reich hast Du
mich wieder beschenkt, ich hab' es dementsprechend gekostet, geschlürft
und genossen. [...]

Danke auch für die Bilder Deiner drei Skulpturen: Gemma, Offa und Urban,
aus 30 Jahren. Urban kannte ich nicht, Offas Bronzekopf ist in Marbach aufgestellt neben Claus und Berthold von Frank. Ein Denkmal für die drei und
den Bildner!

Im Minusio-Gedicht bitt ich Dich nochmals eine Verdeutlichung einzutra-
gen, es ist die letzte: In Strofe 2, Zeile 1 muss es schlicht heissen:

Wie zu dem Meister einst der schüler eilte

Soviel für heute. Ich fahre morgen heim, wo der Endspurt vor der Wiedereröffnung in Riggisberg meiner harrt."

*Vom Sommer und Herbst des Jahres haben sich keine Briefe erhalten. Am
1.12.76 dankt Fahrner für die Zusendung von Stettlers neuem Werk über
Bildnisse Stefan Georges[151] und geht zum Schluss auch auf den früher
erhaltenen Sammelband „Aare, Bär und Sterne" (1972) ein:*

„Gleich möcht ich Dir sehr herzlich für Dein schönes Buch danken und für
die Worte mit denen Du mirs zuwendetest. Über den Reichtum an Bildern,
Aussagen, Zeugnissen, Winken, den es enthält, hab ich grad erst ein paar mal
hingeblickt und Dich bewundert, wie Du so Vieles von vielen Seiten beleuch-
test, oft durchleuchtest, das Bedingte in seinem Verhältnis zum Unbedingten
und doch auch in seinem eignen Sinn erscheinen lässt!

Franks erstes George-Bildnis, das ich in dieser, wie Du meinst, frühen
Stufe noch gar nicht kannte, fiel mir gleich beim ersten Blättern in die Augen.
Wie gut, dass es wenigstens dieses Lichtbild davon gibt! Die Meister-Sta-
tuette war wirklich der Entwurf zu einem Denkmal, das im Hof des Binger
Hauses stehen sollte, der mit sehr schönen, grossen Steinplatten gepflastert
war. Wir haben den Standplatz damals, als das Haus der Stadt übergeben

und Gedenkstätte werden sollte, zusammen ausgesucht und ich war oft dabei bei der Arbeit am Entwurf.

Freudig begrüsst hab ich auch, wie schön Du Urban [Thiersch] eingefügt hast mit der sehr guten Abbildung! Bei Ludwig Thormaehlens Äusserungen über Georges Verhältnis zur bildenden Kunst fiel mir der abgründige Zorn des Meisters auf die Heckelschen Wandgemälde in Erfurt[152] ein, von dem ich einmal einen Ausbruch erlebte, und des Meisters Äusserung zu mir über sein distanziertes Verhältnis zur Malerei: ‚Wenn einmal gemalt wird, ist doch schon alles vorbei.' Nimm diese fliegenden Worte als erste Zeichen meiner Anteilnahme.

Grad bevor Deine neue Gabe kam, wollt ich Dir schreiben, von al-Ghazali gemahnt,[153] dass man Freundeslob nie zurückhalten sollte. Ich habe nämlich vor kurzem viel wieder in dem reichen Buch gelesen, das Du der Barbara gewidmet hast [‚Aare, Bär und Sterne']. Da hab ich Dich in Hellas, im Iran, in Russland, in Amerika, im Aare-Gau und wo nicht überall begegnet, oft sehr bewegt vom Geschilderten und immer und noch mehr von dem Schilderer! Was hast Du alles gesehen mit äusserem und innerem Auge und Dir eingegeistet und uns zugebracht! Sei hoch gelobt!"

Stettler antwortet im Dezember 1976 mit einer illustrierten Neujahrskarte:
„Dank, lieber Rudolf, für guten Brief und Echo auf meinen Bildnisband, der mir in der Tat nicht wenig Arbeit gemacht hat, umsomehr als Robert Boehringer seine finanzielle Vorsorge mit ‚Buchmesse 1976' befristet hatte und mich so noch postum zur Eile nötigte! Wichtig ist mir der Hinweis auf das geplante Denkmal im Hof des Hauses in Bingen! Die Erfurter Fresken konnten den Meister nicht erfreuen, ich nannte sie deshalb auch nicht. Mit herzlichen Neujahrswünschen verbinden Barbara und ich die Hoffnung, das annum LXXVII möge Dir lichter und leichter sein! Beiliegend noch ein Versgen (Abschied: Du weisst von wem)."

EIN ABSCHIED

Zum letzten mal der weg mit dir begangen ·
Zum letzten mal dein schritt im nächtigen kies ·
Warum nur fühlt ich tiefer nicht das bangen
Das alles ahnte · aber doch nicht dies?

Glyzienduft, versteinert lag die schwelle ·
Du wandtest dich auf ihr noch einmal um
Und hobst die hand · im auge war schon helle ·
Dein mund wie stets im abschiednehmen stumm.

140

Du zogst die tür · unwiederbringlich · leise...
Ich stand allein wie lange noch davor.
Wie glomm der see im silber seiner gleise –
Und ich im taumel rücklings aus dem tor.

Zum Jahreswechsel sendet Fahrner dem Freund die eben erschienene, privat gedruckte Ausgabe seines Dramoletts KNAPPEN und schreibt dazu am 29.12.76, für die Karte mit einer Vedute des alten Bern von Wilhelm Stettler (1643–1708) und zwei Beilagen dankend:

„Da muss ich meinen Wunschbrief zu Deinem Jahrestag mit lauter Danken beginnen: Für die kolorierte Tuschezeichnung des Ahnen ‚Zu Bern beim Spitz' mit dem dargestellten, so innig anmutenden Damals – für Deine sehr lieben Worte und Eure Wünsche daraufgeschrieben – für den goethischen Zauberbrief vom Stand mit dem Herzog auf der Tempelzinne, ihrem Erwägen des sich Hinabstürzens, ihrem Entschluss zum stufenweisen Abstieg ins bedingte Menschenlos, von ihrem Hinsinnen zu höherem Waltenden und ihrer entrückenden Vorbeseligung schon im Irdischen. Ich habe ihn sehr nacherlebt und Dich dabei so nahe gefühlt! Am meisten aber danke ich Dir für das Gedicht EIN ABSCHIED, das alles so schaubar und fühlbar macht: die Gestalt des Freundes und die Deine, die Gebärden der Abschiednehmenden und alles was zwischen ihnen hin- und widergeht, was mitwebt an diesem Augenblick und in ihnen mitschwingt. Die Verse sind auch so wunderschön gefügt in der Bilder- und Klangfolge, im Reichtum ihrer Schlichtheit, dass sie mich ganz beglücken.

Meine Gabe zu Deinem Tag, die ich heute als Drucksache absende, bringt Dir diesmal Bekanntes im neuen Druckkleide und mit einigen Besserungen, wie ich glauben möchte, die meist auf Deine Anregungen zurückgehen. Magst dies Stück einreihen in den Bestand, den bei Dir aufgehoben zu wissen mir so wohltut?"

Stettler antwortet am 29.1.77:

„Den ganzen Samstag sass ich über der Manuskript-Bereinigung von Carl J. Burckhardts ‚Lebenserfahrungen', die demnächst zum Verleger müssen. Morgen muss <u>ich</u> zu einem Sechzigsten in der Familie! Ich will Dir aber nicht zu spät meinen Dank für die schöne gedruckte Ausgabe der KNAPPEN sagen, mit der Du mich zum Geburtstag <u>erfreutest</u>! Nicht dass ich nicht nach wie vor mein Schriftwunderwerk desselben Gedichtes hochschätzte, aber es ist gut, wenn die KNAPPEN einen weiteren Kreis beglücken, und ausserdem hast Du zwei Szenen neu hinzugefügt, und zwar nahtlos und sinnvoll! Mit sehr hübschen spontanen Wendungen, als da etwa sind auf S. 48:

Ja, aber einem andern dass ich das
Beibringen könnte denk ich nicht. Und dir
Schon gar nicht.

Jezt willst du was ich dir nicht geb die liebes-
Erklärung. Aber ungesprochen hast
Sie jeden augenblick.

Hübsch auch auf S. 49 der Anklang an Saladin Schmitts ‚zart gereicht' aus
dessen Gedicht ERLEBNIS.[154] Und gut (eben da) der Ausdruck:

Als hätt ER uns hinaufgelehrt gleich alle
Mit singens lehre und gedichtverstehn?

Welch schöne Ballung! Dann liebe ich S. 51: ‚Herausfordrung ist liebe'! Das
englische ‚challenge': Wie wahr! Weiter liebe ich auf S. 52:

... weil er tat und wort
Wie's so schön heisst vereinen kann: als kämpfer
Gewaltig und im singen gross, ein stern.
Und wir sind stolz auf beide jeder grad
Und wechselweis.

Schön dann auf S. 57:

... da schossen helle starke flammen
Aus seinen augen zu den schwertesflammen
Die er da lohen liess.

Ganz Effendi! Der Schluss: ‚Und du bekommst das königsbuch zu dichten':
Ich sah das herrliche Königsbuch,[155] das im Metropolitan Museum vor wenigen Jahren ausgestellt war!
   Vorne hast Du gute Korrekturen vorgenommen! Durch die Änderung von
‚feuchten lippen' in ‚rosseslippe' hat es jetzt rasch hintereinander Rosseslippe, Rossesbeine und Rossehaupt, dann Rossetraum, Rosserücken und
Rossemähne, was vielleicht grad eins zuviel ist. Ich seh aber ein, warum Du
die ‚feuchten Lippen' so nah beim Mannesfreund ersetzen wolltest.
   Froh bin ich über die Berücksichtigung meiner damaligen Beanstan-
dung von ‚Das ihm verloren, <u>dem ihn etwas</u> nahm', indem es jetzt bei Nuh
heisst:

> Es heisst nicht etwa
> Dass ihm der glanz genommen wurde, nein
> Der glanz ist selbst gewichen wie die woge
> Wenn sie zuvor die ganzen mächte die
> Ihr innewohnen in das leuchtgefäss
> Der edlen bucht gespült. In versen winken
> Oft weither wort und wort einander zu.

Den Einbezug des Stirnbandgedichts aus den HÄNGENDEN GÄRTEN halte ich erneut für einen prächtigen Fund!

Wie wahr sagt der treffliche Nuh die Grenzen der Deutung, indem er auf den verborgenen Samen weist!

Dass Du die KNAPPEN in der neuen Ausgabe Urban und Olaf dedizierst, will mir gar sehr gefallen! Das ganze Spiel ist so recht ein ‚Staatsgedicht‘ nach unserem Sinn und hat zugleich die ganze Noblesse seldschukischer Prinzen: Ich seh sie alle ganz nah vor mir! Und im Nuh seh ich <u>Dich</u>! Herzliche Glückswünsche zu diesem geglückten Werk, das mir doppelt angeeignet ist. Von den weissen Leinenbänden[156] ist dies nun der vierte. [...] <u>Dank</u>!

Ich selber freue mich aufs Ortbühler Freiherrentum ab 1. Juli! Bis dahin viel Arbeit und Abschiedstrubel […]. In meinem Abschieds-Gedicht nimm bitte folgende Änderung vor in der zweitletzten Zeile:

> Wie glomm der see <u>vom</u> silber seiner gleise
> Und ich im taumel rücklings aus dem tor.

Das Schiff der heimkehrenden Argonauten machte mir Spass.[157] Es sind ja alle meine Freunde, der Vliess-tragende Jason bewohnte meine Fantasie von früh auf, Du weisst es von meinen Versen her und ihrem diesbezüglichen Titel.“

In seinem Brief vom 31.1.77 dankt Fahrner für Stettlers bejahende Worte zum neuen KNAPPEN-Druck, wünscht ihm Glück zu dem am 1. Juli beginnenden „Freiherrentum“ und kommt wieder auf die Überlieferung des 20. Juli 1944 und auf Claus von Stauffenberg zu sprechen:

„Peter Hoffmann, dem Alfred Stauffenberg offenbar sehr wichtige Briefe aus Lautlingen übergeben hat und der im Stefan George-Archiv alles durchforscht, drängt mich sehr zur Teilnahme an seinem geplanten Werk über die Brüder Stauffenberg. Ich war mit Eberhard Zeller bei einer Beratung in Stuttgart, an der ausser Peter Hoffmann auch sein Vater [Willhelm Hoffmann] und Theodor Pfizer teilnahmen. Ich versuche nun, besonders auch durch Wilhelm Hoffmann bewogen und um seiner willen, mit Eberhard Zeller gemeinsam durch vorsichtige Zugaben von Briefen und Dokumenten und durch Beratung beizutragen, dass dies Unternehmen auf möglichst Gutes hinausläuft. Peter Hoffmann hat sich wohl auch an Dich gewandt? Was denkst Du dazu?"

Nach einer Irlandreise zusammen mit Gemma schreibt Fahrner am 2.6.77:
„Hoffentlich hast Du unseren Kartengruss aus Irland erhalten. Wir hatten es schön bei geheimnisvollen alten Stätten und auf den Klippen am mächtigen Ozean. Eine Delfinherde fehlte nicht. Gestern sind wir gut auf Schweizerboden wieder niedergekommen und der wunderbare Nordost liess uns die Mündung der Töss in den jungen Rhein und die herrlichen Laubwälder in aller Klarheit geniessen. Und nicht minder schön empfing uns der heimatliche See und der Junigarten am Haus."

Stettler entgegnet gleich am 5.6.77:
„Ja, die Harfenkarte aus Irland hat uns gleich erreicht und sehr erfreut, innigen Dank für Euer Gedenken, und Freude, dass Ihr diese Reise unternommen habt! Und heil wieder gelandet seid! Barbara war inzwischen mit Sibyl zu kurzem Aufenthalt in Istanbul, zu Bosporus und Sonnenuntergängen, Hagia Sophia, Moscheen, Topkapi und Bazar, fand die Stadt aber staubig und [*unleserlich*] – entthronte Kapitale, wie sie mir vor ein paar Jahren auch erschienen war. Und doch, es sind ‚verstorbne wege von Byzanz...'[158]

Ich habe meinen letzten Riggisberger Monat angetreten, scheide am 1.Juli, wie Du weisst, aus der Abegg-Stiftung aus, die ich als lebensfähiges Institut, das ich konzipieren und aufbauen durfte, hinterlasse, gerne in den neuen Stand übertretend, da viele begonnene Aufgaben der Vollendung am Schreibtisch harren.

Zuerst aber geht's im Juli nach Griechenland, auf Yacht-Kreuzfahrt in die Ägäis mit Freunden, und anschliessend in der ersten Augusthälfte nach Mürren. Es ist also just die Zeit, die Du vorschlägst als eine Dir mögliche. Wie können aber an unseren Abmachungen leider nicht rücken und müssen darum die Reise an Euren See auf die Zeit nachher verschieben, wofür ich um gütiges Verständnis von Dir und Gemma bitten muss. Ich brauche jetzt diese Zäsur! [...]

Dass die Wünsche Deiner Freunde, die Dich stets begleiten, endlich etwas fruchteten und Du Dich endlich besser fühlen darfst, ist uns eine tiefe Genugtuung... Behalte Deinen Mut zu weiterem Tun und halte auch mir den Daumen zu gutem Vollbringen im neuen Aggregatszustand!"

Am 12.7.77 berichtet Fahrner von einem Aufenthalt in Berlin auf den Spuren von Frank und Claus und Berthold von Stauffenberg:

„Du schweifst in Hellas und ich schick Dir jeden Tag neuen Reisesegen! Ich bin mit Gemma einige Tage in Berlin, wo wir lange nicht waren und wo doch so viel von unserem Leben innewohnt: Meisterliches, Fränkisches, Berthold-Clausisches. Kannst Dir denken, mit welchen Gefühlen wir am Frühmorgen am Wannsee, dem noch stumm unterm lichten Himmel daliegenden, aus dem Zuge stiegen!
In der Reisenacht und am frühsten Reisemorgen kamen mir bei Sichelmond und strahlendem Morgenstern die beiliegenden Verse ein, die die wunderbare vorher erlebte Sommerzeit feiern wollten. Nun dachte ich mir aus, Dich mit diesem Gruss und den Versen bei Deiner Rückkehr zu empfangen." *Das beigelegte Gedicht war DAS GLÜCK VOM SOMMER 77 und ist wegen seiner Länge im Anhang (S. 202–205) abgedruckt.*

Eine Antwort Stettlers hat sich nicht erhalten – vielleicht weil vom 20.–22. August der verabredete Besuch von Stettler und Frau Barbara im Haus in Überlingen stattgefunden hat, anschliessend an ihre Griechenlandkreuzfahrt und ihren Aufenthalt in Mürren. Wie aus Fahrners Kalendereintragungen hervorgeht, drehten sich die Gespräche um die Griechenlandfahrt, um den kürzlich verstorbenen Robert Boehringer und um die Stefan George Stiftung. Stettler bekam auch die Emailarbeiten von Gemma Wolters-Thiersch zu sehen und besuchte mit ihr die Überlinger Galerie, in der die nächste Ausstellung vorbereitet wurde.

Am 26.8.77 schickt Fahrner aus seinem (geheim gehaltenen) „Refugium" in der Pfalz[159] frisch entstandene Verse zum Dank für Stettlers Besuch: „Es ist zwar immer gefährlich, so frisch Entstandenes vorzuweisen. Aber der Trieb Dich zu grüssen, Dir zu danken, dass Du da warst und <u>so</u> da warst ist so gross, dass ich es eben wage."

AN MICHAEL STETTLER

In Nymfenburg · du naher · hat's begonnen
Hat das herz der lieb uns ganz umsponnen
Dass der eine weiss des andern regen
Tief im sinn und auf den lebenswegen.

Hatten vordem uns schon sehr gefallen
Hatten freud an worten und an allen
Den gebärden die das meiste sagen
An der geste · an dem frohen wagen

Aber damals kam das andre zeichen
Dem wir · glaub ich · nimmermehr entweichen
Weil das anverwandte sich erkannte
Eine flamme in der andern brannte.

Und die ferne kann uns nimmer trennen
Jed begegnen ist ein neu erkennen
Dass der grund aus dem die leben stiegen
Gab den wuchs gradauf und ohne biegen

Dass die wipfel wenn die stämme schwanken
Sich begrüssen · wenn die suchgedanken
Neue bahnen gehen die lebensgeister
Doch verschwistert reigen um den Meister.

Und so hab ich jüngst dich neu gesehen
Wie im licht und in der winde wehen
Du den schritt · den gleichen hintertragen
Durch das nachten in das helle tagen.

In diesem Brief kündet Fahrner dem Freund auch den bevorstehenden Druck der ALIANOR als private Buchausgabe an und fragt ihn, ob er ihm das Werk widmen dürfe. Die Antwort Stettlers ist verloren gegangen. Am 23.10.77 schickt Fahrner dem Freund das erste Exemplar der gedruckten Ausgabe zu:

„Das erste Stück der ALIANOR, die nun, stolz mit mir, Deinen Namen trägt, kommt zu Dir. Sie ist gerade zu Gemmas 70. Geburtstag eingetroffen. [...] Das Feiern geht nun schon die ganze Woche hindurch und wir sind's noch nicht müde. Deiner und Barbaras wird bei vielen Trünken gedacht.

Von Marokko, wo ich bei Freund Stefano Bianca war, bin ich mit vielen glücklichen Erlebnissen und Ergebnissen gut zurückgekehrt. Der Freund hat mit seinem eigenen hinreissend schönen Haus (wie dachte ich Deiner zwischen den hohen Hofwänden nah dem „redenden Brunnen" unter der blühenden Jasminlaube bei den Zitronenbäumen!) und mit seinen Taten für Alt-Fes mich sehr gebannt, und die Pläne zur Gründung einer grossen islamischen Universität in Mekka – er ist in der vorbereitenden Kommission – haben uns sehr beschäftigt.

Berauschend das mächtige Leben in der Altstadt, die anderen schön-besonderen Städte, die Eukalyptuswälder, Öl- und Orangenhaine grösster Weite, das tollste Wogenbad an einem wahren Wunderstrand am mächtigen Ozean und die königlichen Zedernwälder im Mittleren Atlas. Berauschend auch der ganz begnadete Rückflug, den ich Dir noch in Versen[160] schildern werde."

Auf einen nicht aufgefundenen Brief Stettlers (der seinen Dank für die gedruckte, ihm gewidmete Ausgabe der ALIANOR enthalten haben muss) antwortet Fahrner am 17.11.77 von einer Reise, „noch am Mittelrhein":
„Eben erst erhielt ich Deinen beglückenden Brief vom 9.11. Ich war auf einer Art Goetheschen ‚Harzreise im Winter', wo auch niemand wissen durfte wo ich war und was ich tat, damit manches gelänge. Jetzt ist hier noch einiges zu ergreifen – dann kehr ich am 24.11. an den See zurück.

Dass Du den ALIANOR-Druck <u>so</u> aufgenommen hast macht ihn mir zum Schatz und Dich zum Schatzmeister: Grosses Glück! Nun soll er mit Deinem Namen an der Stirne dahinprangen.

Zu dem Freundestod[161] und zur Barbarasorge reich' ich Dir die Hand. Möge sie alles bald und gut überstehen, <u>Unsere Bewaffnende!</u> Und gefeit sein! Ansonsten, Freund, sind wir ja in den Jahren ringsum wachsender Verluste und müssen uns aufs Ertragen rüsten. Ich zitier ein einfaches Liedchen: ‚Gott erhalt Dich mir! Und Gott erhalt uns beide!'

Sehr gern hör ich, dass Du Deine Erinnerungen an Robert Boehringer zu schreiben begonnen hast – <u>sehr</u> gern von Euren ‚Vorhöfen zum Paradies' [in der Toskana], die mich Deine schöne Karte schon vorahnen liessen. Stefano ist beim Abschluss seiner Aufgabe und wird voraussichtlich nur bis Ende Februar in Fes bleiben. Hab Dir nicht Unwichtiges von ihm zu erzählen – die beiliegenden Verse[162] an ihn mögen Dir einen Vorgeschmack davon geben."

Zum Jahreswechsel 1977/78 muss Stettler dem Freund seinen neuen Privatdruck von sieben Gedichten unter dem Titel LÄUTERUNG zugesandt haben, die später als Gruppe im Sammelband „Die Rose blüht auch ohne uns" (Bern 1993) öffentlich erschienen sind. Der begleitende Brief Stettlers hat sich nicht gefunden. Doch muss er darin von einer Handvoll Gedichte (dialektal „Hämpfeli") geschrieben haben und auch eine Reise nach Kairo zum Besuch des dortigen Schweizer Institutes für Bauforschung angekündigt haben. Hier seien zwei Gedichte aus dem „Hämpfeli" wiedergegeben:

LÄUTERUNG

Die spät sich unterm selben stern getroffen –
Dass wir dereinst einander nicht gekannt
Wo strahl um strahl mit unerhörtem hoffen
Den schattenblick der knaben übermannt!

Wie hätten wir gemeinsam in den langen
Nachmittagstunden uns am fluss versäumt,
Uns auf dem heimweg ahnungsvoll befangen
Geheimnis anvertraut das wir erträumt..

Du kniender trugst den kranz – und ich erkenne:
Was uns an früher seligkeit entging
Und was ich heute dankbar unser nenne
War läuterung im ewigen liebesring.

BRUDER

Die wahrheit wird mich tag für tag erschrecken:
Wo war ich als du märtyrer mich riefst?
Noch seh ich uns, wie ohne dich zu wecken
Ich dir zur seite lag indes du schliefst..

Das linnen war vom leibe dir geglitten,
Du atmetest, ein gott, im morgenlicht,
Da hattest du noch nicht den stoss erlitten –
War ich dein bruder oder war es nicht?

Bald wird es mich zur dunklen strömung treiben
Wo längst der nachen dich von mir getrennt...
Was ich an dir verbrach: die qual wird bleiben
Bis sich mein blick in deinem wiederkennt.

Fahrner erwiderte vorerst am 25.12.77:

„Gestern Abend öffnete ich Deinen ersten Umschlag und fand Deine
neuen Verse: Schön und reich und ganz in Deiner Eigenart geformt, ja auch
mit dichterischen ‚Listen', beglückenden, besonders in der um die Siegelverse
vermehrten letzten Strofe. Wie gerne höre ich vom Glück! Der ABSCHIED ist
schneidend, auch geht es mir wieder wie schon bei manchen Deiner Verse, die
Ähnliches gestalten: dass ich staune, wie viel Du schauen, ertragen, ermessen
kannst und doch der Klare und Heitere bleibst – ein ‚serenus'! Sonderdank für
die Schönschrift! Dass mir die Reize der vorangestellten drei Zeilen entgan-
gen seien, wirst Du nicht denken.

Vergleichend wage ich zu sagen: Dieses neue scheint mir das bisher
schönste von Deinen „Verhängnis"-Gedichten.

Was ich Dir zum 1.1.78 schicke – alle drei Stücke – will um Deine Teilnahme werben für Formen und Inhalte. Magst hören?" *Was mit den „drei Stücken" gemeint war, ist nicht ersichtlich.*

Am 16.2.78 schreibt Fahrner ausführlicher:
„Nun kommt mein Dank für die LÄUTERUNG. Das ist gar nicht nur ein „Hämpfeli". Die vertrauten Versen schliessen sich zusammen und zeigen im Verein mit den neuen erschütternd „dass keine Brücke über den Abgrund führt." *[Das Wort, das Stettler als Motto des Privatdruckes gebraucht hatte.]* Neu sind mir BRUDER, LÄUTERUNG und BALD.

Der BRUDER hat mich sehr ergriffen: Dass Du, der in so glattgeschmiedeter Brünne gehst, auch ein Solches erleben musstest! Kann denn keiner, der den Liebesgang geht, ohne ein solches bitteres Versagen seiner selbst bleiben, das er immer mittragen muss? Die LÄUTERUNG gibt das Thema und hat etwas wunderbar Tröstliches, das auch das in BRUDER geschilderte Los mit umfängt. Und <u>wie</u> mich das bezaubert:

> Wie hätten wir gemeinsam in den langen
> Nachmittagstunden uns am fluss versäumt

Wenn Du es so sagen kannst, ist es dann nicht wirklich geschehen?
BALD hat mich erschreckt und hingerissen zugleich, wie Du die dunklen Profezeiungen – und sie stehen ja nicht hier in diesem Gedicht – einschmilzest in die bezaubernde Heiterkeit Deines Gedichts!

> Und so hab ich jüngst dich neu gesehen
> Wie im licht und in der winde wehen
> Du den schritt · den gleichen, hingetragen
> Durch das nachten in das helle tagen.

Wie mag es am Nil gewesen sein? Begierig auf ein kleines Zeichen davon! […]
Gemma hat zum 70. Geburtstag einen neuen Brennofen bekommen, den wir neulich – alle Spender jeder ein kleines Glaswerkchen schmelzend – und mit einem neuen Versspiel eingeweiht haben. Sie arbeitet sehr fleissig an neuen, mir dünkt, sehr schönen Dingen, noch für die Ausstellung. Also am 16. Juni!" *Zu diesem Datum sollte Gemmas Werkschau in Überlingen, die ursprünglich zu ihrem Geburtstag am 17. Oktober 1977 geplant war, eröffnet werden.*

Am 3.8.78 schreibt Fahrner, auf eine verlorengegangene Botschaft antwortend:

„Heimkehrend fand ich Dein teures Kärtchen, das mich beglückt: durch sein nahes Widertönen auf die Dichterstrofe [?] und durch sein herzbewegendes Vortönen ins Künftige! – fand das gar nicht ‚winzige‘ sondern im Gehalt grosse, ja mächtige opus über die ‚Novelle Winkelmann‘,[163] das zum andern so ganz dazugehört – fand, nicht neugesandt, aber zu neuer Lektüre von mir vorbereitet, Deine ‚Erinnerung an Stefan George zum 25. Todestag‘[164] auf meinem Schreibtisch: Ein <u>wie</u> verwandtes und <u>wie</u> tief eindringendes Grossgemälde! Ich war einige Tage ganz eingetaucht in das Dich-Lesen, Dir Zusinnen. […] Herrlich Dein Hofmannsthal-Zitat am Schluss der Erinnerung. Ich kannte es zwar früher, war mir aber ganz entsunken."

Am 8.8.78 dankt Fahrner für eine mitgeteilte „Äusserung des Meisters" [?] *und fährt fort:* „Und da wir bei Knaben sind: Ich möchte Dir ein paar Verse beilegen, die den Jung-Poëten betreffen, als Dank dafür, dass Du sein Erscheinen so schön begrüsst hast" [*Verse nicht aufgefunden*]. *Bei dem „Jung-Poëten" handelt es sich um einen an Fahrners Zweitwohnsitz in der Pfalz aufgetauchten jungen Dichter, den Fahrner betreute. Stettler sendet, Ende August, mit Dank für die „Junge Erscheinung" einen neuen Vierzeiler:*

BOTE

Bronzener schwimmer am strand
Leih mir die muschel: zu lauschen
Ewiger wiederkehr rauschen
Über versunkenem land.

Am 3.9.78 schreibt Fahrner aus Amalfi:

„Zum Dank für Deinen schönen, so ganz Deinigen, verhalten glühenden Vierzeiler möchte ich Dir gleich beim frohen Empfang zurufen: ‚Ave sanctum oleum‘: ich meine das heilige Öllaub, den Schmuck der Sieger bei den musischen Wettkämpfen am Alpheios."

Stettler erwidert am 12.9.78 aus dem Ortbühl:

„Dank, Effendi, für den Gruss aus dem geliebten Amalfi (einer meiner Ischia-Freunde heisst Amalfitano!). Der halb maurische Kreuzgang dort! Und erst Ravello darüber – die Löwenkanzel, die Villen Ruffolo and Cimbrone! All das kenne ich nah. Hier mein Vers mit zwei Retouchen,[165] die nachträglich kamen. Dank auch für Deine schöne Anteilnahme daran!"

Am 30.11.78 sendet Stettler eine Karte aus Locarno: „San Quirico überm See: Da ging ich mit dem Meister vor 47 Jahren... Hab Olafs schönes Buch[166] mit am See, der silbern unter kupfergoldenen, oben weissen Bergen leuchtet unter tiefblauem Himmel [...] Hier ein Zweiglein vom Grab in Minüs, brachs Franks gedenkend, Gemmas, Deiner."

Zu Fahrners 75. Geburtstag am 30.12.78 sendet Stettler einen (verloren gegangenen) Brief und folgenden persönlichen Spruch:

ATLANTIS

Versunkner Insel zeuge · lauscher · späher:
Dass sie in deinen versen leuchtend da ist ·
Die schaumgeborne selber lächelnd nah ist
Komm · sei umarmt · Effendi! nein · noch näher!

Der nicht aufgefundene Geburtstagsbrief Stettlers von Ende Dezember 1978 muss auch von Fahrners neu entstandener Übersetzung des 16. Gesangs der Odyssee[167] gehandelt haben, die dieser ihm wohl zum Jahreswechsel zugesandt hatte. Fahrners Antwort vom 6.1.79 ist erhalten:
„Dein von allen Seiten und nach allen Seiten mitwissendes, mitfühlendes Homerlob des 16. Gesangs war mir eine rechte Wonne, und der Gemma auch. Bin wieder in der süssen Lage, Dein Loben loben zu müssen mit grossem Dank! Was wäre alles, worum man sich müht, wenn es nicht eine mitlebende und dazu sprechende Seele fände?!

Mein Fest lief nicht hier ab, vielmehr bei Urban in der Schönau – ich dacht ich hätte Dir den Plan geschrieben – mit einigen ausgewählten Mitgebrachten. Es gab eine sehr schöne Aufführung dreier Szenen aus der ALIANOR mit Gemma in selbstgemachter jugendlicher Maske als herrliche Königin und zwei ,neuen' Jungen – der eine als Heinrich Plantagenet, der 18-jährige Werber und dann der reife König, der andre als ganz dichterischer Bernhart von Ventador. Und ausser Deinem süssesten Spruch reichten mir nicht weniger als vier Poëten von nah und fern ihre Versgaben und Widmungen, sodass wir – mich eingerechnet – unser sechs Miteinanderpoëten waren! Und Gemma hat mir zuletzt ihre kostbar schöne [Alianor-] Maske noch – als siebte – mit einem köstlichen Hexameter gewidmet. Manchmal kommt mir unser Nachmittag wie ein rechter Vormittag vor!

Den ,Zauber des Zelts' hab ich auch gelesen,[168] von manchem sehr bewegt, in dem sich offenkundig Damaliges und sehr expressiv ausspricht, von manchem mit Grausen heimgesucht, wie es immer bei diesem Halbgenie war. Der üble ‚Paulus' aus Amsterdam[169] – ich mag den sogenannten Heiligen Paulus gar nicht leiden und halte den auch für den schlimmsten Usurpator eines Verhältnisses zu Jesus, den er gar nicht kannte! – hat ja sorgsam verschwiegen, woher er dieses Zeugnis hat.

Dank, dass Du mir Eure Festgemeinschaft von den Gründungseltern bis zum blauäugigen Enkel mit seiner Mutter und den Geschwistern – die eine aus Indien herüberschauend – so mit kurzem Pinselstrichen hingemalt hast. Wie mag sie sich am 1.1.79 fortgesetzt haben? Ich wünschte zu Euch allen hinüber, zur Bewaffnenden mit ganz besonderen Wünschen und Grüssen, zu Dir mit dem ganzen Herzen, das sein Gedenken immerzu fortsetzt!

P.S. Hast [Du] meinen Brief von der Schönau vom Morgen des 30.12. bekommen?"

Am 30.12.78 hatte Fahrner dem Freund neben Geburtstagswünschen eine ganze Reihe neu entstandener Gedichte gesandt, darunter LEBENSGESTALTEN IN GEMMAS KUNST, das sich auf die Überlinger Ausstellung von Emailwerken seiner Lebensgefährtin bezog, sowie KRÄNZE (s. Anhang, S. 205) und INSELABEND.[170] In den LEBENSGESTALTEN werden mythische Figuren aus der Sage oder aus der Literatur, wie Hofmannsthals „Frau ohne Schatten", Orfeus, Sappho, Merlin und Chyser, vergegenwärtigt. Hier einige Auszüge aus dem längeren Gedicht:

> Scheinen die schatten nicht auf der totenwiese
> Wo der Asfodelos grüsst die kommenden · leuchtet
> Denen die weilen am dunklen strome? sie knien
> Sitzen · liegen und stehn und gebaren sich ganz nach
> Ihrem lose und zeigen es an in gebärden
> Paare und einzelne wesen · und wehende sage
> Wird aus dem tun das sie tun · umringt von den armen
> Des umgleitenden stroms.
>
> Oh · fährt sie nicht schlafend
> Schön im nächsten gebild im gewobenen kahne
> Liegend durch das gewobene schilf die verhüllte
> Frau?
>
> Doch Die ohne schatten wandelt in schwarz und
> Weiss geschnitten dahin durch ihre geschicke:
> Amme und mächtiger vogel und spiegel und brücke ·
> Ungeborene auch · den sitzenden grossen
> Lebensspender umdrängend sind die geleiter

Ihres weges. Und wenn sich die lose versöhnen
Fährt auch sie im kahn · doch durch felsige hohe
Ufer · schlafend die bahn zu ihrer verwandlung [...]

Und grün im grünenden leuchten
Und das wasser · das blaue · vom kruge entströmen
Lassend steht am quell der unsterbliche Chyser ·
Und du weisst es mit einmal wer leben und leben
Neu · ein unerschöpfliches · giesst in die seelen.

Hast du gewusst dass gestalten des lebens in farben
Treten können im schmelz des glases · in drähte
Die die farbigen flüsse umzäunen · in mulden
Draus das bare metall sich wölbt und in formen
Denen erinnerung nur an wirklichkeiten
Haftet an und wieder entgleitet im schauen
Dinge · netze · und ruder · die tulpenkelche?
Dass der regen · der baum · die wände der häuser ·
Insel und wolke und teich und dunklige meerflut
Nur wie schleier vors aug dir ziehn · doch sprechen
Schweigend in formgebärden und farben?

Stettler bedankt sich am 6.1.79:

Es ist <u>an mir</u>, zu danken: für Deinen Dank und für Deine reiche dichterische Bescherung zu meinem Geburtstag! Du selbst sandtest mir die rote Mappe mit dem Dreierzyklus von Deiner Hand geschrieben, die ‚Schreibende Hand‘ eine weisse mit Deinen ‚Anatolischen Versen‘, ein kalligraphisches Wunderwerk! Der Augenblick ist gekommen, bei meinem Buchbinder einen dritten marmorierten Schuber mit goldgeprägtem Rücken zu bestellen! <u>Dank</u>! Wie gross und reich ist Deine Produktivität! Die drei Langzeilenstücke spiegeln Dein Leben im Sommer und Herbst am See, im Burggeländ, am Meer. Die LEBENSGESTALTEN brachten mir Gemmas Ausstellung – unvergessen! – wieder ganz nah, machen deutlich, wie dichterisch der Ursprung ist, aus dem sie schafft. Am tiefsten berührt mich der Vers:

Doch dass Merlin zweimal erscheint am waldquell (...)
Lässt dich sinnen und fragen was er an botschaft
Zweimal gebracht? ob er löse die weltentrauer
Sinkenden heils?

Unsere Situation! – Bei den KRÄNZEN verweilte ich lang, sinnend über den Versen:

> Und voller waldesprunk von unten grüsste
> Herauf · von sonnenstrahlen angeflammt
> Die hinter uns die schattenmauer querten
> Hoch aus dem himmel sinkend und noch tiefer
> Uns fühlen liessen unser schattenglück.

Und am INSELABEND beglückten mich besonders:

> Und in den letzten scheinen begab sich
> Rings um die himmel der wolkengestalten
> Letztes werden und gehen. Sie krönten sich wissend
> Dass ihr schwinden sie heben werde ins unver-
> Gängliche. Aber der welten-
> Zaubernde ball des lichtes
> Sank dahin und hinab – der sand ward
> Kalt – und liess eine welt erblassen
> Zaubernd schon eine neue in neue gefilde
> Ziehend mächtigen wandels.

Wie schön und rein ist Dir dies gelungen! Von Trauer des fliegenden Augenblicks überglänzt, aber in Schweben gehalten durch die Bannung im Vers!

Die ‚Anatolische Verse' versetzten mich um ein Vierteljahrhundert zurück, als diese und ‚Syrisch gesungene' mich von drüben erreichten![171] Sie sind jung geblieben im NEUEN GANG:

> Im schreiten hörst du schon den neuen ton
> Und was er wirkend sang das warst du schon

Einiges ist mir neu: VORSPRUCH, DUNKLES LEBEN, SCHIFFSBURG, STERN-RITTER und WUNDER.

Bei mir bekannten freuten mich kleine Retouchen, so im Gedicht ‚Warum wir manchmal nach dem tod uns sehnen' die letzte Zeilen:

> Wie kommt in tränen über deins und meines
> Dich mitten doch ein süsses lachen an?

Gegenüber ‚siegend lachen' in der Urschrift eine Verbesserung! Das Gedicht ist übrigens eine Variation auf Bernhard Uxkulls ‚Warum die götter erst den mond vertreiben'.[172] [...]

Hübsch in SAFRAN das austriakische ‚Liebesmaut', und in ABENDGEDAN-KEN:

> Räume so weit
> Die du nicht ränderst

Schön kühn! Das SCHWARZMEER hat etwas von den Meisterlichen HYMNEN! Fatal ist mir in ‚Als das Wunder kam' die Verkürzung: ‚Und im trauend bauen', Herr Professor! Sehr geheimnisvoll das Schlussgedicht WER IST'S? Etwas davon versuchte ich, in meinem Gedicht WER einzufangen.

Genug der Schulmeisterei! Nimms als Teilnahme an Deinem Dichten! Die ‚Anatolischen Verse' in dieser Gestalt zu besitzen, macht mich glücklich; sie reihen sich vor die SPIELE und die ITHAKA-ERNTE, lebendig quellend und sprudelnd. Alles besitze ich in Deiner oder der Schreiberin[173] Hand, was im Zusammenhang zu sehen, wie ich's eben dieser Tage wieder tat, unglaub-lich reizend und stimulierend ist! Und über dem Ganzen liegt Zauber des Orients und Glanz des Inselmeers, dazwischen manchmal was Deutsches wie KRÄNZE oder das SCHLOSS IM SCHNEE – ti ricordi? Das Ganze: la tua vita. Hab Dank, dass ich es auf diesen teuren Blättern alles teilen darf."

Fahrner freut sich über Stettlers Brief, fragt aber am 11.1.79, ob der Freund das „Deutsche" in ihm nicht zu gering veranschlage: „Dein Aufnehmen und Dein Lob der Verse hab ich tief genossen – nicht minder Deine Ermah-nungen bei den anatolischen Versen! Du bist ein sehr guter Merker! Und wie ich das [Nymphenburger] Schloss im Schnee erinnere!! Aber kannst Du sagen, dass mir manchmal was Deutsches dazwischenkäme, wenn Du an die SOMMERHÖHE, and das GLÜCK VOM SOMMER 77 und den INSEL-ABEND denkst?'"

Stettler erwidert gleich am 13.1.79:

„Ich sitze über meinem ‚Hodler'[174] und erhalte eben Deinen Brief vom 11., eh ich für den vom Dreikönigstag danken konnte, tu's also für beides. Ich musste beim neuesten halb lachen, halb weinen, dachte an die Lehre: je mehr man sich äussert, desto mehr lässt man aus. (Die Frau schenkt dem Mann zwei Kravatten zu Weihnacht, er trägt am Stefanstag die eine, die Frau sagt: ‚Also die blaue magst Du nicht', nämlich die andere.) Natürlich ist in Deiner Dichtung das Deutsche da, ich meine, es versteht sich wie das

Moralische von selbst, und ich bin mir des GLÜCKS VOM SOMMER 77, des INSELABENDS, etc. wohl bewusst, aber Du bist nun einmal für mich darin von meinen andern Dichter-Zeitgenossen – ich nenne keine Namen, sonst sagst Du: ‚Und der? und der?‘ – darin unterschieden, dass Du eben den mich <u>faszinierenden</u> Osten und das Mittelmeer und die Gralszeit und Alianor, und im Ganzen eben ‚des Morgenlandes ungeheuren traum‘[175] einschliessest, umfassest, ertönen lässest – das prädominiert <u>für mich</u> nun einmal Dein zugegeben <u>auch</u> echtes Kind, das dritte!

Wie sagte der Wiener Graf als seine Mutter seine Brautwahl kritisierte: ‚Mama, reich sammer selber, schön sammer selber, vornehm sammer selber, gscheit sammer selber, aber was <u>die</u> hat, dös hammer net.‘ Und so geht's mir mit den Sachen von Dir, die ich emphasiere. ‚M‘ expliquer – quel mal de tête‘, sagt Jules Laforgue. […] Ich glaube doch nicht, dass ich Dich falsch sehe, bitte also um Nachsicht! Und Dank für die Beschreibung Deines Festes mit [der Aufführung von] ALIANOR – wie muss das schön und festlich gewesen sein!"

Darauf setzt Fahrner das Wechselspiel postwendend am 16.1.79 fort:

„Da hab' ich Dir doch mit einer kleinen Gegenfrage die köstlichsten Ausführungen abgelockt: ein ganzes Sprühfeuer, in dem ich mich mit Wonne baden kann! – Nebenbei: Bist der Einzige, der mich als Poëten wirklich und richtig sieht und also <u>ein Retter</u>!

Ich kehre den Spruch Nietzsches contra Wagner um: ‚Was wir an Michael <u>nicht</u> vermissen: Witz, Feuer, Anmut, die grosse Logik, den Tanz der Sterne!!!!‘ Sonderdank für die Geschichten von den Krawatten und von der Wiener gräflichen Brautwahlbegründung!"

Ende Januar oder Anfang Februar 1979 muss Stettler dem Freund den folgenden Vierzeiler geschickt haben, der sich in einer weiteren Abschrift an den Herausgeber (s. Abbildung auf Seite 104) erhalten hat:

KOUROS

In neuen morgen bricht die helle spur
Die gasse leuchtet unter deinem schreiten
Du kommst für eines augenblicks entgleiten
Und füllst den unauslöschlichen kontur.

Stettlers 1993 veröffentlichte Gedichtsammlung „Die Rose blüht auch ohne uns" druckt das Gedicht unter dem neuen Titel PIRÄUS I ab und lässt ihm ein zweites, vielleicht später entstandenes Gedicht zum gleichen Thema folgen:

PIRÄUS II

Den mantel fort! der Kouros tritt ins licht,
Vergangen nicht, lebendig, atmend, schwellend,
Urwirklichkeit zugleich und traumgesicht,
Die späten schattenwege rings erhellend.

Auf die Sendung des ersten Gedichtes antwortet Fahrner am 26.2.79:
„Grossdank für den KOUROS-Spruch! Nicht zu sagen, wir schön und stär-
kend es ist, von Dir Verse zu empfangen! Und dann noch solche! Möge sich
Dir und auch mir ‚der unauslöschliche Kontur' immer neu füllen!

Und jetzt etwas sozusagen Zugehöriges, Gemma und mich ganz schön
Aufregendes: Die Frank-Gestalt aus Konstanz[176] scheint aufzutauchen!
Klaus Thormaehlen[177] in Kreuznach ist nach Meldung meiner Beobachterin
in Unzurechnungsfähigkeit versunken. Seine Frau (Hilde, 20 Jahre jünger als
er) hat alle Vollmachten. Sie und die Kinder legen keinen Wert auf alles aus
dem ‚Kreis' stammende, haben z.B. meiner alten Freundin sämtliche Stefan
George-Bücher angeboten. Klaus Thormaehlen erinnert sich nicht mehr an
seinen ‚Raub' der Frank-Gestalt aus der Konstanzer Stadtverwaltung. Er gab
eines Tages dort vor, den plastischen Nachlass von Ludwig Thormaehlen zu
verwalten und nahm die Frank-Gestalt, die ihm die Konstanzer nur zu gerne
gaben, im Wagen mit und stellte sie in seinem ‚Heroon' auf.

Ist nun nicht Zeit, dass Du als Walter über die Kreisplastik eingreifst?
Wie könntest Du Dir's denken? Die Rechtslage scheint mir eindeutig: Die
Gestalt gehört dem Stefan George Archiv. Ich lasse sondieren, ob die Frau
bereit wäre, sie ohne weiteres herauszugeben, oder ob sie lieber Klaus
Thormaehlens Tod abwarten will und berichte Dir. Gemma und ich wären
nicht nur von Herzen bereit, sondern tief froh, wenn wir die Frank-Gestalt
als Leihgabe des Archivs im Garten vor der grossen Thujawand aufstellen
dürften, und ich bereit, bei der Herausholung aus Kreuznach nach Kräften zu
helfen. Wie denkst Du dazu? Zeit sollte man, mein ich, nicht verlieren, weil
man nicht weiss, was die Frau in Klaus Thormaehlens Todesfall unternimmt,
da sie ja nichts von den Rechtsansprüchen des Archivs weiss.

Hier, Teuerster, leg ich Dir noch die Zeitungsnotiz bei, die mir mein Nachfolger,[178] der ja aus Bern stammt, zum 75. gewidmet hat. Ich war völlig überrascht.
Er hatte mich nichts davon wissen lassen, ich hatte fünf Jahre keine Verbindung
mit ihm und bekam den Artikel vor kurzem von Karlsruher Jungfreunden, stau-
nend über die Dezenz und die klaren, so erfreulich kurzen Darlegungen.

Hier ist strahlend helles Wetter und die Fastnacht geht mit prächtigen
Zeremonien in hohen Wogen!"

Stettler antwortet am 1.3.79:

„Dass mein KOUROS, der auf eine Begegnung im Piräus mit einer Kouros-Inkarnation zurückgeht, Dir etwas sagt, ist mir lieb! Zum Frank-Standbild folgendes: Ich bin nicht ‚Walter über die Kreisplastik‘ mehr. Die Überführung der Büsten nach Marbach besorgte ich im Auftrag der Stefan George Stiftung als Eigentümerin, bzw. ihres damaligen Präsidenten Robert Boehringer, der mit dem Schiller-Nationalmuseum diesbezüglich verhandelt und durch Gegenleistung den Raum dafür erwirkt hatte. Ich bin nicht Mitglied des Stiftungsrates, dessen Vorsitz Georg Peter Landmann innehat, habe also keinerlei Mandat gegenüber der Familie von Klaus Thormaehlen, mit der ich auch nicht in Beziehung treten möchte. Ein anderer Guss des Frank-Standbildes steht nach meiner Erinnerung im Kreuznacher Stadion, wenn der wirre Bruder nicht auch da störend, ändernd eingegriffen hat.

Der Artikel zu Deinem 75. Geburtstag ist hocherfreulich! Von Olaf, dem ich nach Erscheinen seines so schlackenlos präsentierten ‚Tagebuchs‘[179] geschrieben, kam ein sehr lieber Brief. [Tochter] Theres und [ihr Ehemann] Tapan sind aus Indien zurück, wo sie den Rhombus bis zur Südspitze des Subkontinents durchmassen, sie sieht still strahlend aus. Der Enkel Alexander war übers Wochenende hier. Blond, blauäugig mustert er, wer ihm naht, zutraulich und heiter. Wie froh wäre ich, wenn er letztere, in unsern tiefernsten Zeiten so wichtige Eigenschaft geerbt hätte, deren meine Vier zum Glück nicht entbehren.“

Am 12.5.79 schreibt Fahrner:

„Mein sehnlicher Wunsch, Euer Ortbühl wieder einmal zu betreten, wächst mächtig, zusammen mit dem, Dich und Barbara wiederzusehen! In Sachen Frank-Plastik habe ich mich indessen an G.P. Landmann gewendet, und er wollte einen wohlerwogenen Schritt der Stiftung bei der Klaus-Familie in Gang bringen und die Aufstellung im Garten des Überlinger Hauses dabei ins Gespräch bringen.

Fleissig dacht ich und denk ich an Deine Hodler-Arbeit mit Zuwünschen. Ist sie etwa gar schon beendet? Voller Neugier, was Du aus <u>dem</u> machst? Mein erster Lehrer – noch an der Schule – war ein Hodlerbegeisterter und hat mich damals in die Hodlerbilder eingeweiht, die indessen lange in mir zurücktraten aber gerne unter Deiner Führung wieder heraufkommen möchten.

Bin grad mit Urban – ein halbes Jahrhundert ist es gerade her, seit wir zuerst in einer Marburger Gartenhütte zu meisseln begannen – wieder in die Steine gegangen, und ein Bakchos und eine Ariadne wachsen gleich an ihrem Standort unter Edelkastanien unter unseren beglückten Händen. Es gelang, einen sehr günstigen Stein zu finden, der schon an den französischen Kathedralen viel verwendet wurde und bei grosser Dauerhaftigkeit doch Urban und seinem Herzen die Steinarbeit wieder erlaubt."

Ein Bericht Stettlers von seiner China-Reise ist leider verschollen, doch ist Fahrners Antwort vom 6.6.79 erhalten geblieben:

„Oh Ihr China-Fahrer! Wir sahen es nur einmal – vor etwa 15 Jahren in Sardinien im Film ‚Die grosse Mauer', den ein italienisches Team (mit Mao gegen zehn Minuten neukommunistischer Propaganda zwei Stunden ‚altes China' aushandelnd) ganz glanzvoll gemacht hatte. Da war sehr vieles drin von dem Du schreibst – eindrucksvollst und grossartig – aber eben nur im Film. Toll hab ich die fischenden Kormorane von Kweilin in Erinnerung, und eine hinreissende Reiterjagd mit Adlern als Jagdvögeln. Dies nur, damit Du Dir denken kannst, <u>wie</u> entzündbar Gemma und ich durch Eure Kweilin-Karte und durch Deine Berichte waren! [...]

In ‚Sympoiëse' mit dem Jung-Poeten sind zwei kecke Stückchen entstanden, die sich um den Weltreisenden Ibn Battuta aus Marokko ranken.[180] Mich vergnügt der Gedanke, sie Dir etwa einmal vorzulesen! Sonst blüht mancher Weizen, besonders in den fortgesetzten Privatseminaren in Linkenheim bei Karlsruhe."

Am 11.6.79 schreibt Stettler:

Ich schreib Dir auf meiner neuen „Kugelkopf"-Schreibmaschine mit Korrekturtaste, die meine künftigen Prosatexte hervorbringen soll. In dieser Vorfreude danke ich Dir für Deine guten, teilnehmenden Zeilen und wünsche Euch erstens glückliche Heimkehr aus Deiner alten Reichs-, Haupt- und Residenzstadt Wien und zweitens eine herrliche Südfahrt in unser aller Heimat. Und wie erfreuend tönt die Ankündigung der sympoiëtischen Stücke! Ich habe dergleichen nur bei launischen Gelegenheitversen mit Stein praktiziert.

Der arme Robert [von Steiger] ist, zwar etwas erholter, aber doch noch recht wacklig in einem Diakonissenerholungsheim überm Thunersee, unweit jenem Hotel Bubenberg, in dem er im Juli 1926 mit Kommerell beim Meister Ferien machte. Er rühmt aber die leichte Kost, auch den Nachtisch, sagt: ‚Paris vaut bien une mousse'. (Du siehst daraus, dass er noch immer er selber ist.) Und doch ist Wehmut und Sehnsucht nach dem ‚mare nostrum' in ihm, wo er nun so viele Jahre an den Küsten war, und zwar an den maurischen. Überall seh ich Alternde um mich, auch [Max] Fueter schlich neulich an einer grossen Ausstellungseröffnung von Klees Spätwerk wie ein Geist, fahl und weiss, durch unser Kunstmuseum. ‚Me wird halt alt, Majestät', sagte der Gärtner im Nymphenburger Park dem ihn kreuzenden Prinzregenten auf dessen Frage. ‚Soo, <u>ich</u> merke nichts davon!', gibt dieser zurück. Darauf der Gärtner: ‚Aber die Leut merken's, Majestät, die Leut!' Und so wird's auch sein.

Ich trage immer noch Post von unserer China-Abwesenheit her ab und muss deshalb schliessen. Wir sind im Juli in Mürren, im Oktober in Saturnia, si Dieu le veut. Im November wär's schön, wenn Du mir was vorlesen kämst."

Fahrner antwortet am 27.6.79 auf einer Karte aus Santander:

„Erst aus Spanien schreib ich Dir den Dank für Deinen so lieben Brief vom 11.6. Wien war schimmernd und reich, und der alte Jugendfreund führte mich als ein köstlicher Wirt auch nach Dürnstein an den geliebten Strom und sogar ins Waldviertel bis zum Aichhornhof, meinem Jugendhaus! Welche Rührungen! Und welcher Wein ist da geflossen!

Hier gehen wir alten Wege aus meinen Lehrzeiten an der spanischen Sommeruniversität in Santander nach und suchen und finden schöne neue an den Klippen der Biskaya, an den Stränden und vor den aufragenden Gebirgen. Die reichen, oft vorromanischen Kirchen aus der Westgotenzeit und die plastikreichen romanischen Kirchen und Klöster faszinieren uns besonders.

Dem Robert [von Steiger] unbekannterweise, und doch durch Dich bekannterweise, starke Wünsche! Ich hab so viele wunderbare Wiederherstellungen an mir und andern erlebt – und so viel Junges im Altern!"

Stettler dankt am 7.7.79 aus Mürren mit dem Foto einer Zeichnung von Otto Meyer-Amden für die spanische Ansichtskarte:

„Diesen Zauberknaben von Otto Meyer-Amden, mit Anderem ab Samstag in der Basler Kunsthalle ausgestellt, widme ich Dir als Dank für die herrliche Torre del Merino in Santillana de Mar. Wie freuten mich Deine Nachrichten vom Aichhornhof! Wohin gehen wir denn? Immer nach Hause! – Wir sind auf unserer Alp, die Bergmatten zu drei Vierteln noch ungemäht und duftend mit ihrem Flor. Die Wasserfälle rauschen zu Tal wie eh und je, und kaum eine Denkerstörung! Robert von Steiger erholt sich, aber ist noch schwach, zu schwach und zu alt, sagt er, für das Jungendreich seines Mittelmeers."

Stettler berichtet am 23.11.79 aus Locarno:

„Leider wurde es nichts aus meiner Idee uns im November im Ortbühl zu treffen. Seit unserer Rückkehr aus Italien (wo in Saturnia infolge Unwetter und Überschwemmung unser Wagen vollkommen zerstört wurde, sodass wir aus der Maremma ins Veneto umziehen mussten, um unsere Fangokur neu zu beginnen), hatte ich eine so lästige Zahngeschichte, dass ich zu nichts fähig war und mich jetzt eine Woche hier am südlichen See erhole, dicht an Minusio. Am 1.12. soll mir eine Ehrenpromotion zuteil werden, nach Freiburg nun Bern: da sollte ich wieder ‚fit‘ sein. Nachher kommt der Weihnachtssog – wir müssen aufs neue Jahr hoffen! Eine grosse Freude ist mir unser Enkel Alexander, von unwahrscheinlichem Charme, und auch am Schreibtisch bin ich nicht ganz müssig. Und wie ging es Dir seit unserer Blitzbegegnung in Stein am Rhein? Ich grüsse Dich aus dem Perlmutterglanz der über dem hiesigen Seespiegel liegt, unten am Ufer Lorbeer, auf den Bergen Schnee! Ein Blatt vom Grab [in Minusio] liegt bei.“

Fahrner schreibt am 29.11.79:
„Seit dem Glück unserer Begegnung in Stein am Rhein kann ich nur Günstiges berichten: Eine sehr schöne Meisselzeit gemeinsam mit Urban an [der Skulptur] ‚Ariadne und Bakchos‘. […] zauberschöne Tage mit Gemma (3 Wochen) in Bad Bevensen an der Ilmenau bei Lüneburg, wo wir zu unserer gefühlten Jugend uns in der Jod-Sole noch einige zusätzliche Jugend anzubaden suchten; ein Besuch in Schleswig an der Schlei bei den zwei grossen Germanen-Göttern, aus sich zweigenden Stämmen geschnitzt, und bei den Moorgestalten[181] und dem Wikingerschiff; zwei bewegende Seminare in Linkenheim über Hölderlins AM QUELL DER DONAU.

Indessen hat uns ein erregender Plan in Atem gehalten: Ein Denkmal der Brüder Stauffenberg im Hof des Alten Schlosses in Stuttgart, wo sie aufwuchsen. Es gab noch zu verhandeln und noch ist's in der Schwebe, doch hoff ich, dass Urban den Auftrag bekommt. Jetzt wachsen die Entwürfe.“

Im Dezember 1979 schickt Stettler eine Karte mit der Reproduktion eines eigenhändigen Aquarells aus dem Jahre 1938, die Landschaft um den Concordia-Tempel in Agrigent zeigend, sowie folgendes Gedicht:

DER ENKEL

In diesem land aus dunkelmütigen kindern,
Vom ungewitter tosend überlärmt,
Stehst du am wegrand hell und unverhärmt
Und hilfst die not mit deinem anblick lindern.

Du lachst der blitzeträchtigen gewalten,
Bist David, als er vor dem könig sang
Und leichter hand den riesen niederzwang
Im spiele fast den rasend ungestalten,

Und blickst, wohin die fluten sich verzogen,
Allwo die schleppe ihrer grausen spur –
Da wölbt sich über dir aus fahler flur
Der farbenprächtig ungeheure bogen.

Fahrner erwidert schon am 24.12.79:

„Das ist ein grosses, schönes, rundum klar gestaltetes Gedicht, das Du mir sandtest: DER ENKEL. Ich wage es kaum, es auf mich zu beziehen und fühle mich doch in jeder Zeile angesprochen!? Ganz dankender Dank! Und ist es nicht gute Fügung, dass ich Dir gerade mein jüngstes Bild von Dir [?] senden will zum Jahrestag? – Jene andern Klingen:

> Schöne klingen!
> Und die klingen müssen singen!

Das ist unser Klingenkreuzen! Und darf ich Dich in dem köstlichen männlich-zarten Aquarell erkennen, das Du diesmal sandtest und uns gönntest? Lob und Liebe!"

Zu seinem Geburtstag am 30.12.79 erhält Fahrner ein zweites persönliches Gedicht von Stettler mit der Unterschrift: „Effendi zu Dank und Glückwunsch":

EINEM DICHTER

Aus dämmer hobst du den demanten
An dem der wesen glanz sich bricht
Und alle die ihn sahn erkannten
Im widerschein das ewige licht.

Fahrner dankt am 1.1.80 für die Geburtstagsverse und legt seine im Herbst nach der Reise in Nordspanien entstandene Sage von FAVILA, dem spanischen Helden aus der Gotenzeit,[182] bei:

„Einen wunderbaren Spruch hast Du mir geschenkt: Gleich gross im Gewölb des Bildes und im Band der Gurten, die dieses Gewölbe halten und tragen. Wie geh ich so bewünscht ins neue Jahr!

Gleich heut an Deinem Tag frühst am Morgen will ich Dir danken und hoffen mein Blatt für Dich – wenn Du's vielleicht erst heute liest – könnte Dir nur einen Bruchteil der Freude machen, die Du mir geschenkt. Und da waren noch zwei, deren Augen mit den meinen leuchteten: Gemma und Urban!

Die festlichen Tage [mit einer Aufführung von Fahrners ISHAK] sind schön und mit grossem Gelingen verrauscht. Die Vereinung der Poesie mit Eberhards neusinnigen Tönungen[183] – darunter manche mächtig und manche süss erschütternden – war mir ein sehr grosses neues Erleben. Die Jugendscharen, die da sangen, spielten und schauten, waren sehenswert, die Bühnenbilder und Kostüme Gemmas ganz glanzvoll. Die Sprecherin und Sängerin der Chadidscha war manchmal im Glanz ihrer Erscheinung und in der abgründigen Schönheit ihrer Stimme kaum zu ertragen. Freund Eberhard sang und sprach als el-Mamûn die Geschichte von Ishak und Iblis ganz magisch gewaltig mit einem neuen wunderbaren Greisenzug in seiner Erscheinung und Gebärde. Beim jungen Spieler und Sänger des Ishak musste man an sich halten, nicht auf die ‚Bühne' zu stürmen ihn zu umarmen."

Aus Vevey schreibt Stettler am 12.2.80 zu FAVILA:
„Wir sind, da <u>wintermüde</u>, ausgeflogen, Barbara mit den zwei Jüngeren in die westafrikanische Sonne von Togo, ich an den geliebten Genfersee, der heute von Glanz überflutet ist. Von da an Euren See herzwärmende Grüsse!
Habe Deinen FAVILA mit – Du fragtest nach ihm. Nach oft wiederholtem Lesen frage ich mich, ob Du, angesichts des gewaltigen Überblicks vom gotischen Hispanien bis zum Morgenland, davon nicht eine <u>Prosa-Fassung</u> versuchen solltest, umgekehrt zum Meisterlichen Egmont-Monolog. Ich empfinde das Ganze als <u>unaufhaltsamen</u> geschichtlichen Strom, den ich nicht durch Lang- und Kurzzeilen unterbrochen sehen möchte. Ich glaube, das gäbe ein mit- und hinreissendes Fragment! Hoffe, Du seist mir nicht böse darob! Dass Du von Favila fasziniert sein <u>musstest</u>, Du von Osten, vom ungeheurem Traum Herkommender, wie gut versteht das Dein Dich umarmender Michael".

Fahrner erwidert am 15.2.80:
„Danke für Deine Worte zum FAVILA! Die Relativsätze hatte ich auch schon zu tilgen gefunden und indessen getilgt. Von dem Versuch rhythmischer Darstellung kann ich mich noch schwer trennen." [...] *Schliesslich hat Fahrner eine bereinigte rhythmische Version von FAVILA beibehalten, die in seinem 1980 privat gedruckten Gedichtband FEDELM enthalten ist. Dieses neue Buch ging zum Jahreswechsel 1980/81 auch an Michael Stettler, mit der Widmung:*

> Aufs stille gefunkel
> Das innere, reiche
> Im wissen ums gleiche.

*Stettlers Dankesbrief ist nicht erhalten, wohl aber Fahrners Erwiderung dar-
auf vom 24.4.81:*

„Sehr innig, oh Michael, ist mein Dank für Deine beglückenden Erwiderungen zum FEDELM, und ich will es Dir gleich sagen: Du weißt gut, was ein
Dichtender am meisten braucht: Antwort! Das Zeichen einer mitschwingen-
den nahen Seele! Das hast Du mir geschenkt, wie es nur ein selbst Dichtender kann, in blühendem Reichtum, und hast mir damit ein schönstes Licht
geschickt in meine immer noch dunkle Seele."

*Aus den folgenden Monaten und Jahren – bis Ende 1983 – haben sich
wenige längere Briefe gefunden, sondern meist nur Grusskarten und kürzere
Mitteilungen und gegenseitige Genesungswünsche, die sich auf die gesund-
heitlichen Probleme beider Freunde beziehen: Fahrner näherte sich 1983
dem 80., und Stettler überschritt das 70. Lebensjahr. Fahrner klagt über eine
anhaltende Depression („ein quälender Dunkelzustand") und Zirkulations-
probleme, die ihn beim Gehen und Schreiben behindern. Er nimmt sie als
„Bussen für genossene Glücke oder vielleicht doch auch Vorauszahlungen für
etwa noch kommendes, z. Zt. sehr ungeglaubtes Glück". Stettler klagt über
Arthritis und eine von einem defekten Sehnerv rührende Migräne. Fahrner
sucht Erholung durch Meerbäder auf der Nordseeinsel Juist und in Griechenland, Stettler unternimmt Kuren in Abbano und Ischia und erholt sich in dem
von seiner Tochter Therese und ihrem Mann ausgebauten Haus in Panzano
in der geliebten Toskana, sowie in Mürren. In Februar 82 trifft Stettler auch
ein äusseres Unglück – ein Brand, der den ganzen ersten Stock seines Hauses im Ortbühl verwüstet.[184]*

*Dennoch sind diese Jahre von gemeinsamen Unternehmungen gezeich-
net – vor allem von der Vermittlung eines Auftrages an den gemeinsamen
Bildhauer-Freund Urban Thiersch, ein Kleist-Denkmal auf der Aareinsel bei
Thun zu schaffen. Kleist hatte sich dort im Jahre 1802 für einige Monate nie-
dergelassen mit der Idee, hier ein naturnahes Leben nach dem Vorbild von
Rousseau zu führen. Thiersch nahm die Gestalt des Prinzen von Homburg als
Vorwurf für seine Skulptur, die sein letztes vollendetes Werk werden sollte. Es
wurde von einem Mäzen aus Fahrners Freundeskreis gestiftet, und Fahrner,
Gemma Wolters-Thiersch und Stettler nahmen beratend an den Vorbereitun-
gen teil. Zwei Briefe Urban Thierschs mögen von diesen Vorarbeiten zeugen.*

Zuerst der Brief Urban Thierschs an Stettler vom 12.5.1982:

„Vom Treffen mit Eurem freundlichen Thuner Konservator Dolezal möchte
ich heute noch berichten, nach unserm wunderbaren Abend in Ortbühl bei
Dir, das ich noch in solcher Erinnerung habe, angefangen vom üppigen duf-

tenden weissblühenden Birnbaum vor dem Gehöft, um den unzählige Bienen summten. Nach dem kalten winterlichen bayrischen Alpenland der warme volle Süden von Thun: ‚Und blütenwolken trieb ins land ein föhn'[185] habe ich noch nie so unmittelbar empfunden! Dann Dein Haus im Mittelpunkt des Landes mit den blühenden Bäumen, vor den tief bis zum Fuss noch verschneiten Riesen der Bergwelt. Dein Arbeitsraum, so voller Zeichen Deiner Interessen, Deiner Tätigkeit, und trotz der schlimmen Zerstörungen, die der Brand im Hause angerichtet hatte, so ungestört erscheinend. Es erinnerte mich ein wenig an das Zimmer meiner Mutter, das auch so gegenwärtig die Dinge, die ihr bedeutsam und teuer waren, im Raum zeigten, und wie alles durch ihre Teilname und den Zusammenhang mit ihr neues Leben und Gewicht erhielt.

Auch war ich sehr dankbar, dass Du mit Paul[186] und mir nach dem erquickenden gemeinsamen Abendmahl in der Stadt noch mit uns zusammen den Kleist-Platz aufsuchtest und die geplante Stelle für richtig befandest und gute Ratschläge für die Aufstellung gabst, z.B. vor dem Sockel warntest.

So kam ich dann am nächsten Morgen gut vorbereitet zur Besprechung mit dem freundlichen Konservator, Herrn Dolezal, im Thuner-Hof, der sich übrigens sichtlich über Deine Grüsse freute, die ich ihm überbringen konnte. Er bedauerte lebhaft, dass Dein kostbares Haus vom Brand verwüstet. Auch Deine Bücher, meinte er, und bewunderte sehr deinen Gleichmut in all dem Schaden, als ich sagte, von den Büchern hättest Du mir gar nichts gesagt.

Paul und ich fuhren nun mit den Modellen zur Anlage der Kleist-Insel und bauten die verschiedenen Lösungen auf der Wiese auf – sie unterschieden sich vor allem nur in den Formaten und in verschiedenen Lösungen für den Sockel. Sehr wichtig, dass ich schon Deine prinzipiellen Einwände gegen diesen wusste, die Dolezal noch ausgiebiger vertrat, auch schon ehe ich ihm von Deiner Ansicht berichtete.

Er ging im Prinzipiellen noch weiter und wollte auf jedes Fundament verzichten – und wie soll ich mich im Lande Tells über eine Aversion gegen Erhöhungen und Heraushebungen wundern und wenden? Aber er sah auch meinen Einwand ein: dass es mir unehrlich scheine, aus Prinzip eine Fundamentlosigkeit vorzutäuschen, ein Bauglied, dass man ja sachlich benötigte, um die schwere Bronce auf dem Wiesengrund zu befestigen und zu halten, und dass man dies als Funktion zeigen solle.

Anhand der Modelle versuchten wir, die endgültige Höhe der Skulptur zu bestimmen und waren uns am Ende einig, nach vielem Probieren, dass nun die sockellose Figur etwas grösser werden müsse, um nicht zu verspielt auf diesem Platz zu stehen und auf diesem gegebenen Gelände seine Stelle zu behaupten. Wir dachten hierbei auch an die Bürger von Calais, die zwar ohne extra Sockel, aber doch kräftig überlebensgross konzipiert sind. […]

Auf der Rückfahrt mit Paul gingen wir in Gedanken nochmals den ganzen Tag durch, besonders die Ergebnisse der Modellversuche und auch Deinen im allgemeinen sicher berechtigten Einwand gegen das Denkmal an sich. Aber da ja meine Lebensäusserungen damit zusammenhängen, mag ich's noch nicht zum Dogma erheben. Und gerät nicht auch der Dichter in diese Fragen, wenn es ihn treibt, etwas Unzeitgemässes auszudrücken? Der Bildhauer hat halt das Pech, dass dann seine Arbeit einfach fortwährend für alle sichtbar in der Welt steht. Nicht alles lässt sich mit einer Kleinplastik ausdrücken, auch wenn hierin im Glücksfall Grosses möglich ist – aber ein grosses Format hat eben <u>andere</u> Ausdrucksmöglichkeiten. Die ‚abgeschnittenen Köpfe' hatten wohl damals ihre Berechtigung, zumal wenn der Meister gesagt haben soll, wie es heisst, das bisschen Körper käme dann später auch noch.[187]

Dies beschäftigt mich auch aus dem Grunde, weil ich mich seit einiger Zeit um eine Darstellung einer Gruppe der Brüder Stauffenberg bemühe. Gewiss sind die Häupter dabei ein Ausgangspunkt, und doch hoffe ich, dass es gelingt, nicht nur bei den abgeschnittenen Häuptern oder Schultern stehen zu bleiben, sondern etwas von der gesamten Gestalt und der Geste zu bringen.

Ich hoffe, dass Du in der nächsten Zeit mit Deinen Plänen zur Erneuerung des versehrten Hauses alles Glück hast. Überhaupt hat mich sehr beeindruckt, wie Du aus dem gefährlichen und schlimmen Unglücksfall nun etwas neues Schönes zur Veredlung und Neuwandlung des herrlichen Anwesens ziehst."

Kurz darauf, am 19.5.1982, schrieb Urban Thiersch an Fahrner:
„Ich habe noch nicht geschrieben, wie lieb und eingehend Michael sich nach Ihnen und Gemma erkundigte, so sehr freundschaftlich. Habe auch gleich eine Antwort auf meinen Brief vom 12. Mai (den ich Ihnen in einer Kopie sandte). Michael schrieb jetzt darauf: ‚Vielleicht hast Du mich etwas zu wenig enthusiastisch im Ganzen gefunden. Ich bin einfach, angesichts der ungeheuren, heute dominierenden Profanisierung für ‚understatement', für ‚Sagt es niemand, nur den Weisen / Weil die Menge gleich verhöhnet'. <u>Daraus</u> lasest Du vielleicht eine Zurückhaltung, die ich ja Dir gegenüber nicht habe! Und dann im Ganzen noch sehr liebe Worte, sodass ich doch ganz froh bin, dass ich seine Zustimmung nicht für selbstverständlich angenommen hatte. Darf natürlich vom Michael keine künstlerische Anregung erwarten, mit der <u>Sie</u> mich stets so lieb verwöhnten und förderten, und hab mich bemüht um ein Einvernehmen im Ganzen. […]

Hab meinen Kleist im Gerüst, mit Sitzbank und Eisen für den Körper letzter Tage sorgfältig zurechtgebogen, nächste Woche will ich mit dem Ton beginnen. An dem Gipsmodell, das der Thuner Konservator so lobte und das Gemma mochte, habe ich nichts mehr geändert."

Wenn in diesen Jahren auch weniger Briefe gewechselt wurden (oder sich erhalten haben), blieb die Beziehung deshalb nicht weniger herzlich. Dies beweist ein Gedichtblatt Stettlers an Fahrner zu dessen achtzigstem Geburtstag am 30.12.83, das an die erste gegenseitige Eröffnung im Herbst 1950 erinnert:

NICHT OHNE EINANDER

Wir sind uns nah seit dem augurengange
Am tiefverschneiten Nymfenburger schloss:
Im traum ein nu seitdem... und noch umfange
Ich dich wie je · mein bruder und genoss.

TEIL V: 1984–1988

Mit dem Jahreswechsel 1983/84 hebt der Briefwechsel zwischen Stettler und Fahrner mit neuer Kraft an. Fahrner erwidert die Jahresgaben des Freundes mit der Zusendung seines privat gedruckten Gedichtbandes LAUTEN UND SCHWEIGEN und schreibt:

„Vielfach beglückt rufe ich Dir zurück: Durch Deine lebendige Zeichnung von Sirmione, die jugendliche, durch die italienische Strofe, die Du nahe bei Ithaka gedichtet hast und die mir seit langem ein Lebenslied geworden ist, durch Deine und ganz Ortbühls nahen Wünsche, und am meisten durch die ergreifende dichterische Tafel, die Du unserem Bündnis gesetzt hast: NICHT OHNE EINANDER.

Ich dank Dirs von ganzem Herzen. Möge mein LAUTEN UND SCHWEIGEN, das ich Dir zum 1. Januar sandte, mich Dir nahe bringen."

Stettler antwortet am 10.2.84, nach einem noch getrübten Januarmonat:

„Nun geht's einigermassen, und ich kann Dir endlich meine grosse Freude an LAUTEN UND SCHWEIGEN und meinen innigen Dank dafür bekunden! Echt Effendi, <u>beschenkst</u> Du die Deinen am Geburtstag! Welch gute Idee, FEDELM einen so würdigen Gespons zu geben und die Lieder aus den DREI SPIELEN einzubeziehen – taufrisch und lebensfroh stehen sie da! Der Band mit dem so besonderen Titel (Geheimnis enthaltend) ist schlackenlos, er ist der siebente in der weissen Reihe, Du kannst stolz sein auf dieses ganze dichterische Werk! Nimm für diesen letzten meinen erfreuten Glückwunsch!

SCHNEEGANG[188] spricht mich aus Dir bekannten Gründen sogleich widerklingend an, und wie liebe ich sein letztes Wort: ‚Bachverwandt'! INSELWOL-

KEN[189] ist grosse Naturepik, ich sehe da Landschaften mit weitbewegten Himmeln von Herkules Seghers, die zum kostbarsten der niederländischen Malerei zu zählen sind: ‚letztes werden und gehen'! Und ganz zauberhaft ist VORWESEN VOR DEM WERDEN.[190] Wie schön:

> Im grün ist feinres blühen eingestuft
> Den zitterfeinen ob noch kahlen zweigen

Das ‚ob' ist ein Fund! Dann:

> Von festverschlossenen knospen geht ein sprühen
> Von fremdem anders redendem verheissen.
> Die seele spürt der vorgeburten weben
> Dass ist was noch nicht ist!

Wunderbar – ein herrliches Gedicht das ganze! Da bist Du ganz drin, und wir teilen das pantheistische Fühlen: ‚Ich weiss nicht, was Du bist, doch was ist, das bist Du!' Diese beiden Gedichte bedeuten mir Höhepunkte von LAUTEN UND SCHWEIGEN, und es ist traurig, dass Fritz Usinger, der im Alter ein grosser Kosmiker war, sie nicht mehr lesen kann.

WINTERBLÜTE[191] liebe ich auch sehr. Und wie im West-Östlichen Divan ist in Deinen Strofen immer auch das Östliche, das Du so ganz beherrschst, enthalten. Sehr reizend die BEGASTUNG AUS DER FERNE,[192] eine Omnipräsenz und Ubiquität andeutend, die mich tief vertraut anmutet. PROSPERO[193] hat mich sehr ergriffen. Welche Entdeckung – dabei so selbstverständlich – ihn mit Offa zu verknüpfen! Wie bewegt die Evokation von [Shakespeares] ‚Sturm'-Anfang! Und wie dann Ariel auftritt, nein, nicht tritt, aufschwebt – der Sang hineingedichtet in das endende Spiel – und wieder entschwindet in den Lüften. Das ist höchst anmutig und adäquat, ein Denkmal für unseren unvergessenen Offa! Weisst Du, wusstest Du, wie sehr ich Williams letztes Werk liebe, in dem er raunend von seinen Geheimnissen spricht? Das fasst uns alle zusammen, da sind wir ganz einbezogen, vereint!

Die DREI SPIELE-Lieder sind voller Einschlüsse: ‚Der herbe gleichmut und die schale Geduld'! Und die dritte Strofe Ishaks, wie die sich laut liest:

> Und wenn beim abendrauche stumpf und bleiern
> In fahlen schein zerfloss das letzte licht
> Und wenn die dunkelfahnen uns umschleiern
> Der liebe scheint ein neu gesicht.

Und die Spiegelung (der Zypressen), in Teheran wörtlich so erlebt! ‚Wuchs ist das siegel'. Wie kühn der Schluss:

> Und flamme zum himmel gesenkte:
> Der schlanke leib der zypressen!

Die Ghaselen haben einen ihnen völlig eigenen Ton. ‚Ob du mich kennst'..., ‚Ich kenn dich wohl'..., ‚Das ist das glück'... Das kommt im lauten Lesen ganz zum Tragen. Wie gut das:

> Dass wir von jenen silberlüften trinken
> Und die bedingten unter uns versinken. (...)
> Das ist das glück wenn sich durch dichte zweige
> Der wildnis dieser welt ein antlitz zeige
> Ein anverwandtes ...

Da sind wir in <u>Deinem</u> Morgenland, Effendi, wie auch in ISHAKS RÄTSELLOB:[194]

> Und wie der sichelmond ein feines schwert
> Den äther schneidend durch die sterne fährt...

Wer ist dort so ganz zuhause wie Du? Sei froh, Du hast das gute Los erkoren!"

Fahrner dankt am 18.2.84 für die gute Aufnahme des Bandes:
    Sehr, sehr froh bin ich, dass Du mein LAUTEN UND SCHWEIGEN so aufgenommen und mir so reich davon gesagt hast. Jetzt ist mir der kleine Band erst richtig teuer, weil mein Dichtergefährte ihn bejaht hat.
    Grosse Freude, dass Du VORWESEN VOR DEM WERDEN Dir so tief zugeeignet – und die INSELWOLKEN, und die einzelnen Verse, die Du heraushobst! Und von PROSPERO, dass Du Offa in ihm findest. Und die Nachricht, dass Du den ‚Sturm' so liebst – ich wusste es nicht – und uns beide drinnen vereint findest.
    Und was und wo wären meine östlichen Gedichte, wenn es nicht einen – Dich – gäbe, der sie im Wesen spürt und mir tönen macht. Sie scheinen mir erst wirklich da in einer solchen Erwiderung. Erstaunt und umso beglückter von dem, was Du zu den Ghaselen sagst, und entzückt, dass Du den Sichelmond, die mir lieben beiden Zeilen, so angenommen.
    Und viel noch von Deinen teuren Worten hab ich empfangen und eingetrunken und Stärkung für mein Leben daraus."

Am 4.3.84 muss Fahrner eine schwere Nachricht, Urban Thiersch betreffend, mitteilen:

„Urban, unser Urban, ist auf einer Bahnfahrt nach Stuttgart, die er allein und mit schönen Plänen unternahm, offenbar plötzlich von einer Bewusstlosigkeit befallen worden noch vor dem Ziele, vor beinahe zwei Wochen. Die Bahnleute haben ihn auf der Endstation des Zuges gefunden. Die war – ein kleines Mirakel – keine andere als Köln, wo Beppa[195] gerade familiär weilte. Dort wurde Urban noch von seinen Auffindern in die Intensivstation der Uni-Klinik gebracht. Er ist bis jetzt nicht wieder erwacht. [...] Die Ärzte geben wenig oder keine Hoffnung nach ihren Untersuchungen, bei denen sie nur eine offenbar schwere Störung im Gehirn feststellten. Wie gut, dass das Fest in Thun noch gelang und so schön gelang, und wie schön, dass der ‚Prinz‘ dort steht. Oh der grosse Liebende und Vielgeliebte! Gib mir Deine Hände und nimm Du meine innigen Wünsche!"

Am Karfreitag 1984 schickt Stettler ein Blatt des Gedenkens an Urban und möchte noch vor seiner Abreise in die Toskana „Nachricht über das Befinden des geliebten Patienten" erhalten. Fahrner berichtet am 17.5.1984 von einem Spitalbesuch:

„Schon vor einer Weile war ich bei Urban und fand ihn die eine Seite wie leblos, aber die andere nah berührend. Ich konnte mit seiner einen, sehr lebendigen Hand liebevolle Zeichen tauschen mit liebevollen Erwiderungen, so wie ehedem oft, und sein Haupt erwiderte mein zartes Streichen über Stirn und Haare mit Zeichen lindernder Lösung.

Die Ärzte lassen nicht gelten, dass er irgendetwas spüren oder gar erwidern könne, aber ich glaube, ich war ihm fühlbar nah in den Tiefen des lebenden Unbewussten und konnte ihm auch die nächste Freundesnähe – Deine – fühlbar machen; denn auch flüsternde Worte schien er zu spüren. [...]

Ich liess mich nach dem Besuch bei Urban in die Normandie an den Atlantik und die Auvergne entführen zu sehr schönen Wochen und reichem Schauen herrlicher Bauten. Das weite Meer tat mir sehr wohl. Das ging freilich nur mit starker, ja hingebender Freundeshilfe in fahrendem Geleit."

Er schliesst den Brief an den von einem Augenleiden betroffenen Michael Stettler: „Liebeswünsche zu Dir für die geliebten Lichter!"

Stettler antwortet am 27.5.84, nachdem er zwei Erholungsaufenthalte am Genfersee, in Vevey, und in der Toskana eingeschaltet hatte:

Wie gut, Nachrichten von Dir zu haben! Ja, die verehrteste Gemma hat in Deiner Abwesenheit mir schon geschrieben, eh' ich in die Toskana fuhr, dafür war ich so dankbar, bitte sage es ihr! Die Verbindung mit Urban geht freilich in Tiefen, die der Arzt nicht nachvollziehen kann oder will – wie gut, dass Du bei ihm warst! Was für ein erschütternder geheimnisvoller Schlaf ist so unerwartet über ihn gekommen... Immer neu bewegt mich in diesem Zusammenhang der Anfang des ‚Prinzen von Homburg', den er für sein Denkmal wählte, das zuerst an den Todesort am Wannsee hätte kommen sollen und dann in Thun enthüllt ward: Wie doppelt dankbar bin ich heute dafür! Das ist alles so unausdeutbar miteinander verbunden, das Hier und das Drüben, das Einst und das Jetzt, ach Effendi, und wir da hinein verflochten und wohl auch mit einem Fuss schon im Zwischenreich, dessen Fluss wir blinken sehen.

Seid gewiss, wie viel ich an Euch denke und durch diese Gedanken nah bin! In Überlingen hab ich Urban kennengelernt, dort begann unsere Freundschaft, und nie eine Trübung. Wie ein guter Bote erschien er hier im vom Brand verwüsteten Haus und brachte Stärkung und Trost. Und wie freute er sich über die Nähe von ‚Inseli' und ‚Ortbühl'! Das bleibt mir alles jetzt in diesen bangen Wochen gegenwärtig, und Gemma und Du damit! Wie heiter sassen wir mit den Thunern beim abendlichen Mahl, ich neben Gemma, Urban in der Mitte, es war <u>sein</u> Tag! Man steigt nie in den gleichen Strom.

Meine Staroperation ist auf den 20. Juli angesetzt (of all dates!). Dann hören hoffentlich die ewigen Kopfschmerzen auf. […] In der Toskana war das Wetter schlecht, aber Thereses Familie, Therese selbst eine grosse Freude. Und Du warst derweil in der Normandie und in der Auvergne! Wie freute mich das zu hören! ‚Lord, take care of me, the sea is so wide and my boat is so small', sagte Lord Nelson."

Fahrner antwortet am 23.6.84:

„Du hast uns einen sehr lieben Brief geschrieben, der uns immer begleitet im Urban-Gedenken, und den wir Dir innig verdanken!

Ja – Liebster – wir sind verflochten in all dies Geschehen und wie Du es sagst, wohl auch schon mit einem Fuss im Zwischenreich und sehen den Fluss dort blinken. Zu Dir lang ich immer hinüber und zu Seinem Prinzen in Deiner Nähe: Ortbühl und Inseli!

An den 20. Juli denken wir mit allen unseren Wünschen voraus und werden je näher er kommt umso mehr gedenken, innerst hoffend auf gutes Gelingen."

Ein Brief Stettlers vom 15.11.84, auf den sich Fahrners nachstehende Antwort bezieht, muss nochmals von Urban Thiersch gehandelt, sowie eine Bitte nach Fotos von Fahrner und eine Anekdote von Robert von Steiger enthalten haben. Fahrner schrieb dazu am 6.12.84:

„Du bist ein grosser Spender mit Deinem Briefwort vom 15.11. und mit dem Druck Deiner Denkmalrede,[196] der schönbebilderten und von willkommenen Beigaben begleiteten. Ich lese Brief und Rede immer wieder, weil soviel Tröstliches und Erhellendes von ihnen ausgeht. Die Rede scheint mir so liebevoll und so klug und weise zugleich, verfasst für den Bildhauer, die Freunde, für Thun und die Thuner, und für Kleist: ein reifes Stück von Michael. Im Brief rührt mich auch sehr Deine so wissende Begegnung mit Stefan,[197] seinem Wesen und seinen Bauten. Und wie bewegen mich Deine Worte zu Urbans Entrückung. Lass mich zu den von Dir erinnerten Versen die Hölderlinschen[198] hinzufügen, die mir immer wieder auftauchen von den Himmelskindern:

> Darum sind jene auch
> Die Freude des Höchsten. Denn wie käm er
> Herunter? Und wie Hertha grün
> Sind sie die Kinder des Himmels.

Richtig erschrocken bin ich, dass Du gar kein Konterfei von mir hast. Die kommen zu Dir, ich muss sie nur erst heraussuchen. Aber bedenk auch, dass ich nicht reich bin an Bildern von Dir! […]

Zu vielem, was ich jetzt noch tue und erlebe, sag ich mir nun auch mit Vergnügen das Robert von Steiger-Wort: ‚Harmlos'. Dank!

Ich bin grad zu Besuch in der Karlsruher Gegend, bei früheren Schüler-Freunden, die jetzt als Lehrer wirken. Bald will ich bis zur Jahreswende in die Schönau[199] fahren, wo vieles zu tun und zu besinnen ist, und wohin die Gemma mir nachkommt."

Zum Jahresende 1984 schickt Stettler eine Karte mit einer eigenhändigen Zeichnung der Zypressen-Landschaft vor seinem Haus in Panzano und mit dem Gedicht TOSKANA:

„Hab Dank für so guten Brief und Vers mit den ‚Kindern des Himmels'. Wie schön, dass es in Karlsruhe noch Schülerfreunde gibt, nun selber Lehrer! Ich sende diese Kostproben aus meinem ‚Vorhof des Paradieses' in die Schönau, wo der uns allen so teure Entrückte still gegenwärtig sein wird."

Schwarze zypressen,	Will an euch messen
Fackeln im wind,	Dinge die sind,
Will an euch messen	Schwarze zypressen,
Dinge die sind.	Fackeln im wind.
Weit in die runde	Mit euch im bunde
Grünt es, ein meer,	Wogend einher,
Mit euch im bunde	Weit in die runde
Wogend einher.	Grünt es, ein meer.
Reben, oliven	Bläuliche tiefen –
Silbern im licht,	Kenn ich sie nicht?
Bläuliche tiefen –	Reben, oliven
Kenn ich sie nicht?	Silbern im licht.

Fahrner seinerseits hatte dem Freund zum Jahreswechsel ein neues Gedicht geschickt, das im Gedenken an Urban Thiersch entstanden war:

LIEBE AUS DER FERNE

Die nahe liebe preist man hoch und findet
Nur sie kann all den starken drang erfüllen
Kann dem geliebten bringen was verbündet
Für ihn erblüht · kann eignes sehnen stilllen.

Nur nahe liebe · meint man · reicht die gaben
Dem liebsten die ihm tausendfach gehören
Kann tief den liebenden hinwieder laben
Und kann das glück das himmlische beschwören.

Doch seltsam ist wie glühend aus der ferne
Die wesen oft sich ineinander tauchen
Und wie in ferner glut sich stern mit sterne
Verschmilzt · wie flammend schön die opfer rauchen.

Stettler, von seinem Augenleiden geplagt, dankt am 2.1.85 auf einer Karte mit einem Bild des Ortbühler Anwesens:
„Wunderschön ist Dein Gedicht von der Liebe aus der Ferne, mir überaus vertraut, da ich fast nur mit vergangenen und fernen Lieben verkehre! ‚Ach die

Qualen der Liebesmöglichkeiten hab ich Tag und Nächte hin gespürt!' Und dann die eine, nahe, neben mir, mit mir, von der ich nur den einen Wunsch habe, mit Properz: ‚Te spectem suprema mihi cum venerit hora te teneam moriens deficiente manu!'[200]

Habt Dank, Gemma und Du, für Euer Gedenken mit ausgezeichneten Bildern von Dir mit niederblickendem und mit sonnenhaftem Auge, die verhaltene ‚Lady Autumn'[201] – farbig wie wohl? herbstlich? – den Granatapfel mit der gesprengten Schale, ausgelaufenen Körnern, Symbol des Lebens, Barbara zur Freude! Wie unendlich lieb sind mir die Bilder mit Dir und Urban. Muss mich beschränken, Auge im Moment überanstrengt; Dank, <u>nahe Liebe</u>!"

Am 9.3.85 schickt Stettler nach der Rückkehr von Madeira eine Ansichtskarte von dort mit wild brandendem Meer. Seinen eigenen Worten stellt er ein Zitat aus Hölderlins Briefroman „Hyperion" voraus:

Des Herzens Woge schäumte nicht so hoch empor und würde Geist,
Wenn nicht der alte stumme Fels, das Schicksal, ihr entgegenstünde.

„Liebe Freunde am See, wir haben den harten Schneewinter in Ortbühl durch einen Aufenthalt auf der Atlantik-Insel Madeira unterbrochen, wo mich vor allem die Brandung und die Wolkenspiele am grossen Himmel entzückten. Jetzt endlich weicht der Schnee. Ich hoffe, auch Ihr seid einigermassen unbeschadet durchgekommen, was leider von den Rosen hier und den Oliven in der Toscana nicht gesagt werden kann."

Fahrner dankt am 23.3.85 für die Karte und das zugesandte Porträt von Stettler:

„Es ist so beglückend, wenn Du mich an Deinen Ausfahrten teilnehmen lässt [...] Sicher hat Dir Marlene[202] auch die schöne Gabe zu den März-Iden, dem 80. Geburtstag Offas geschickt. Rühren sie Dich auch so sehr an, diese Verse[203] des jungen Dichters? Grad um seine erste Begegnung mit dem Meister! Und nun auch den grossen Dank für Dein schönes mir so tief vertrautes, mich anblickendes Bildnis: Es ist zum Umarmen!"

Am 9.5.85 antwortet Fahrner auf die Zusendung von Stettlers Essay über den Maler Otto Meyer-Amden:[204]

„Und Dank, dass Du mir das Geheimnis der nackten Knaben aufblitzen liessest, der antikischen und derer des Meyer-Amden! Und die vielsagenden Worte aus dem ‚Garten der Erkenntnis'.[205] Du bist ein so tiefbegabter Schauer und Finder!"

Am 10.10.85 antwortet Stettler auf einen nicht aufgefundenen Brief Fahrners bezüglich einer Dante-Stelle:

„Deine Frage vom 7. Oktober (Dank dafür, wie für liebes Gedenken überhaupt!) ob denn Guidos Vater von der längst geschehenen Trennung zwischen Dante und Guido [Cavalcanti] nicht gewusst habe. Ich sehe es so: Dante dichtete dies nach Guidos Tod, die Frage des Vaters aus seinem Flammensarg nach seinem Sohne gibt ihm Anlass zur Antwort: ‚Forse cui Guido vostro ebbe a disdegno‘[206] (mit Bezug auf Vergil und was dieser vertritt im Gegensatz zu Guido). Diese viel diskutierte und eindeutige Antwort – ohne des Vaters Frage gäbe es keinen Anlass dazu. Auch die einstige Bindung der beiden klingt darin schmerzlich auf.

Endlich war ich, mit Familie, in Apulien, sah Castel del Monte, Bitonto, Trani, Monte Gargano und vieles mehr, auch das Schlachtfeld von Cannae, Romano-Byzantinisches und Staufisches glorios beisammen. Dachte Deiner, des Brückenschlägers!“

Am 24.10. folgt eine Gedicht-Karte Stettlers:

„Aus dem Garten Apulien zurück, Dank von Herzen für Zuwink aus Franken und sehr lieben Brief vom See“. *Eingeschlossen war das Gedicht:*

OKTOBER

Wo späte sonne wärmt, klingt auch das lieben
Der frühen tage neu vernehmlich nach,
Als wär ein duft, ein schmelz, ein glanz geblieben
Und jenes alte pochen wieder wach.

Im Dezember 1985 muss Fahrner dem Freund einen neuen, überarbeiteten Privatdruck seiner 1967 verfassten Erinnerung an Frank in der Schönschrift von Edda Cremer gesandt haben. (Brief nicht aufgefunden). Stettler dankt am 18.12.85 mit einem Bild, den Enkel Alexander zu Füssen der byzantinischen Kaiserstatue in Barletta (Apulien) zeigend:

„Mit herzlichen Neujahrswünschen verbinde ich unsere innigen Geburtstagswünsche und ganz grossen Dank für die von der Verehrten so wunderbar geschriebenen Frank-Evokation. Wie stieg alles in mir wieder auf! Wie gut, dass es Deinen Text nun in dieser seiner würdigen Form gibt! Ist auch wieder ein neues opus! Nie vergesse ich, wie er mich vor dem ‚Molino‘ empfing und zum Meister führte, ich lohte.

Wenn ich etwas ‚schaffe‘ tue ich es mit dem 7-jährigen Enkel Alexander, wovon das extra-Bildchen zeugt, Dir als kleines Geburtstagsgebinde eingelegt. Dank auch für Deinen so guten Brief – wie schön, wenn Ihr Urbans ‚Brüder' erhalten könnt,[207] dazu wünsch ich gutes Gelingen! Den verehrten Damen im Hause meinen besondren Gruss – Gemmas Widderbecher und Silberzweig umgeben mich täglich!"

Am 23.12.85 folgt ein weiterer Geburtstagsgruss Stettlers mit einer neuartigen Gabe:

„Zur Abwechslung leg ich Dir zu Deinem Tag ein kleines Gedicht in Mundart bei, dass Du gewiss vom Österreichischen her nachvollziehen kannst: GÖB I O WETT = Ob ich auch wollte." *Auf diese Phase seines Dichterlebens zurückblickend, sollte Stettler am 12.11.88 an Eberhard Zeller schreiben:*

„Das GÖB I O WETT[208] war 1986 wie eine Welle über mich gekommen, lauter Diktate an mich, im Schatten der Krankheit meiner einzigen Schwester, der sie am 2. Januar 1987 erlag. Das letzte Gedicht war MAI PIÙ. Inzwischen bin ich längst zur Hochsprache zurückgekehrt und froh, dass dem so ist. Die ‚Welle', das waren Stimmen aus Kindheit und Alter, ich hatte gar keine Wahl."

Göb i o wett
Cha no nid i ds bett,
I stande dernäbe,
I hangen am läbe.

Dusse wirds nacht,
's git eine wo wacht,
Er strycht dür e garte,
I ghöre ne warte.

Vatter, bis guet,
Mach mer chly muet!
Dert äne schynt d' schwelle –
Tue mer erzelle!

Me weis eso nüt,
Hets dänen o lüt?
Darf me se gschoue? –
Chind, häb vertroue.

Fahrner dankt im Februar 1986, nach dem in der Schönau in Urban Thierschs früherem Atelierhaus verbrachten Jahreswechsel, für Stettlers Brief und Gaben:

„Hab soviel liebste und schöne Zeichen von Dir empfangen, dass ich ganz in Deinem Geleit in mein neues Jahr gegangen bin und die Zeit hier immer in besonderen Weisen an Dich denken muss. Hab von Herzen Dank!

Als erwiderndes Angebinde möchte ich Dir hier die SCHMERZBLÜTEN schicken. Die Verse könnten auch als Antwort gelten auf einen herben Kritiker[209] meines FEDELM-Buches, der heftig beanstandete, dass darin überhaupt kein Dunkles und Schmerzliches zu Wort käme. Ich sagte ihm selbst, er habe das Dunkle, Schmerzreiche darin vielleicht nur nicht gefunden, es sei mit dem Dichten ähnlich wie mit dem Beten: Es gäbe solche, die nur in der Not beten wollten und andere die es lieber im Glück täten aus Dankbarkeit. Er möge doch die Verse der Clotilde Schlayer lesen, da könne er genug von Schmerzen finden.

Wir hatten eine sorgenvolle Zeit. Die Gemma hatte anfangs des Jahres – vielleicht durch die heftige Arbeit an der [nachgelassenen] Urbanskizze – einen Herzanfall, und wir mussten sie in eine kardiologische Intensivstation nach Salzburg bringen. Indessen ist sie auf dem Weg der Besserung und Ende Januar konnten wir an den See zurückkehren. Aber es ist noch grosse Schonung für sie geboten."

SCHMERZBLÜTEN

Ich lobe die die ihre schmerzen loben
Und die die sie beschweigen in der brust
Die töne ihres dunklen leides proben
Und sie verschwistern können mit der lust.

So wie ein gärtner sich auf seinem beete
Die dunklen blüten zieht die ihn erfreun
Und die versinkenden mit fruchtigem Lethe
Begiesse dass sie spendend sich erneun

So kann der leidenskühne sich berauschen
An seiner schmerzesblüten wildem duft
Und die versinkenden mit neuen tauschen
Sie tränkend in den gründen seiner gruft.

Und saugen sie verzehrend an den krumen
Der erde seiner seele spriessend dicht
Kann er sich laben doch an diesen blumen
Auf sie in tränen senkend sein gesicht.

Stettler antwortet am 25.2.86:

„Für Deine Sendung all meinen Dank! Im Brief betrübte uns sehr die Nachricht von Gemmas Erkrankung und Hospitalisierung. Du schriebst, dass Ihr Ende Januar nach Hause kehren konntet; innig hoffen wir, dass die Besserung seither anhielt und das geprüfte Herz sich ganz erholt [...]

Deine SCHMERZBLÜTEN bekommen von daher noch einen doppelten erlittenen Sinn. Hab besonderen Dank für dieses Gedicht, auch für das Titelwort, eine Deiner Wortbildungen wie Stillgebet, Blühbusch, in denen Du ein Meister bist. Nein, es stimmt nicht, dass in FEDELM das Dunkle und Schmerzliche fehle, man lese NICHT GENUG, NIE GENUG, auch IN DER STILLE NÄCHTIGER AUEN. Ausserdem, wie sagte Shelley? ‚Poetry is praise‘! Gut Dein Hinweis auf die Schlayerin!

Unsere Theres, mit Mann und Sohn in der Toscana lebend, hat am 12.Februar an der Berner Universität magna cum laude in Kunstgeschichte promoviert, was – alles in allem – eine bewundernswerte Leistung darstellt. Robin hat derweil seinen fünften Geburtstag gefeiert. Er ist ein grosser Schalk, macht täglich auf meinem Schreibtisch eine Zeichnung: er auf meinen Knien sitzend und eifrig vertieft, mit bestimmten Strichen ein Piratenschiff, einen Löwenkopf, ein Seepferd zeichnend, oder auch eine Clown-Maske, die er sich dann umbindet. [...] Ich musste mich von einem schlimmen Sturz hinterm Haus vor Weihnachten erholen, der mich sechs Zähne gekostet hat, in vielen Zahnarztbesuchen sind sie nun wieder implantiert worden."

Am 9.3.86 erwidert Fahrner aus Überlingen:

„Erst recht starkes Mitgefühl für Deine Zähne! Aber sie sind jetzt wieder alle drinnen! Und Dein liebstes Gesicht unzerstört?!?

Dann Grossglückswunsch auch an die Heldin Theres zu Ihrer Tat an der Berner Universität. Du weisst ja, dass sie mir von den teuren Töchtern besonders nahe ist, gefühlt nahe! [...]

Gut die Kleistinschrift [an Urbans Denkmal]. Übrigens: Der ‚Mützenmann‘ (Urbans letztes Porträt von meiner Wenigkeit), den Robert Boehringer als ‚Verewigung‘ des Effendi begrüsst und seinen Guss bezahlen und im Stefan George Archiv abliefern liess, ist in Marbach nicht aufgestellt.

Handkuss für Dein zuckernes Lob der SCHMERZBLÜTEN. [...]

Freund Stefano Bianca war jüngsten ein paar Tage hier: ganz verwandelt, gehoben dadurch, dass in Aleppo nun endlich eine seiner Schöpfungen (ein ganzes neues Stadtviertel) siegend über unsinnige amerikale [sic] Planungen wirklich gebaut wird! Ich plane ihn nach Gemma zum Verwalter meiner geistigen Hinterlassenschaft (sie scheint mir manches nicht Unwichtige, darunter meine ‚Memoiren‘, zu enthalten) einzusetzen."

Am 21.3.1986 sendet Stettler aus dem „Ortbühl" eine Karte mit den „Tet-
rarchen", jener Skulptur, die die südwestliche Ecke der Kathedrale von San
Marco in Venedig schmückt::

„Besuchte gestern meinen Freund seit der Jugend, Peter Zschokke, den jüngeren Bruder des Bildhauers, jetzt 88, seit elf Wochen im Spital Basel, schwach, lang hielt er meine Hand. ‚Abschiede biegen sich wie grüne Ruten'. [?] Stefano Bianca, der Stadtbauer: Gut! Pfleger Deiner Hinterlassenschaft: Auch gut! Aber bitte keine Eile! Mit Marbach habe ich leider keinen Kontakt, sind alles neue Leute dort, wie schnell man aus allem herauswächst, erlebe ich auch hier. Dennoch: Heute Frühlingsbeginn! Schnee- und Osterglocken, Krokus, man atmet auf!"

Fahrner antwortet am 21.4.86 mit einem Brief und mehreren eingelegten
Gedichten, von denen nur das untenstehende aufgefunden werden konnte:

„Nimm freundlich auf, wenn ich Dir eine kleine Osterfracht von Versen schicke und dazu noch einen Brief an Dich, der mir mit einmal unabweisbar einkam.

Du siehst, ich war am Atlantik und der hat mir sehr wohl getan. Und dazu haben in einem Kloster Benediktinermönche ganz herrlich streng gregorianisch gesungen. Endlich hab ich auch für meine ‚Memoiren' den Abschnitt über den 20. Juli fertig gebracht.[210]

Seltsam, die beiden Karlsruher Schüler und Jungfreunde, jetzt selbst schon lehrend, sind gerade zu so etwas wie einem neuen Leben erwacht und neuer Liebe. [...]

Dank für venezianische Karte mit Rittern! Du weisst, dass man sie auf Artus und die Liebsten seiner Tafelrunde deutet. Dann hab ich auch noch zu Dir und dem Bildhauerbruder hinübergeschaut und sah sich die grünen Ruten biegen. Selbst denke ich zurzeit noch nicht an den nahen Abschied."

AN MICHAEL

Du hast mir von deinem leben gegeben
Die bilder, die scheine, die scheuen gedanken
Und wieder die kühnen: das sichere streben
Zum lichte, die siege – des bebende schwanken

Und hast mir geschenkt die hellen gebärden
Der grossen erfüllung, des wiegenden schreitens
Und wieder des zögernden tastens im werden
Der schickung, des ihr sich ergebenden gleitens

Und hast mich genährt mit den segnenden fluten
Der reinen gebilde vom dichter ersonnen
Und mit den gedanken den hochgemuten
Mit denen du glitzernde netze gesponnen.

Hast in mich gesenkt deines rätselnden wissens
Erregung und fühlung, die stolzen gespinste,
Die flaggenzauber des senkens und hissens
Auf segelndem schiffe zu neuem gewinste

So wie nur ein dichter schenke den lauschern
Die töne, das leuchten, das regende wittern
Das weiss von den mächten, den jähen vertauschern
Von helle und dunkel, von siegen und zittern.

Ich wars der vom dichterbruder den blanken
Den schild empfing, seine schützende gabe –
So nimm die stammelnde lust dir zu danken
Was du mir gespendet zu währender habe.

Stettler antwortet am 30.4.86:

„Wie verdiene ich solche Verwöhnung? Deine Ostergabe, schön geschrieben auf wunderbarem Papier – meine Wonne allzeit! – Der atlantische Zyklus IM WERDEN *[bisher nicht aufgefunden]*, der jugendfrohe Brief und das brüderliche Gedicht an mich – nimm meinen innigen Dank für alles Dir (und nun auch mir) so ganz eigene! Wie liebe ich:

> Die flaggenzauber des senkens und hissens
> Auf segelnden schiffen zu neuem gewinste!

Ja, im unverwüstbar schönen Auf und Ab der Schicksalstrassen gehen wir nun schon lang. Ich hatte im Februar im tiefdurchschneiten Tobel westlich von unserem Haus das Erlebnis der Rückversetzung in einen ganz bestimmten Tag im Wald von Beatenberg vor genau 57 Jahren (als ich ein Gedicht ‚Winterwald' gemacht hatte) und dachte: Wenn Du diese lange Strecke seit jenem Tag bis heute durchgestanden hast, wirst Du auch den kleinen Rest, den bleibenden, noch überstehen. Auch jetzt noch ist kein Tag ohne Überraschung, und so eine war Deine Sendung! Du weisst ja, dass ich Dich schon früher mit ATLANTIS in Verbindung gebracht hatte, als ‚versunkener Insel zeugen, lauscher, späher", und nun überraschtest Du mich mit diesen

Klängen vom Atlantik, mit mählich dicht werdenden Träumen, mit schäumenden Wogen, mit Heiltumsgebeten, ehrwürdigen Eiben und archaischen Inseln. Eine ganz eigene Welt tut sich Dir kund, und Du gibst sie weiter, wir nehmen teil daran! Ich freue mich über das Geräusch der ungeheuren See, das ich so liebe, und ihr Echo in Deinen wiegenden, webenden Versen. Ich freue mich über ‚mein Gedicht'. In seinem hochgemuten Schreiten erkenne ich wieder, was uns seit dem Nymfenburger Abendgang einander zugesellt. Wie recht hast Du, noch nicht an Abschied zu denken! Wie könntest Du auch, wenn es noch so weitersingt!

Wir rüsten uns, den Mai in der Toscana zu verbringen, jetzt war hier eine Pression in der Luft, wie ich sie schlecht vertrage: Regen und Föhn! Da hat mir Dein Zudenken in der mir liebsten Form sehr gut getan – sei dafür bedankt und umarmt!"

Von seinem Zweitsitz in Panzano (Toscana) schickt Stettler am 23.5.86, anlässlich eines Besuches in Florenz, eine Karte mit dem Kopf des Heiligen Georg von Donatello:

„Gestern entrichtete ich in Florenz mein ‚omaggio', gedachte vor diesem Georg Deiner und unserer Freunde, die nicht mehr sind! Zum Wochenende erwarten wir sämtliche Stettlertöchter! Auch der kleine Robin (5 Jahre) ist mit von der Partie, der mir gestern sagte: ‚La mano dell' amicitia può anche essere un' arma'.[211] Die im Vorjahr erfrorenen Ölbäume sind abgesägt, an ihrem Fuss spriessen Schosse hoch, die ein paar Jahre brauchen bis sie tragen. Aber die Natur kennt die Ungeduld nicht!"

Noch von Panzano schickt Stettler am 6.6.1986 auch ein neues Gedicht mit der Unterschrift: „Fratri poetae gratias ago".[212]

ROSE IN PANZANO

Die rose blüht
Auch ohne uns
In sommerspäter trauer.

Sie lächelt nur
Da wir verführt
Von kelch und duft
Anbetend vor ihr kauern.

Sie weiss genau
Dass ihr triumph,
So kurz gewährt
So schnell verwelkt,
Uns ewig überdauert.

Fahrners Dank für die ROSE VON PANZANO hat sich nicht gefunden. Am 22.7.86 schreibt er jedoch:

„Ich bin besorgt, dass Dich meine Erwiderung auf Deine schönen, mich sehr berührenden Verse und meine beigelegte Sammlung meiner Verse, die ich Dir am 24. Mai, ich meine in die Toskana, sandte, nicht erreicht haben? Ob Du etwa krank bist, oder von Schlimmerem betroffen, was mir auch als Sorge auftauchte? Oder etwa auf grossen Reisen?

Ich habe mit Gemma sehr schöne Wochen an der östlichen Adria verbracht, dann in der Schönau, und endlich in Freund Stefanos prächtigem Granithaus im Brennotal unter dem Lukmanier-Pass (wo wir in die Schäume herrlicher Kestenblüten und zu sagenhaft schönen Wasserfällen gerieten), überall an meiner Prosa-Alianor[213] arbeitend. Mir war das, als ob wir von Paradies zu Paradies führen."

Diesem Brief lagen mehrere Gedichte Fahrners bei, von deren nur noch eines fassbar ist:

GEHEIMNIS

Geheimnis ist die quelle alles schönen
Es zu enthüllen heisst es zu entmachten
Und was die götter wirkend still vollbrachten
Den andern hinzutun für das gewöhnen.

Sind sie dir lieb so such sie zu gewinnen
Zum ehren des geheimen und zur freude
An diesem schatz der nimmer sich vergeude
Und der sie nährt in ihrem sinnen.

Dich selbst trägt das geheimnis – stolze stunden
Sie werden dich mit seinem heil beglücken
Das du nur weisst – sie werden dich berücken
Und werden dir die tiefe kraft bekunden

Die ihm entquillt. So lass die welt doch meinen
Vermuten suchen stumm woher du wärest
Woraus du deinen stolz dein glück gebärest
Und wer du wirklich bist bleib im geheimen.

Stettler antwortet am 7.8.86:

„Von der Alp herabsteigend finde ich Deinen Brief vom 22. Juli; nimm meinen innigsten Dank für Deine Besorgnis! Sie ist insofern begründet, als ich wieder Augenprobleme habe, Lesen (und Schreiben) mir Kopfschmerzen verursacht und eine Untersuchung bevorsteht. […] Ich habe aber alles bekommen: fand, am 31. Mai, aus der Toscana heimkehrend, Deine Sendung IM MAIEN vor und schickte Dir darauf meine ROSE IN PANZANO und ALEI wofür Du mir am 17. Juni so besonders lieb geantwortet und gedankt hast.[214] Dann kamen meine Kopfprobleme, die den belebten Verkehr verlangsamten. Dafür bitte ich um Verständnis. Auf der Alp war leider auch eine mir nun anhaftende Arthrose im rechten Fussgelenk recht hinderlich, sonst war die Luft da oben wie Champagner, und Sonne und Töchterbesuche beglückend. Ich wiederhole meinen Dank für die so schön geschriebene Handschrift IM MAIEN, Zeugnis unermüdeten Schaffens! Ich empfinde einen elegischen, aber nicht wehmütigen Grundton tiefen Einklangs, der ganz durchgehalten ist. Die Krone gebe ich dem GEHEIMNIS, weil ich davon wie Du durchdrungen bin: ‚Dich selbst trägt das geheimnis‘… So auch der Schlussvers: ‚Und wer du wirklich bist bleib im geheimen.‘ […] Dank, für dieses neue Geschenk! Wie freute mich auch Dein Lukmanier-soggiorno! Es gibt noch herrliche Orte, niemandem zu verraten!“

Im September reisen Fahrner und Gemma mit Eberhard und Diana Zeller in die Pyrenäen, wo sie auf spanischem und französischem Boden frühromanische Kirchen aufsuchen und in Ronceval den Spuren des Rolandsliedes nachgehen. Eine Karte an Stettler mit dem Bild eines romanischen Kapitells, Roland im Kampf mit Ferragut darstellend, zeugt davon.
Zum Jahreswechsel schickt Stettler dem Freund eine Neujahrskarte mit einer Photographie von sich, am Strand sitzend mit Blick auf einen besonnten, leicht sich kräuselnden Meeresspiegel, und mit der Unterschrift „Meeresstille und Glückliche Fahrt“, worauf Fahrner am 23.12.86 aus der Schönau schreibt:

„Ganz entzückt sind wir alle von ‚Meeresstille und glücklicher Fahrt‘, und von Dir dem Spender! […] Ja, Urbans geistiges Wirken hier entfaltet eine grosse Beständigkeit. So senden wir mit ihm zusammen unser nah umfangendes Gedenken an <u>unseren Michael.</u>“ *Zugleich sandte Fahrner dem Freund eine Kopie der Schönschrift seiner jüngst geschrieben Erinnerungen „Mein Leben mit Offa".*[215]

Stettlers Dankesbrief dazu hat sich nicht erhalten, doch muss er Fahrner zugleich den Tod seiner Schwester gemeldet und ein berndeutsches Rosen-Gedicht beigelegt haben. Fahrner erwidert am 27.1.87:
    „Du trauerst – ich mit Dir – es ist aber eine schöne Trauer um Edles und Schönes. Mein Mittrauern wird vermehrt dadurch, dass ich Dein Geschwister nie gesehen habe. Könntest [Du] nicht ein Bild von ihr an mich gelangen lassen? Vielleicht leihweise, wenn Du es nicht vergeben kannst. Dann könnte ich Euch doch miteinander anschauen, und mit den Enkeln dazu! Denn Bilder mit Dir sind ein grosses Sondergeschenk, das ich fast jeden Tag geniesse. [...] Unseren Offa hast Du mir mit Deinem Gedenken zurückgeschenkt, mit den vom ‚Gärtner' gesprochenen Versen.[216] Und nicht nur ihn, auch die Gestalten um ihn, die wirklichen und die von ihm aufgerufenen. Dank Dir! Und für Dein Wort zu ‚Otto III.'[217] eine besondere Umarmung!
    Leider hat Marlene [Stauffenberg][218] keine Freude gezeigt an meinem [Offa-]opus. Weiss nicht, wer ihr da Schlimmes hineingeredet hat? Dürfte ich ihr vielleicht eine Ablichtung Deiner Worte [zu ‚Mein Leben mit Offa'] schicken? Das könnte sie vielleicht lösen?
    Die Schreiberin freut sich innig an Deinen Worten zur Schönschrift. Und sie ist weiter tätig!
    Dass Du des Walkers[219] mit Gemmas silbernen Knöpfen erwähnst beglückt mich, und noch mehr, dass Du die umgedichteten Rosenverse magst und meine Liebe zu Deinen ursprünglichen darin wahrnimmst!
    Du hast mich und uns mit allen Deinen Gaben ganz wunderbar ins neue Jahr geleitet, und dies Geleit wird, hoff ich, lohnend sein in Gemmas und meinem neuen Beginnen."

Stettler antwortet Anfang Februar 1987:
    „Hab Dank für [den] guten Brief! Liess zwei Jugendbilder meiner Schwester für Dich reproduzieren. Sie glich meinem Vater, hatte das Kommunikative aber, neben meiner Mutter (die eine einzigartige Persönlichkeit war), sich konfliktlos zu einer eigenen Persönlichkeit entwickelnd, von ihr. Die Trauer ist noch immer gross.
    Bin nicht so sicher, ob es gut ist, Marlene meinen Brief zu zeigen, möchte es eigentlich lieber nicht, er war an Dich gerichtet. (Erwähnung von Melitta,[220] Ausspruch des Meisters, etc...) Gräme Dich nicht, sie hat ihre eigene Sicht, die musst Du ihr lassen. Solche Reaktionen sind die Risiken allen Schreibens! [...]

Dieser Januar war ein rechter Sterbemonat, ich nahm an drei Abdankungen teil und schrieb vier weitere Trauerbriefe. Das weisse Ortbühl hatte freilich seine stille Schönheit. Am 8. Februar fliegen Barbara und ich nach Kairo auf Freundesbesuch (mit Abstecher ins Delta und nach Abu Mena). Werde dort Deiner gedenken!"

Im Frühjahr muss Fahrner seine Gedichte BRETONISCHER TRAUM und STIL-LES MEER an Stettler geschickt haben, die bisher leider verschollen sind. Stettler antwortet am 24.5.87, vom Fuss bis zum Knie eingegipst nach einer Knöcheloperation:

„So zart und meer-nah kamen noch keine Verse zu mir wie jetzt in meiner Immobilität, die so recht dazu angetan ist, diesen mir zugedachten BRETONI-SCHEN TRAUM ganz nachfühlen zu können, weil ich selber zuweilen in einem träumerischen Zustand befangen bin. Wie schön variiert der zweite Traum den ersten, wie nehme ich voller Hoffnung den Vers von den befreiten Gliedern, jetzt da ich gefesselt bin vom Schicksalsschmied, wörtlich, aber nicht für immer. Wie geniesst der Architekt in mir die ‚kühnen zierden die die herzen führen'; wie freuen mich ‚der kelten mienen'! […]

Das STILLE MEER tut's mir an. Spätestens seit meiner letzten Neujahrskarte weisst Du, dass Goethes Gedicht MEERESSTILLE, gefolgt von der GLÜCKLI-CHEN FAHRT (beides von Mendelssohn in einer herrlich nachmalenden Ouvertüre vertont), mir bedeutend ist. Du sprichst von ‚so grosser Milde', Goethe spricht von ‚Todesstille fürchterlich'. Das Schmeicheln der Wellen, der auslaufenden, nicht zerschellenden, an den nackten Füssen! Und das Archaische der Landschaft mit ihren Steinen und gefügten Bauten! Das alles sieht man, spürt man, mit Deinen Augen, Deinem Sinn. Wie glücklich bist Du, ihnen noch so nuancenreich zu gebieten. Jemand, der fast jährlich in die Bretagne fuhr zu Freunden, die dort ein Haus haben, dort weilte mit und ohne ihren Mann, war meine am 2. Januar verstorbene Schwester. Am 27. Mai wäre sie 70 geworden, zu diesem Tag kam ein Gedenkheft heraus, das ich gleichzeitig auf die Post nach Schönau gebe, da Ihr beide so nahen Anteil am Verlust, der gross ist, genommen habt."

Weiter wünscht Stettler dem Freund gute Vollendung des Ritterbuches, dieses weitumspannenden west-östlichen Planes, der Fahrner in den letzten Jahren und Monaten neben dem Abschluss seiner ‚Memoiren' intensiv beschäftigte.

In den folgenden Briefen vom 12.7.87 und 22.7.87 macht Stettler Vorschläge für Verlage, die dafür anzugehen wären,[221] *meint aber auch:* „Es ist eine crux mit den Verlegern, sogar ‚mein' Stämpfli bringt nicht mehr heraus, was nicht voll finanziert ist. Wie schön war nach dem Krieg der Delfin Verlag, der heute fast wie ein Wunder erscheint! […]

Das Zusammenwachsen des zertrennten, seines Sprung-Gelenkes beraubten Fusses macht Schwierigkeiten. Ich bin im Gips, liege meist, […] eine Geduldsprobe, die noch lange dauern wird und mich immobilisiert. Ich halte mich an die Rede des verbannten Herzogs im Ardennenwald in [Shakespeares] ‚As you like it‘, _versuche_ mich dran zu halten: ‚Sweet are the uses of adversity.‘"

Der letzte erhaltene Brief der Korrespondenz stammt von Fahrner, am 24.11.87 geschrieben:

„Gerade bin ich aus Bonn zurück. War ins Kanzleramt geladen für eine Gedenkfeier an Claus von Stauffenbergs 80. Geburtstag. Erstaunlich, was der Kanzler an unbedingtem Bekenntnis zu Claus ablegte.[222] Müssen kluge Ghostwriter dahinter stehen. Peter Hoffmann fiel dagegen ganz ab mit ängstlichen Kompromiss-suchenden Formulierungen. Heller, d.h. dunkler Gegensatz zur Darstellung, die Freund Eberhard gerade ausarbeitet.[223] Schon seit letzten Weihnachten bin ich ihm dabei zur Seite.

Schön war Gemmas 80. Geburtstag. Wir haben Dich und Barbara innigst dazu hergedacht. Erstaunlich war, wie viele nahe Menschen kamen, und wie sie kamen: die strahlenden Jungen und die verschönten Alten. Das Rossespiel[224] gelang auch wie noch nie, und das Festmahl im Gasthof war wie eine beglückende neue Erscheinung.

Wir sind im intensiven Vorbereitungen auf Gemmas ‚Werkbuch‘, in dem manches Wichtige gesagt werden soll.[225] Wir legen Dir so manche Sätze im Geiste vor und hören den dazu, den wir entbehren müssen.

Vom 16. Dezember bis 6. Januar wollen Gemma und ich wieder in der Schönau sein, wollen den indessen betreuten Bronze-Abguss der ursprünglich entworfenen drei Gestalten der Brüder Stauffenberg von Urban begrüssen[226] und manche Vorhaben fördern.

Meine ‚Ritter‘ stehen noch immer im Ungewissen, trotz mancher hilfreich wirkender Hände ist noch keine Drucklösung gefunden worden. Ich nutze die Zeit zu Verbesserungen und Ergänzungen.

Aber: Wie mag es Dir gehen? Unablässig sind unsere Gedanken und Wünsche bei Dir – lass Dich liebend und ganz zugewandt umarmen!"

Zum Jahreswechsel 1987/88 sandte Fahrner dem Freund sein vielleicht letztes Gedicht, im Spätsommer 1987 entstanden:

ZU DEN HORIZONTEN

Das war zu schiff die fahrt auf weiten wogen,
Die ferne rief und nahe wellen sogen,
Dass ich sie nie genug bespähen konnte
Des ringsum meeres riesenhorizonte.

Doch himmel ein in meine seele schritten
Und webten ihr geweb in meiner mitten
Die grossen mächte wirkten, die von innen:
Die nicht-zeit herrschte nach der zeit verrinnen!

Ich schwebte wandelnd, fliegend auf den wogen
Und von den mächten himmelwärts gezogen
Und sinkend steigend riesenhorizonte
Befuhr ich – oh wie ich sie schauen konnte!

*Wenige Wochen später, am 29.2.88, starb Rudolf Fahrner im Spital von
Zams bei Landeck, wohin er nach einem plötzlichen Herzversagen in den
Tiroler Bergen verbracht worden war. In einem Dorf am Reschenpass hatte er
mit Gemma, sowie Eberhard und Diana Zeller, Höhenluft gesucht, hatte sich
aus Zellers Manuskript zu seinem neuen Stauffenberg-Buch vorlesen lassen
und mit ihm noch offene Fragen besprochen. Die Abdankung fand im Sollner
Friedhof in München statt – Freunde lasen Gedichte aus FEDELM und LAU-
TEN UND SCHWEIGEN. Bestattet wurde Fahrner im Thiersch-Familiengrab,
neben dem am 8.9.84 verstorbenen Urban Thiersch.*

*Stettler war durch seine mangelnde Mobilität verhindert, an der Trauerfeier
teilzunehmen, sandte aber am 3.3.88 den folgenden Brief an Gemma Wolters-Thiersch:*

„All die Tage begleite ich Euch in meinen Gedanken, in Landeck wo unser
Effendi so unerwartet ans Ziel gelangt ist, nach Michelangelos Vers ‚Des
Todes sicher, nicht der Stunde wann' – und in München, wo der Teure in
der Thiersch-Grabstätte bei Ihren Lieben bestattet wird. Wie gerne hätte ich
ihm das letzte Geleit gegeben! Bin leider reise-unfähig, muss regelmässig
zur Behandlung von Fuss und verspannter Hüfte, auch sind Durchblutungs-
probleme in den Zehen zurzeit in Untersuchung. Sehr dankbar bin ich für Ihr
gütiges Verständnis!

Wenn ich an meine älteren Freunde, Stein, Fueter, Zschokke, denke, die
alle über Jahre des Zerfalls hin schwere Lebensenden hatten, will sich über

der Trauer um den Entschwundenen doch Dankbarkeit einstellen, dass Effendis Ende fast kampflos war, wie ich es mir auch selber wünsche. Der Abschied ist für Sie, die treue Gefährtin so vieler Jahrzehnte, hart und lebensverändernd, besonders auch nachdem Sie selber im Krankenhaus waren – ich bilde mir aber (wohl egoistisch) immer ein, die Frauen hätten mehr Kraft zu überleben. Einmal mehr preise ich das gütige Geschick, das uns an der Einweihung von Urbans ‚Prinzen von Homburg‘ auf dem Thuner Inseli alle noch einmal so festlich vereint hat, und auch hier im Ortbühl.

Ich bin hier umgeben von Effendis Werken, den weissen Bänden und drei schön vergoldeten Sammelschachteln mit seinen Handschriften oder Abschriften der teuren Schreiberin. Keine ohne liebevolle Widmung, und manches Gedicht auch an mich selbst. Da sind all die köstlichen SPIELE aus Tausendundeiner Nacht, die KNAPPEN, der PERLENBAUM, der Gedichtband FEDELM (mit den Seiten 31 und 115), LAUNCELOT, ALIANOR; da sind die ‚Lebensgestalten in Gemmas Kunst‘, die SCHMERZBLÜTEN, der BRETONISCHE TRAUM letzten Jahres, die Übertragung meiner berndeutschen ROSEN in die Hochsprache, so geglückt:

> Seit mich kann besinnen
> Ist der rosen gegenwart
> Die von königinnen.

Zuletzt noch ‚Guillaume le Maréchal‘,[227] auch von der Hand der Schreiberin! Da ist Ritterliches, Syrisches, Ägyptisches, Anatolisches, Indisches. Es wird mir ob der Fülle von dichterischer Zuwendung bewusst, wie sehr unser Effendi ein Kreuzritter war zwischen West und Ost.

Seit er mich, zum erstenmal von Robert Boehringer gewiesen, in Bern besuchen kam, war der Austausch nie mehr unterbrochen, bald folgte der erste Besuch in Überlingen, wo wir Ihre Gäste sein durften und wohin wir wiederzukommen hoffen. Bei jenem ersten Besuch am See begannen auch die Freundschaften mit Urban, dem mir so lieben, und mit Zellers, das Band mit Offa wurde schon vorher in der Schweiz wieder geknüpft. Ich nahm Anteil an den delfinischen Werken, und Frank war in unsern Gedanken auch immer gegenwärtig, er, der bei meinen Begegnungen mit dem Meister stets zugegen gewesen war. Welch dichtes schimmernde Gewebe verknüpfte uns alle, liebe verehrte Gemma, und bereicherte unser Leben! So bin ich jetzt, da auch Effendi zur Schar der Entrückten gehört, traurig und erschüttert und doch zugleich dankerfüllt und möchte Ihnen Trost zudenken, so viel ich kann. Sie waren ihm die Nächste und haben Unendliches für ihn getan, beschirmten ihn, wenn er litt und verdüstert war. Wie ich Ihnen dafür danke! und alles Gute wünsche!

Ich denke mir, dass Urbans so geheimnisvolles Entschwinden Effendi sehr zugesetzt haben muss, denn Urban hing mit ganzem Herzen an ihm. Wo sind sie jetzt? Dort, wo die tapferen Menschen sind."

Michael Stettler überlebte Fahrner um gute 15 Jahre. In dieser Zeit publizierte er noch seinen letzten Gedichtband „Die Rose blüht auch ohne uns" (1993), sowie seine letzten Sammelbände von Erinnerungen und Essays: „Sulgenbach" (1992) und „Lehrer und Freunde" (1997). Bis zuletzt wohnte er in seinem geliebten „Ortbühl", auch nach dem Hinschied von Frau Barbara im Februar 2000, unter dem er sehr litt. Er starb am 18. Juni 2003 einen plötzlichen, friedlichen Tod im eigenen Hause, wie er es sich gewünscht hatte.

Am 25.12.2000 hatte er noch an den Herausgeber geschrieben:
„Mir geht es gut, bin nach x Kuren in Montegrotto berstenfrei, aber am 20. Februar ist meine Barbara ihrem Leiden erlegen, was mein Leben total verändert hat nach 55 Jahren ungetrübter Gemeinsamkeit. […] Werde am Neujahr 88-jährig, geniesse meinen Ruhestand Tag für Tag – never a dull moment. […] Hie und da (selten) ein Gedicht – eines leg ich bei:"

DER RUF

Mein tag kann nicht umsonst gewesen sein,
Seit ich den strahl gewahrte
Der mir die welt im widerschein
Helldunkel offenbarte:

Mit schatten auf dem rosenfirn
– Vom götterthron die spuren –
Mit dörfern an der felsenstirn,
Der fülle satter fluren

Und dämmernd im umbuschten wald
Dem mittelschiff der föhren –
Und überall der ruf: Komm bald,
Dass wir uns ganz gehören!

3. ZUSÄTZLICHE GEDICHTE VON
MICHAEL STETTLER UND RUDOLF FAHRNER

MICHAEL STETTLER: SECHS JUGENDGEDICHTE

(Diese Gedichte waren dem Brief vom 4.12.52 an Fahrner beigelegt.)

Heilbringer Licht! erbarmungslos erscheinst du
Vor uns im weg dass wir geblendet taumeln,
Der sinne nicht mehr herr, und pfeile zucken
Im wunden fleisch und eisig feurig rieseln
Die haut durchfährt und wir noch taglang träumend,
Wenn du dich abgekehrt, das tal durchirren,
Verdüstert und verwaist, um deine spur.

Dies aber, dir begegnet sein, nur einmal,
Zerstört erschafft uns neu, vermag das wunder
Und lässt uns mit dem flammenmal zurück.

*

Geburt und tod verknüpft ist ungeheuer...
Bedrängt vom zuckend aufgebrochnen schlund
Von giftigen schwaden grauenvoll umstellt
In tiefen stürzend lautlos namenlos
Wie kommt es dass ich dennoch atem spüre?
Wer beut dem sinkenden die hand als grund?
Dass sich die spalte mählich schliesst wer fügt es
Und dass erinnerung an nacht und blut
Noch tröstlich wird wer hat dies so vermocht?

*

Unter tausenden einer vielleicht
Unter hunderten keiner
Dem ein engel die speise gereicht
Ihn zu flammen entfachte: sei meiner.

Dem einst die lippen er bot
Fest ihn umschlingend: bist meiner –
Seinethalb bist du nicht tot
Unter tausenden einer.

DREI WIDMUNGEN

Vorzeiten nahm ich meinen weg aus dir
In eine welt die wundern offenstand
Und antwort gab geheimstem knabenwunsch
Dass sich ein lang verborgnes neu enthüllt...

Noch bin ich dein · schon altert auch dein kind
Und kinder nehmen ihren weg aus mir
Wohl anders und in andres licht · doch tönt
Mein liebeslied auf ihren lippen fort.

*

Knaben wie seid ihr versonnen
Lieblich in euch versponnen…
Silbern erglänzt eure welt
Ufer und schilfrohr und zelt
Lockend zum wiederbeginn:
Morgen ja heut bin ich drin!

*

Wenn du meiner gedenkst
Denk nicht an mich,
Denk an das licht jener tage
Das auch in dunkeler klage
Nie ganz verblich.
Denke der traumeshellen
Woge wenn sie in schnellen
Stössen dich überfiel
Herfiel heiss über dich--
So denke an mich.

SCHATTEN

Abschieds übermass erfüllt sich allen
Dran im mittag keiner wahrlich glaubt,
Noch ein schritt, auch dieser wird verhallen
Noch ein ruf, vom winde weggeraubt..
Seellos wird der kühle schatten fallen
Wachsend über hände brust und haupt.

DIE SÖHNE

Weh den erben wenn sie hadern!
Rollt nicht jedem in den adern
Noch von unsres vaters blut
Tropfen weisser sonnenglut?

Seine schlösser gärten länder
Seine waffen und gewänder
Bilder bücherein.. wen freut
All dies wenn ihr zwietracht streut?

Denkt den tag in seiner kammer,
Wie mit urgeheimer klammer
Dass ihr nie den blick vergesst
Hielt er seine kinder fest.

Brüder lasst uns frieden stiften!
Über stadt und strom und triften
Wird im wind die fahne wehn
Die das heilige land gesehn.

RUDOLF FAHRNER: ITHAKA-ERNTE

(Erwähnt in den Briefen vom 13.2.66 und vom 10.6.66)

Vorspiel: GOLDGRUND

Ob diese aue –
Wo der fischer nächtens die karpfen
Ihre züge wissend
Trügend füttert
Dass sie anderen tags
Am hungrigen morgen um drei
Nach der angel schnappen –
Auch uns einen köder bot
So lockend
Dass wir uns fangen liessen
Nächte um nächte?

Oder der mond wars
Der wachsende erst
Dann der volle · der schwindende dann
Der uns berückte
Wenn er am himmel die sterne
Blassen liess oder
In baumkronen schaukelte · oder
Ihnen entsteigend die lichtbahn
Malte aufs wasser –
Die wange der schönen
Streifend über die haare
Nixischen schimmer ihr legend –
Indessen sie schwimmend
Voran den andern
Zum mutwill rief
Dass die einen die andern
Anschwammen mächtig rudernd
Und erst im letzten
Augenblick zur seite sich legend
Hautnah doch ohne berühren
Vorüberschossen
Süss aneinander

Oder die spiele
Am anderen ufer
Nach springender wärmung und lösung
Wenn wieder im reinen
Durchsichtigen wasser
Die und die sich fassten
Und eines das andre
Umschwang es ziehend
Rund um sich durch die flut
Die aufschäumende die
Sich fühlte als
Tanzelement!

Kam das entsteigen vielleicht
Nimmer uns aus dem auge
Wenn die beglückten
Die feuchte verliessen und selbst feucht
Glänzten von anderem nachttau?
Oder das Feuer
Am ufervorsprung
Das wissend genährte
Zu dem · sich wärmung erbittend ·
Wie in der urzeit
Der frierende fremdling kam?

Warens die kinder
Das eine das andre
Die so gereinigt
Im badenden bade
So in sich selbst erscheinend
Die unsrigen wurden?

Oder war was uns wieder
Und wieder lockte
Und fing das gewusste
Wissen dass alles nur einmal
Kommt und unrettbar
Wenn wirs nicht fassen vergeht
Ergriffen aber sich einspielt
Ins Andre und in der seele
Seine inwohnende ewigkeit
In bilder sich wandelnd feiert?

STERNENNÄCHTE

Zeus der göttliche stern stand
Fast im zenith und schaute
Den grossen bogen hinunter
Auf Afrodite die
Weit dem morgen voran
Funkelte · riesige lichter
Leihend von Helios der
Ihr folgte aber verborgen.

Sie hatte sich zu den beiden
Dioskuren gestellt und entbrannte
Jenen nahe in fremderem licht – und der Höchste
Sah mit staunen und ernst · wie andre
Welt entstehen könnte aus solchem
Bunde · gedenkend
Wie die tochter – nun tochter –
Immer dem lichtquell nah und sich schmückend
Mit dem ersten hauchenden strahl und dem letzten
Vor den irdischen
Mann im weib einst
Das empfangene licht vom urquell
Als sei es das eigne zu eigner
Herrschaft zu brauchen
Lust und stärke gezeigt und als
Hesperos auch erstrahlend
Doppelt im firmament
Waltete – und seine leuchte
Blinkte auf · einen wimperschlag lang · als er schaute
Den riesigen bogen hinunter
Blickend – das drohende bündnis:
Drei statt zwei und die söhne
Ewigen lichtes mit jener.

Aber längst schon ihr bändiger · trat
Der himmlische Ares
Schnell nicht wie menschen tun dazwischen nein langsam
Wandelnder stern und
Trennte den drohenden bund · indessen die brüder

Ruhig strahlten – sie wussten den ausgang – und Zeus der
Siegende an der Plejaden
Nahen spielen sich weidete.

Und der mond der der erde
Immer sich wandelnd ins dunkel der nächte
Niederbringt vom himmlischen lichte soviel uns
Jeweils vergönnt ist –
Geschwister der erde
Oder ihr sohn vielleicht und
Stets ihr gewogen –
Fuhr · uranische barke ·
Halb erst noch tragend die fluten des lichtquells
Und aus der nähe und unverkennbar ·
Stiller dienst · die entliehenen nieder sendend ·
Dann sich schmaler sichelnd in jeder
Nacht · er
Fuhr fast lächelnd hindurch
Durch das spiel der gefahren
Und blickte am ende ·
Schmale silberschale gefüllt mit
Dunkel · eh er entschwand für drei
Der nächte · noch einmal
Hin auf die tänze.

BAUMLAGER

Droben das lager
Hineingeflochten
In ölbaums äste
Nein eingelassen:
Kräftige stangen durchwunden
Mit reisern und überdeckt mit
Biegsamen laubichten zweigen
Besonders dort wo das haupt sich
Rastend stütze derweil auf dem lager
Sich die glieder
Dehnen so leicht weil in lüften –
Magst dus ersteigen?

Der stamm hilft mit
Liegt schräg hinan
Mit stützenden wenden für tritte
Obenher kommt dir
Gezweige hangend entgegen –
Ins haar dem baum
Solltest du fassen · dich aufziehn und
Die enden der lagerstangen
Zu hilfe nehmend
Auf dich schwingen zur ruhstatt – ruhstatt?
Wer ruht wo er liebt? und doch:
Wer liebt ruht noch tiefer.

Du tust es und zweigst
Die beine · die erste stütze
Ersteigend und
Der helfende unten
Sieht nach oben blickend
Auf dich biegen und schnellen – die hand schon
Greift in die zweige · die andre
Fasste den lagerrand · beide
Stützen wenn du darauf schon
Das lager besitzend
Aus dich streckst · und das haupt und die schultern
Schaun ihm entgegen sobald er
Selbst deinen weg geht.

Und der erst schauende tat dirs
Nach · und mehr als die arme
Zogen · die schenkel
Schnellten · zog ihn nach oben
Was er geschaut und was ihm
Entgegenblickte winkend und doch · ihm
Halbentschwunden · schon ruhte
Hoch auf dem lager – und mehr als
Klimmend war er · er sprang ·
Schon bei dir droben.

Breit für zwei ist das lager und zweie
Breiten sich · engen sich · neigen die häupter
Leicht aneinander mit küssen

Sich zu begrüssen und beider
Wangen und augen standen –
Sie sehns wenn sie schauen –
Schimmernd im öllaub.
Und auf die rücken dann
Sich lagernd nebeneinander
Sehn sie die himmlische flut
Durch die gezackten
Rahmen der bätter.

Aber das eine wollte
Über das andre sich beugen · wollte ·
Eifernd sehr mit dem himmel die blicke
Fangen die aufgesandten · die eignen
Senken in die entzückten in denen
Wache träume sich malen – und sie vertauschten
Wieder und wieder
Oben und unten · den himmel
Findend oben und unten:
Zwischen den zweigen und in den
See'en der augen – Da stand doch
Noch das eine bevor: dass die glieder
So wie des baumes zweige sich zweigten und blätter
Trieben · entgegen sich streckten
Blätter des starken sehnens
Und dass die häupter
Sich mit blättern krönten · die lippen
Laute sehnender lüfte
Hauchten und tief inmitten
Stamm und stamm ineinander
Wuchsen – indessen
Lorbeerzweige – wie sie der hirte
Der erbauer des lagers
In die krone des ölbaums
Eingeflochten (den schatten
Noch zu verdichten)
Dufteten so wie die haare
Duften rosenverwandt wenn ein haupt sich
· Findet gunst bei den göttern.

NACHTBUND

Weil in der erde wir
Wirkender noch die
Wandlungen spürten?
Oder wie kam es
Dass die günstige bolge · zwei menschenmaasse
Nur an tiefe · uns tiefer
Barg als seidengehäng und
Schloss an der tür und mauern
Türmende und dass der kleine
Himmelsraum der hereinsah
Zimmergross im geviert
Mit den wenigen sternen
So mit dem all uns einte und so ineinander
Ging mit ertastetem stein und
Dunkliger pflanze die
Helfend uns stützten?

Sieh wir wussten und schauten –
Dessen was menschen das wesen
Hindernd verstellt so
Ledig · und gaben
Uns die frohesten früchte
Liebend zu kosten..

Glaub mir es walten
Spielend die grossen
Heiligen mächte und auch die kleinen
Wirkenden dinge die
Ein sich stellen und schwinden
Heil den liebenden für und für – und du sahst ja
Dass selbst das böse
Wenn es auch schreckte
Uns nur dienend umschlich und nicht ändern
Konnte was war und blieb und
Strahlte im dunkel.

DIE LEBENDE SÄULE

Ihr wuchs so kräftig steigt
Empor aus schmalem fuss
Die brust wölbt aus und trägt
Mit mittler hals das helle kapitell.
Sie steht in sich doch überwölbt
Vom grossen baum
Sie regt den raum

Sie kann sich bewegen
Und zweigt ihr bein
Schon sind es zwei
Sie tanzt und schwingt
In baumes bucht
Sie kann sich biegen: ihr mittelschwung
Steigt auf und sinkt –
Im gegentakt
Senkt sie und wirft dann hoch zurück
Das kapitell.
Sie will sich wiegen
In baumes bucht
Gemach und schnell
Wird heller als hell.

Dann steht sie schlicht
Gelassen fest und doch noch weich vom tanz
Im mondenlicht
Weissglänzend wie ein traum
Da lacht der baum.

RUDOLF FAHRNER: DAS GLÜCK VOM SOMMER 77
(Erwähnt in den Briefen vom 12.7.77, 11.1.79 und 13.1.79)

Ein junger morgen hebt mit wonnen an
Die taue blinken und die luft ist rein
Des glückes gaben dringen auf mich ein
Nicht erst ersehnt – sie kommen selbst heran

Die lebenden die fern geraten kommen
Zurück und herzen schlagen mächtig jäh
Schwing ich nicht mit und liebe mit und späh
Ins lustgefild : ist mir denn nichts genommen?

Ein reifer freund der in so vielen jahren
Geschwankt · versank · vom untergang bedroht
Muss sich entdecken · zaubrisches gebot ·
Und seine dichterkräfte offenbaren

Ein andrer der verriet so viele male
Hat seine stete nun mir süss bezeugt
Und einer der sich zaudernd weggebeugt
Naht sich beglänzt von neuem liebesstrahle

Ein treuer steht – und ist er überm meere ·
Mir leuchtend nah · sein aug ist klar gesternt
Mag ferne wogen er ist nicht entfernt
Und keine treutat die er nicht begehre

Ein junger greift zum silber · will gefässe
Geräte · schmucke · becher schmieden lernen
Und schaut hinauf beim wählen zu den sternen
Dass er der frühen glücke nicht vergässe

Und ein geliebtes wesen ist verwandelt
Zu neuer auffahrt glühts in seiner seele
Dass es verjüngt dem oberen befehle
Gemäss auf seinen neuen bahnen handelt

Andromeda geschmiedet zum versehre
Dem dunkelwesen opfernd anverlobt
Hat nackten leibes ihr geleucht erprobt
Und steht befreit und schimmernd nah am meere

Und einer der schon blind versunken schien
Ging neben mir im waldtal · sprach von dingen
Die mich in meines lebens los umfingen
Und war ein trauter dem das schaun verliehn

Die gottverliehene gefährtin neigte
Mir neu des herzens kelch zu tiefem zug
Und was ich ihr an glut entgegen trug
Ward kraft in unserm baum der neu sich zweigte

Von enkeln schaut ein blonder schopf herauf
Von der noch kleinen jungen wohlgestalt
Und spürend ahn ich welche tausendfalt
Die grosse Göttin hegt zum lebenslauf

Winkt nicht ein schein dass feinde sich versöhnen?
Verjährte verse füllt ein neues dröhnen
Ich hör die künftigen schon im ohr mir klingen
Fühl rhythmen nah die bald schon mich umschwingen

Und seine waage wog der himmelsrichter
Und liess des glückes helle schale sinken :
Wo kaiserburg und turm herüberwinken
Zum kestenwald erschien ein junger dichter.

*

Grosser entrückter atmende wiederkehr
Wendet mein haupt und keiner der blicke bleibt leer
Rings erheben sich aufgeblüht die gestalten
Die mir der tod schon genommen die jungen die alten:

Hans der jüngste von ehmals · reif schon im wort
Den noch als letzten die kugel gerafft. Und der hort
Heldischen lebens der immer · der strenge · mir leuchtet
Wolters der singende der uns die liebe durchleuchtet.

Erika · heldische frau · die im kampf du gefallen
Um die rechte der töchter der göttin die allen
Frauen und männern die himmlischen lose bekundet
Und die berufung schenkt die die leben erst rundet.

Freund der jugend · verbundenster wandergesell
Der sich den tiefen geweiht so dunkel wie hell
Blondestes haupt auf schwankem stengel · im wanken
Fest · so verfallen dem wahn wie der glut der gedanken.

Hohe grafen gemäht von der sense · im schnitt
Sinkend · für immer doch wandelnd den göttlichen schritt ·
Freund der freunde · mit mächtigen schultern doch schlank
Der unser leben gelenkt in der mitte : Mein Frank!

Und der heune an rausch · der uns bog zueinander
Sichter und sänger von hohem geblüt : Alexander!
Aber am schimmerndsten hebt sein traumvolles haupt
Der wie ein löwe ging und das feuer geraubt

Von dem herde der götter der kunst und die flamme
Machte zum bette dem geist und zur nährenden amme!
Weggeschwundne · erstandne zu schönstem verbleib
Gegenwart seid ihr und schenkt euren neuen leib.

*

Die häuser und die gärten drin ich lebe
Sie blühn und tragen mich durch meinen tag
Sie proben mich wie viel mein arm vermag
Und bergen mich wenn ich vorm glücke bebe

Sie schützen mich wenn ich mit neuem schauer
Den tag beginn und sinne am gedicht
Des lebens das schon war und das sich flicht
Ich steh und baue an der schönen mauer

Und länder tun sich auf als ob zum ersten
Und schönsten mal die welt betritt mein geist
Das zeichen spendend das mich lockt und weist –
Und hüllen der gezeiten müssen bersten :

Vorzeit der menschen spricht in gegenwarten
Zu mir · uraltes macht mich sehend hell
Und sprudelnd öffnet sich mir quell um quell
Und ausgemerzt sind meines lebens scharten

Bretagne schichtet mir die heiligen steine
Vors aug · und Irland lässt mir Vult und Walt
Vors auge treten · öffnet den gehalt
Der hügel · tränkt mich mit der sänger weine

Und steine · neue · kommen mir aus weiten
Von Savonier und Lecce · goldner fels
Will sich den händen geben · klingend schellts
Schon bald vom meissel · körper zu bereiten

Und da ich dankes gluten vor sie trug
Ist es den Spendenden noch nicht genug
Die macht der schönheit · bildend mann und weib ·
Sie winkt und zeigt mir einen neuen leib.

8. August 1977

RUDOLF FAHRNER: KRÄNZE
(Erwähnt in den Briefen vom 30.12.78 und 6.1.79)

Ein Tagespaar nur – oder warens viele
Ganz ungezählte und unzählbar viele?
Nein's war ein tag und nachten nacht und tagen
In eins getauchte wie im paradies
Wo Eine zeit im sonn- und mondenglanz
Die Nichtzeit unvergänglich stille steht.

Wir gingen auf dem waldigen grat zur stelle
Wo man durch baum und tal hinübersieht
Zur nachbarburg und durchs gezweig aufs hohe
Das feine doppelbogige minnefenster
Von dem die schöne heiss umworbene
Das tuch gezeigt · das weiss verheissende
Herrufende · und auch das grüne: stille
Und warten · vorsicht · lieb gebietende.
Nach diesem blick hob sich der grat ein stück
Und sank dann leicht hinab zur diesseitsburg
Auf der der minner spähte · harrte · warb
Und ohne lass die liebesbitte sandte.

Wir grüssten nur den turm · den felsenwall
Und stiegen aufwärts wieder auf dem grat ·
Und junge lärchen wuchsen uns zur rechten
Mit feinen nadelspitzen · schlanken wipfeln.
Und hohe buchen schatteten ins tiefe
Waldgras zur linken und wir ruhten dort.
Und wieder uns erhebend brachen wir
Vom buchenbusch die schönsten lichten zweige
Und wanden sie zum kranz und suchten dann
Im weiten buchendom der sich uns auftat
Mit weitgestellten stammessäulen · kronen
Die mit dem himmel sich in ein gewölb
Verflochten · einen stamm und einen ast
An dem wir unsern kranz dem fernen freund
– Es war sein tag den wir begingen – ehrend
Und liebend opferten · ins licht ihn hängend.

Am andern tag – und doch es war der gleiche
Der Eine · da die nichtzeit stille stand –
Da trug es uns zur höhe durch die wälder
Nach trünken mundigen morgenweins im dorf.
Und was an wäldern · talerfüllend · höhen
Bedeckend da zu uns · schaumkronig · üppig
Herauf herüber schaute und im blauen
Der ferne immer noch verwandt uns grüsste!

Ein waldeswächter wollt es uns verweisen
Dass wir das unbetretbare betreten
Und wies uns doch den weg wie er ihn meinte
Und ging davon. Doch in der tiefsten stille
Ganz andrer führer winken folgten wir:
Die sonnvergoldeten im waldesdunkel
Aufglühnden farne · volle güldne fächer
Und feine goldne spitzen · wiesen uns
Bergab und dann hinaus zur weiten lichtung.
Und glatte laubgekrönte säulen wieder
Erhoben sich aus tiefem bärengras
Das mit den silberrispen einen weichen
Und zarten teppich schimmernd bildete.
Sie stiegen – eine zu der fernen andern
Hinüberwinkend – einen leichten hang
Hinab. Und zwischen diesen wandernden
Den baumgestalten leuchtete der himmel.
Und voller waldesprunk von unten grüsste
Herauf · von sonnenstrahlen angeflammt
Die hinter uns die schattenmauer querten
Hoch aus dem himmel sinkend und noch tiefer
Uns fühlen liessen unser schattenglück.

Da wars dass wir den kranz aus bärengras
Die halme zärtlich raufend und die rispen
Mit rispen liebend einander schlingend
Für unsern jungen dichterfreund geflochten
Und in dem dichtgebüsch am lichtungsrand
Ihn ins gezweig geborgen nach der wieder
Vollzognen weihe: sinnend · grüssend · denkend
Und betend für sein heil das buchenhoch
Und himmelnah wir wachsen liessen – flammend
Im geist mit unserem geist in seinen geist.

27./28. August 1978

4. NACHWORT DES HERAUSGEBERS

„Je unmittelbarer lebendig heut jemand ist, desto lebenfremder erscheint er denen welche diesen Zeitgeist mit dem Leben selbst verwechseln."[228] (Friedrich Gundolf)

In den Zusammenhang der dichterischen und darstellenden Werke beider Autoren gestellt, vermitteln die vorangegangenen Briefauszüge ein bisher kaum gekanntes (und von den Wenigsten vermutetes) Bild vom „Nachleben" des George-Kreises. Die Betonung darf hier auf das exemplarische L e b e n gelegt werden, mehr als auf die zeitliche Distanz, die im Begriff des Nachlebens ebenfalls enthalten ist.

Beiden Freunden eignete eine ungewöhnliche Verbindung verschiedener Talente und Berufungen, und beiden war der Erhalt einer lebenshaltigen und lebensfördernden Tradition wichtig: Michael Stettler, dem dichtenden Architekten und Museumsleiter, galt richtig verstandene Überlieferung als Zündstoff zu neuen Sichtweisen und produktiver, zeitenüberspannender Erneuerung. So schrieb er etwa in seinem Aufsatz „Museum und Geschichte": „Geschichte ist ein Voranschreiten in der Zeit, das Museum hingegen ist Erstarren im Raum. [...] Die Ausbreitung des geschichtlichen Strandgutes in den Museen hätte nun wohl zum Ziel, dass die Begegnungen mit diesen sichtbaren Zeugnissen früheren Geschehens Raum wieder zurückverwandelt in Zeit, indem sie Wirkungen entfacht. [...] Wenn aber die Erfahrung nicht bestünde, dass das darin bewahrte Gut neues Leben zu wecken vermöchte, würde die Stapelung erst zur Fragwürdigkeit. Es sollen ja nicht nur Stapelungen sein, sondern Konstellationen wie von Gestirnen."[229]

Für Rudolf Fahrner, den dichtenden Germanisten und Historiker, galt Ähnliches: Überlieferung bedeutete ihm das Aufrufen zeitloser kosmischer Mächte und menschlicher Urbilder, umgesetzt und einverleibt in sinnlich fassbare Gestalten. Die Erfahrung, dass der innerste Kern sogenannter historischer, vermeintlich vergangener Erscheinungen im Verborgenen lebendig bleibt und, richtig beschworen, immer wieder neue Wirkung entfalten kann, war für ihn wegweisend. So sagte er in seiner Rede zu Hölderlins Kosmos- und Geschichtsdeutung: „Das Vergangene ist nicht nur vergangen, sondern in Gegenwart und Zukunft ganz eigentümlich anwesend, so wie auch das Künftige im Vergangenen und im Gegenwärtigen schon vorweist. Das Geschehen ist geschichtet, die Schichten sind geschieden und doch zugleich ineinander

gewirkt. Das Geschehen bildet sich immer wieder in eigenständigen Daseins-
kreisen aus, und doch sind diese Daseinskreise dauernd aufeinander bezogen. Und diese Beziehung wird nicht nur in Raum- und Zeitzusammenhängen ersten Grades (d.h. in räumlicher Nachbarschaft und in zeitlicher Folge)
verwirklicht, sondern auch in weiteren Raum- und Zeitzusammenhängen, die
sich in ganz anderen Dimensionen abspielen und erfüllen. Solche überzeitlichen und überräumlichen Beziehungen erscheinen oft als noch wirksamer
und wirklicher; ja, sie erweisen sich gewissermassen als notwendig, weil wir
bei genauerem Zusehen kaum ein bedeutendes Geschehen finden können,
was sich ohne ein Ineinanderspielen mit einem räumlich und zeitlich entfernten
Gegenstück ereignete." [230]

In diesem Zusammenhang darf man auch an den Spruch „Tote und lebende
Gegenwart" aus der Neunten Folge der „Blätter für die Kunst" (1910) erinnern, mit den dem „gegenwärtigsten" Goethe in den Mund gelegten Worten:
„Ihr sogenannten Modernen begeht den fehler, Hellenentum wie Christentum
als geschichtliche · ein für allemal dagewesene überwundene zustände aufzu-
fassen und verkennt dass es sich dabei um urseinsformen handelt die nur von
ihrer höchsten sinnbildlichen gestalt den namen bekommen haben. Griech-
heit · so hoffe ich · wird es immer geben wie es auch einen Katholizismus
schon gab vor der Kirche." Der Verfasser, wohl George selbst, fährt fort: „Als
ganz unerträglich aber würde er [Goethe] die zumutung empfunden haben in
der heutigen Welt der Oberflächen die einzige gegenwart und wirklichkeit zu
sehen. Er hätte viel mehr das was heut als das einzig fruchtbare und zukunfts-
volle gilt für durchaus scheinhaft gehalten und nicht für eine urseinsform." [231]

Die revolutionäre Tat von Stefan George war es ja gewesen, zu Ende des
19. Jahrhunderts die Verbindung zu den verschütteten Quellen einer ursprünglichen geistigen Tradition im Reich der Sprache neu geöffnet zu haben, sowie
dem durch eine übermächtige (und höchst einseitige) wissenschaftliche und
technische Zivilisation drohenden Wirklichkeitsverlust entgegenzuwirken −
Wirklichkeit im Sinne eines korrespondierenden geistig-leiblichen Kosmos
gesehen, innerhalb dessen der Zauber, d.h. das Ineinandergreifen verschiedener Seinsebenen und die verbindliche Sinnstiftung durch Bild und Wort,
noch lebendig ist. [232]

Deshalb blieb auch die Weitergabe des von ihrem „Meister" empfangenen
schöpferischen Lebensfunkens beiden Freunden so wichtig. Und sie wurde
nicht im sterilen „Kodifizieren" gesucht (s. S. 129), sondern in der kreativen
Aneignung, Verkörperung und Weitergabe von Lebensstoff im Rahmen der
eigenen Gaben und Möglichkeiten. Zentral war dabei das menschliche Vermö-
gen, Leben in dichterische Gebilde zu überführen, ebenso wie die Bereitschaft,
solche Gebilde auf die eigene Lebensführung zurückwirken zu lassen: „Sage

und Dichtung folgen einem Gesetz des menschlichen Lebens: es muss sich selbst darstellen, es muss Bilder seiner selbst hervorbringen. Menschliches Leben kann nicht gedeihen, wenn es sich nicht in einem zweiten Element noch einmal hervorbildet und wenn es sich nicht aus seinen eigenen Gebilden zurückempfängt. Diesem Gesetz folgen im Grunde alle von Menschengeist hervorgebrachten Schöpfungen und Einrichtungen, alle Künste, Religionen und Wissenschaften, alle Kulte, Begehungen, Gebräuche und Staatseinrichtungen. Besonders aber ist es der innere Sinn von Sage und Dichtung, Lebensvorstellungen zu erschaffen, in denen der Mensch sich darstellt und aus denen er dann wieder neue Lebenskräfte empfängt."[233]

Fahrner und Stettler sahen deutlich, dass ihre Art des Wirkens und Überlieferns manchen gängigen Auffassungen ihrer Zeit entgegenlief und sie somit in Gefahr standen, als „Unzeitgemässe" wahrgenommen zu werden; denn sie vertraten, mit Nietzsche zu sprechen, die Suche nach dem „Überhistorischen" in einer mehr denn je der historisierenden und relativierenden Perspektive des ausgehenden 19. Jahrhunderts verfallenen Gegenwart.[234] Sie nahmen dies Abseitsstehen in Kauf, wohl wissend, dass die Massstäbe und Kriterien moderner Kritik keineswegs so allgemeingültig sind, wie deren Vertreter, die Schranken ihrer eigenen Sichtweise ausblendend, das gerne postulieren.

Der Bildhauer Alexander Zschokke hat einmal den Gedanken notiert: „Nie zeigen sich die Grenzen des Zeitgeistes deutlicher und eindeutiger als beim Erkennen des Schöpferischen."[235] In der Tat war der Zeitgeist dem Aufbau einer von George ausgehenden lebendigen Tradition nicht gewogen. Nicht nur wegen des politischen Spaltpilzes des Nationalsozialismus und des dramatischen Einschnittes des Zweiten Weltkriegs, sondern ebenso wegen des grundsätzlich fehlenden Sinnes der Moderne für „Dauer im Wandel", für das, was eine echte kulturelle Überlieferung (sei es in der Kunst, in der Architektur oder in der Dichtung) ausmacht: nämlich das sinnvolle Erfüllen, Abwandeln und Erneuern sinnhaltiger geistiger Formen unter jeweils wechselnden Zeitumständen. Frühere Zeiten schufen sich Mythen, Rituale und Inbilder, um das Numinose im Fluss des Zeitlichen lebendig zu erhalten. Wo aber ein entfesselter Fort-Schritt und mit ihm das Überhandnehmen zeitbedingter Gegebenheiten (oder gar eine permanente kritische Revolution) sich zum obersten Gesetz erheben, da findet eine im Transzendenten wurzelnde Tradition keinen Nährboden mehr: Sie muss in den latenten Stand zurücktreten. Die von früheren Generationen aufgebaute Substanz wird dann nur noch schmarotzerhaft genutzt; das erstarrte Sinngehäuse wird seines Gehalts entleert, steht beliebigen Missdeutungen offen und kann zum Spielball der Ironie und des intellektuellen Gespötts werden. Mit den Worten Georges:

Fragbar ward Alles da das Eine floh:
Der geist entwand sich blindlings aus der siele
Entlaufne seele ward zum törigen spiele –
Sagbar ward Alles: drusch auf leeres stroh.[236]

Ein solcher kultureller Entbindungs- und Auflösungsprozess – er ging Hand in Hand mit dem von George gegeisselten Raubbau an den natürlichen Lebensgrundlagen des menschlichen Daseins – war und bleibt kennzeichnend für die Moderne. Er hat sich in der post-modernen Gegenwart kaum abgeschwächt, sondern auf manchen Gebieten noch verstärkt, wollte man etwa (um in unserem engeren Zusammenhang zu bleiben) die jüngsten Blüten einer trivialen Sekundärliteratur über George und seinen Kreis zum Massstab nehmen. Den geistigen Zersetzungsvorgang (sowie den durch überbordende Technologien und ideologische Vereinnahmung erzeugten Schwund des Lebendigen) zu erkennen, war kein Vorrecht des George-Kreises, obwohl er sich schon früh in seinen „Jahrbüchern für die geistige Bewegung" (1910–1912) kritisch damit auseinandergesetzt hat. Andere kamen, von verschiedenen Voraussetzungen ausgehend, zu ähnlichen Schlüssen. Hier wären nicht nur Philosophen wie Martin Heidegger („Die Frage nach der Technik", 1955) oder Karl Jaspers („Die geistige Situation der Zeit", 1931) zu nennen. Auch auf hellsichtige Dichter-Denker wäre hinzuweisen, wie Hermann Broch mit seiner der Roman-Trilogie „Die Schlafwandler" eingebauten Abhandlung über den „Zerfall der Werte" (1930), Friedrich Georg Jünger mit seiner Schrift „Die Perfektion der Technik" (1939/1946/1953), oder in jüngerer Zeit Octavio Paz mit seinen Essays zu Kunst und Literatur (1984).[237]

Für Hermann Broch waren die Folgen aus dem „Zerfall der Werte" und aus dem Verlust einer umfassenden Zentralkraft, die alle partikulären Lebensstrebungen (rationalen wie irrationalen Ursprungs) erfüllen, binden und untereinander ausgleichen konnte, ein Thema, das ihn als eingestandenen Platoniker lebenslang beschäftigte. Eingangs seiner (wohl in den späten 1940er Jahren begonnen) „Autobiographie als Arbeitsprogramm" schrieb er: „Dies ist nur insofern eine Autobiographie, als damit die Geschichte eines Problems erzählt wird, das zufällig mit mir gleichaltrig ist, sodass ich es – wie übrigens ein jeder aus meiner Generation, der es zu sehen gewillt war – stets vor Augen gehabt habe: es ist, ohne Umschweife herausgesagt, das Problem des Absolutheitsverlustes, das Problem des Relativismus, für den es keine absolute Wahrheit, keinen absoluten Wert und sohin auch keine absolute Ethik gibt, kurzum das Problem jenes gigantischen Machiavellismus, der geistig sich seit etwa fünfzig Jahren vorbereitet hat und dessen apokalyptische Folgen wir heute in der Realität erleben."[238]

Befreit man sich einmal von den Zwangsvorstellungen „politisch korrekter" zeitgenössischer Ideologien (und einer entsprechenden Literaturkritik, die auf den eigentlichen Gehalt von Dichtung kaum mehr eingeht) und akzeptiert man den alternativen, vor-modernen Umgang mit der Tradition als eine legitime Ausdrucksweise, so wird man auch offener für das geistige Umfeld, aus dem Fahrner und Stettler geschöpft haben. Beiden ging es darum, jenseits von blutleerem Historismus und abseits von modischen Tendenzen jene Schaffensunmittelbarkeit zu erhalten oder neu zu gewinnen, die ins Herz der Erscheinungen dringt und in dichterischen Gebilden Spuren der schöpferischen Urkraft einfängt, die alles Lebendige auszeichnet. Weshalb auch der leicht erhobene Vorwurf des Epigonentums nicht treffen kann, der richtigerweise auf eine ganz in der sekundären, abgeleiteten Realität befangenen Geisteshaltung anzuwenden wäre.

Dieser Zugang zum Ursprünglichen und Überzeitlichen ist untrennbar verbunden mit der sinngebenden Durchdringung und Erhöhung des profanen menschlichen Daseins durch den sakralen Bezug. Entscheidendes dazu wird wieder in der Neunten Folge der „Blätter für die Kunst" (1910) gesagt: „Die gewährleistung für den bestand des menschentumes (sowie jeder formierten natur) ist das Göttliche im menschen: Alles fruchtbare des menschen kommt aus der pflege dieses Göttlichen. [...] Die Schöpfer haben das Göttliche in der ersten unmittelbaren art: sie sind urtypen und ob man sagt · sie tragen es in sich oder ein gott hat es ihnen eingegeben ist eine blosse denkform – wie das setzen eines hervorrufens hinter den dingen immer nur ein hinausrücken der grenze ist. Die Schöpfer müssen das Göttliche immer wieder neu gebären · sie geben es in der aufnehmbaren form den Hirten und diese geben es in der aufnehmbaren form der herde. [...] Kein Schöpfer ist so gross dass das von ihm gebrachte Göttliche für immer wirksam wäre wie es auch nie ein gleiches Göttliches für alle stufen gibt. Für zeiten die das Göttliche im menschen nicht erleben ist Gott eine blosse denkform."[239]

Um das Göttliche jenseits „blosser denkformen" in atmender Verkörperung zu erfahren, stehen mancherlei Wege offen: Das Erleben grosser, numinoser Landschaften, das Hegen und Pflegen des „Samenkorns" in der Natur und im menschlichen Aufwuchs, die Hingabe an die verwandelnde Kraft der Begegnung und der Freundschaft, die Feier der Liebesvereinigung, die Umsetzung geistiger Impulse ins künstlerische Werk, das Aufgehen und Getragenwerden des Einzelwesens im übergreifenden Sprachkosmos der Dichtung. Der Briefwechsel zwischen Michael Stettler und Rudolf Fahrner zeugt davon, dass sie von diesen Wegen wussten und sie immer wieder neu begangen haben.

*

Die Idee zur Veröffentlichung dieser Dichterkorrespondenz kam dem Herausgeber schon bei der ersten Sichtung des Nachlasses von Rudolf Fahrner, wo sich ein beachtlicher Stapel von Briefen Michael Stettlers an ihn fand, mit vielen beigelegten Gedichten und eingehenden Reaktionen auf die ihm von Fahrner zugesandten Verse und „Spiele". Doch war die Priorität vorerst der 2008 abgeschlossenen, gemeinsam mit Bruno Pieger und dem Böhlau-Verlag unternommenen Herausgabe der „Gesammelten Werke I und II" von Rudolf Fahrner zu lassen. Im Jahr 2010 war es dann möglich, Fahrners Gegenbriefe im Stefan George Archiv der Württembergischen Landesbibliothek in Stuttgart einzusehen, wohin sie als Teil des Nachlasses von Michael Stettler gelangt waren. Das um die andere Hälfte ergänzte Bild der Korrespondenz verstärkte den Eindruck, dass hier ein Dokument vorliegt, welches eines weiteren, nicht nur privaten Interesses würdig ist. Der am 1. Januar 2013 anstehende 100. Geburtstag von Michael Stettler tat ein Übriges dazu, die Publikation in Angriff zu nehmen.

Bei der Zusammenstellung der Briefe stellte sich bald heraus, dass gewisse Lücken bestanden: Fahrners allererste Briefe an Stettler, sowie einige Briefe Stettlers aus dem Zeitraum 1970–75 konnten nicht aufgefunden werden, und auch sonst fehlten gelegentlich die Gegenbriefe. Doch lag es ohnehin nicht in der Absicht des Herausgebers, dokumentarische Vollständigkeit anzustreben und noch das geringste gewechselte Wort zu publizieren. Ziel war es vielmehr, ein möglichst vielseitiges und lebendiges Bild der korrespondierenden Freunde, ihrer Persönlichkeit, ihres Lebensganges und ihrer Werke zu vermitteln und zu diesem Behufe die aussagekräftigsten Ausschnitte aus dem Briefwechsel zusammenzustellen. Dem sollten auch die einleitenden und überleitenden (kursiv gehaltenen) Kommentare dienen, welche die gewählten Briefausschnitte verbinden, sie in einen weiteren biographischen oder werkmässigen Zusammenhang stellen und externe Ereignisse und Personen in den Fluss der Erzählung einbeziehen, soweit es dem Schreibenden möglich war. Details zu einzelnen in den Briefen genannten Personen, Orten, Ereignissen oder Schriften (sowie Übersetzungen längerer fremdsprachiger Stellen) werden in den Anmerkungen angeführt, beanspruchen aber keine Vollständigkeit. Der Leser sei auch auf die Verfügbarkeit von Informationen im Internet und auf Standardwerke zum George-Kreis verwiesen, wie Robert Boehringers „Mein Bild von Stefan George". Bezüge und Quellen, die nicht aufgeklärt werden konnten, sind im Text mit [?] bezeichnet.

Der genannten Absicht entsprechend wurden auf beiden Seiten viele Briefe und Briefabschnitte weggelassen, vor allem wenn sie Wiederholungen aufwiesen, aus kurzen Grussworten bestanden, sich nur auf logistische Abmachungen bezogen, oder Mitteilungen allzu privater Natur enthielten.

Anrede und Abschiedsformeln wurden in der Regel ausgelassen. Kürzungen des Herausgebers innerhalb abgedruckter Briefabschnitte wurden durch [...] gekennzeichnet. Auslassungen vor oder nach den berücksichtigten Abschnitten wurden nicht eigens markiert. Die in diesem Buch wiedergegebenen Auszüge entsprechen schätzungsweise etwa 70% der gesamten erhaltenen Briefschaften.

Obwohl das Hauptgewicht der Korrespondenz auf dem Austausch eigener dichterischer Hervorbringungen lag, konnten wegen des beschränkten Umfangs des Buches nicht sämtliche in den Briefen erwähnten Gedichte abgedruckt werden. Bei früher publizierten Gedichten wurde der Abdruck gelegentlich durch einen entsprechenden bibliographischen Hinweis ersetzt. Vollständig sind die bisher unpublizierten (oder nur privat gedruckten) Verse berücksichtigt, soweit sie in der Korrespondenz und in den jeweiligen Nachlässen auffindbar waren. Einige davon erscheinen wegen ihrer Länge im Anhang des Buches.

Fahrners Versdramen und Dialoge, auf die sich Stettler in seinen Briefen der sechziger und siebziger Jahre bezieht, sind zu umfänglich, um den Abdruck zu gestatten. Da, wo Stettler Passagen, die ihm besonders gefallen haben, stichwortartig zitiert, hat der Herausgeber es für nötig befunden, gelegentlich ein oder zwei vorangegangene oder nachfolgende Verszeilen anzufügen, um dem Leser den Sinnzusammenhang zu vermitteln, der beiden Briefschreibern bewusst war, da sie das Ganze vor Augen hatten.

Die Georgesche Kleinschreibung, die in vielen Briefen erscheint, wurde nur für die Gedichte und einzelne im Text eingestreute Verszeilen beibehalten und ansonsten durch übliche Schreibweise ersetzt. Gerne gebrauchte Verkürzungen beider Briefschreiber, wie etwa „nimm's" statt „nimm es" oder „hab" statt „habe", wurden überwiegend belassen. Namenskürzel wie „d.M." für „der Meister" oder „R.B." für Robert Boehringer wurden dem allgemeinen Verständnis zuliebe aufgelöst, die spärliche Kommasetzung etwas ergänzt.

Die hier zitierten Briefe Rudolf Fahrners, sowie der die Korrespondenz abschliessende Brief Stettlers an Gemma Wolters-Thiersch sind im Besitz des Stefan George Archivs an der Württembergischen Landesbibliothek in Stuttgart, dem für die Erlaubnis zur Publikation gedankt sei. Alle anderen zitierten Briefschaften und Dokumente gehören zu dem vom Herausgeber verwalteten Nachlass Rudolf Fahrners und werden mit dem Einverständnis der Familie Stettler veröffentlicht.

Besonderen Dank schuldet der Herausgeber Frau Dr. Therese Bhattacharya-Stettler, Tochter Michael Stettlers, die das Projekt in jeder Weise unterstützt hat, sowie Frau Dr. Ute Oelmann und den Mitarbeitern des Stefan George Archivs, ohne deren Hilfsbereitschaft die Publikation nicht entstanden wäre. Ludwig Lehnen, Gudula Knerr-Stauffenberg, Carola Thiersch und ganz besonders Bruno Pieger ist er sehr verbunden für Kommentare, Hinweise und Vorschläge bei der Vorbereitung des Manuskriptes.

Der Druck dieser „Jubiläumschrift" zu Michael Stettlers 100. Geburtstag wurde ermöglicht durch grosszügige Beiträge der Burgergemeinde Bern, der Gesellschaft zu Ober-Gerwern, sowie der Familienstiftung Stettler, denen an dieser Stelle ausdrücklich dafür gedankt sei.

5. ANMERKUNGEN

1 So Thomas Karlauf: Stefan George, München 2007 und Ulrich Raulff: Kreis ohne Meister, München 2009. Beide Werke zeichnen sich durch eine grosse feuilletonistische Brillanz aus – und ein ebenso grosses Unverständnis der Autoren für die geistigen Phänomene, deren Darstellung eigentlich zu leisten wäre. Zu Karlauf vgl. Wolfgang Osthoff, Bruno Pieger: Eros und Ethos. Gegen Thomas Karlaufs George-Bild, in: Bruno Pieger, Bertram Schefold (Hg.): Stefan George. Dichtung – Ethos – Staat, Berlin 2010, S. 457–495. Zu Raulff vgl. die Besprechung des Werkes durch Ludwig Lehnen in: *Etudes Germaniques*, Heft 4, 2009, S. 1063f. Dort u.a.: „Die ständige Suche nach ‚Effekten' und das einem solchen Ansatz innewohnende Aufbauschen von Banalitäten beherrscht leider diese Arbeit, unter beträchtlicher Verminderung des intellektuellen Gewinns, den man daraus ziehen könnte. [...] Diese Karikatur [...] enthüllt im Grunde nur, was dem Autor am meisten entgeht: das Leben des Geistes in einem immanenten Sinne, und das ist es auch, was es ihm unmöglich macht, über nichtige Anekdoten hinaus diese ‚Geschichte' (für ihn nur eine Gespenstergeschichte) von innen heraus zu erzählen" [Übersetzung S.B.].

2 Vgl. Stefan George: Der Siebente Ring. Sämtliche Werke, Bd. VI–VII, Hg. von Ute Oelmann, Stuttgart 1986, S. 115 (‚Eingang').

3 Wilhelm Stein (1886–1970), seit 1925 in Bern lehrender Kunsthistoriker aus dem George-Kreis. Ders.: Raffael, Berlin 1923, und Holbein, Berlin 1929, sowie: Künstler und Werke (Hg. Hugo Wagner), Bern 1974 (mit Einführung von Michael Stettler).

4 Vgl. Michael Stettler: Begegnungen mit dem Meister, Düsseldorf, München 1970. – Zu Georges letzten Jahren in Minusio vgl. auch Clotilde Schlayer: Minusio. Chronik aus den letzten Lebensjahren Stefan Georges. Hg. von Maik Bozza und Ute Oelmann, Göttingen 2010. Der kryptische und protokollartige Charakter der Chronik unterscheidet sich stark von Stettlers Art der Schilderung.

5 Vgl. Michael Stettler: Erinnerung an Robert Boehringer. Privatdruck 1979, S. 9.

6 Begegnungen mit Ludwig Curtius und Heinrich Wölfflin hat Stettler später zwei seiner Essays in: Rat der Alten, Bern 1962, gewidmet – vgl. 2. Aufl. 1971, S. 35–45 und S. 95–108.

7 Vgl. Stettlers Bericht darüber in „Ortbühler Skizzenbuch", Bern 1982, S. 119–128.

8 Vgl. u.a. Stettler: Rat der Alten; ders.: Bernerlob, Bern 1963; ders.: Neues Bernerlob, Bern 1967; ders.: Aare, Bern und Sterne, Bern 1972.

9 Vgl. Rudolf Fahrner: Gesammelte Werke. Band I: Dichtung und Deutung. Band II: Erinnerungen und Dokumente. Hg. von Stefano Bianca und Bruno Pieger, Köln, Weimar, Wien 2008, hier Bd. II, S. 27–262.

10 Vgl. ebd. Bd. II, S. 97.

11 Erschienen Marburg 1927.

12 Erhalten sind nur Fahrners Studien zu Hölderlin und Hegel, vgl. Fahrner: Gesammelte Werke, Bd. I, S. 299–320.

13 Vgl. Rudolf Fahrner: Wortsinn und Wortschöpfung bei Meister Eckehart, Marburg 1929.

14 Vgl. Fahrner: Gesammelte Werke, Bd. II, S. 122. Von Kommerells Eifersucht auf Jüngere berichtet auch Ludwig Thormaehlen: Erinnerungen an Stefan George, Hamburg 1962, S. 240.

15 Vgl. Fahrner: Gesammelte Werke, Bd. II, S.160.

16 Tochter des mit George befreundeten Architekten Paul Thiersch. Nach dem plötzlichen Tod von Frau Erika (1923) wurde sie die zweite Gattin von Friedrich Wolters, des 1930 früh verstorbenen Lehrers und Freundes von Fahrner. Dieser hatte sich auf Grund eines abschre-

ckenden Jugenderlebnisses gelobt, nie in den Ehestand einzutreten. (Vgl. Fahrner: Gesammelte Werke, Bd. II, S. 49).

17 Vgl. Fahrner: Gesammelte Werke, Bd. I, S. 172–175, sowie Pieger/Schefold: Dichtung – Ethos – Staat, S. 249.

18 Vgl. Rudolf Fahrner: Arndt – Geistiges und Politisches Verhalten, Stuttgart 1937, sowie Rudolf Fahrner: Gneisenau, München 1942.

19 Vgl. Fahrner: Gesammelte Werke, Bd. II, S. 183.

20 Vgl. ebd. S. 252–262, ferner Eberhard Zeller: Geist der Freiheit, 5. Aufl. München 1965; ders.: Oberst Claus Graf Stauffenberg. Ein Lebensbild, Paderborn, München, Wien, Zürich 1994.

21 Vgl. Fahrner: Gesammelte Werke, Bd. II, S. 90. Dort u.a.: „Ich war in einem Land und in einem Staat heraufgekommen, die im tiefsten nicht aus Doktrinen und Maximen lebten und regiert wurden, sondern nach einem mächtigen und noch geltenden Menschenbild, dem letzten Menschenbild in der Überlieferung solcher Bilder – dem Ritterlichen. Man könnte sagen: Wenn im vielbewunderten alten Hellas die Grundfrage der Menschen bei allen Dingen gelautet hatte: ‚Ist das schön?', in der christlichen Welt weithin die Frage wirkte: ‚Ist das sittlich gut?', in der Welt der Geschäfte die entscheidende Frage war: ‚Bringt das Nutzen, bringt das Erfolg?', so war in diesem alten Österreich und bei seinen Menschen immer noch die Richtfrage des Lebens: ‚Ist das ritterlich?'"

22 Vgl. ebd. S. 205–251.

23 „Das Athener DWI unterschied sich von allen anderen seines Namens, denn es darf wegen der Persönlichkeit seines Leiters und der Mitarbeiter, die ihm nahe standen, als eine Schaltstelle des Widerstandes bezeichnet werden."
Das ist die Konklusion von Frank-Rutger Hausmanns Artikel: Das Deutsche Wissenschaftliche Institut in Athen in: Chryssoula Kambas, Marilisa Mitsou (Hg.): Hellas verstehen. Deutsch-griechischer Kulturtransfer im 20. Jahrhundert, Köln, Weimar, Wien 2010. – Im gleichen Sammelband finden sich weitere Aufzeichnungen über Fahrners Persönlichkeit und sein Wirken in Athen, vgl. Rudolf Grimm: ‚Geheimes Deutschland' im besetzten Athen?, ebd. S. 95–115 und Danae Coulmas: Athen 1941. Peter Coulmas im „Deutschen Wissenschaftlichen Institut", ebd. S. 117–136. Diese Darstellungen aus erster Hand unterscheiden sich wesentlich vom verzerrten Bild Fahrners, das Raulff auf Grund fragwürdiger Quellenangaben und eigener Phantasie in „Kreis ohne Meister" gezeichnet hat.

24 Vgl. Fahrners Brief an Stettler vom 30.12.57. Das Überleben solcher Netzwerke, vor allem im Auswärtigen Amt, aber auch in anderen Ministerien, ist durch Presseberichte und Bücher zum Thema als notorisch erwiesen. Vgl. zusammenfassend dazu den Artikel „Welle der Wahrheiten", in: *Der Spiegel* Nr. 1, 2012, S. 32–39.

25 So Schefold an Fahrner am 2.4.47: „Immer wieder muss ich danken für das Neue Leben, dass nun vor neunzehn Jahren in Marburg begann." Und am 28.1.75, auf die Zusendung von Fahrners Gedicht zu seinem 70. Geburtstag: „Ja, in dieser Höhe hab ich auch immer die Jahre mit Dir im und um das Lahntal gesehen, und von hier kommt die Kraft zu all dem Wirken, das mir nun von tausend Seiten so rührend gedankt wird. Aber wir haben's immer so gehalten, dass all dies Aussen nur wichtig ist, soweit der Boden gelockert wird für die Saat. (Briefe im Nachlass Rudolf Fahrner).

26 Was von Seiten von Wolters nicht der Fall gewesen zu sein scheint. So Fahrner an Robert Boehringer am 21.4.50: „Ich werde Ihnen noch berichten, wie mich Wolters in der Zeit Ihrer Ferne Ihr Bild und Wesen sehen und fühlen liess: Ich hab ihm das zu danken, was der Weimarer die vorbereitete Seele nannte" (Kopie des Briefes im Nachlass Rudolf Fahrner).

27 Vgl. Fahrner: Gesammelte Werke, Bd. II, S. 265 und S. 282–297.

28 Kopie des Briefes im Nachlass Rudolf Fahrner.

29 Fahrners damalige Bedenken blieben auch später bestehen, wie etwa sein Brief vom 27.7.71 an Peter Hoffmann zeigt, der ihn um unveröffentlichte Dokumente zu Claus von Stauffenberg (insbesondere den „Eid") gebeten hatte. Fahrner schreibt darin unter anderem:

„Heute halte ich jede öffentliche Mitteilung und Erörterung dessen, was ich zu sagen, bzw. zu zeigen hätte, für unerlaubt. Sie müssten nicht zu verantwortende Missverständnisse hervorrufen, weil für das zu Überliefernde in der heutigen Öffentlichkeit schlechthin kein Sinn und keine auch nur im geringsten gemässe Weise des Begreifens und der Aufnahme vorhanden sind – vielmehr das Gegenteil" (Kopie des Briefes im Nachlass Rudolf Fahrner). Hätte Fahrner Hoffmanns reich dokumentiertes, aber in Belangen der geistigen Haltung wenig empathisches Buch „Claus Schenk Graf von Stauffenberg und seine Brüder", Stuttgart 1992, noch lesen können, wäre er in dieser Auffassung wohl bestätigt worden.

30 Eberhard Zeller: Geist der Freiheit.

31 Alexander von Stauffenberg: Denkmal. Hg. von Rudolf Fahrner, Düsseldorf, München 1964.

32 Wolfgang Hoffman-Zampis gehörte zum Freundeskreis von Rudolf Fahrner und war Schüler des Rechtswissenschafters Albrecht Haushofer. Zu seinem Leben und frühen Tod vgl. Fahrner: Gesammelte Werke, Bd. I, S. 71 und Bd. II, S. 180–181, S. 189, S. 274–276. Vgl. auch Anmerkungen Nr. 130 und Nr. 131.

33 Vollständig auf S. 145/146.

34 Robert von Steiger.

35 Gemeint ist Robert Boehringer.

36 Übername für Michael Stettlers Gattin Barbara.

37 Vgl. Rudolf Fahrner: West-Östliches Rittertum. Hg. von Stefano Bianca, Graz 1994.

38 Fahrner reagierte empfindlich auf übermässige Sonnenstrahlung.

39 „Wir sind Wenige aber Gute, und Gute heisst Viele" – Zitat eines Wortes von Papst Pius XI, anlässlich von Stettlers Audienz bei ihm (vgl. Michael Stettler: Rat der Alten, 2. Aufl. Bern 1971, S. 57).

40 Übername für Gemma Wolters-Thiersch (griechisch: „Herrin").

41 Gemeint ist Eberhard Zeller: Geist der Freiheit, 1. Aufl. München 1952.

42 Berner Bildhauer und Porträtist, Freund von Wilhelm Stein und Michael Stettler.

43 Beigelegt war eine Abschrift von Ernest Dawson: ‚A Valediction'.

44 Vgl. ‚Jahreszeiten I–III', in: Rudolf Fahrner: Fedelm, Privatdruck München 1980, S. 33–35.

45 Eine leicht gekürzte Fassung dieser Arbeit findet sich in: Fahrner: Gesammelte Werke, Bd. I, S. 185–242.

46 Robert Boehringer konnte Fahrners Bitte zum Lesen der Entwürfe nicht folgen, schrieb aber nach Erhalt des abgeschlossenen Werkes am 20.9.55 u.a.: „Mit lebendiger Teilnahme les ich Ihre Deutung und kann dadurch tiefer hineinschauen in Dichtungen, die meine Jugend bewegten – bis noch grössere und härtere mich ergriffen. Gleich auf der ersten Seite von ‚Besinnung' haben Sie mich beschenkt! Wohl 40 Jahre und mehr freuen mich die Worte: ‚Poetry is praise', aber ich erinnerte mich nicht von wem sie stammen. Dass ich weiter lesend immer wieder zustimmen durfte, wird Sie nicht wundern..." (Nachlass Rudolf Fahrner). – Die Worte stammen von Swinburne.

47 Der entsprechende Abschnitt in Fahrners Hölderlin-Rede (gesprochen am 20. März 1940 vor den Schülern der Deutschen Schule in Athen) lautet:
„Eine Sorge bleibt mir: es ist nicht möglich, durch Rede etwas von Dichtern, von Dichtung einfach zu übermitteln. Die Menschen glauben gerne, wenn sie von einer Sache zu sprechen wüssten, dass sie sie dann besässen und hätten. Dies ist eine Täuschung. Das Wesen des Dichters, zumal, dessen Tag wir heute begehen, ist ganz der Beredbarkeit entrückt. Was wir tun können, ist nur einander vorbereiten, einander hinführen zu dem Tor hinter dem das Reich des Dichters beginnt: keiner kann hinein gelangen, der nicht selbst den Schritt über die Schwelle tut, keiner kann Teilhabe an diesem Reich gewinnen, dess Mund die Frage nicht stellt, keines Geleiters Wort und Wunsch allein kann den Riegel sprengen. ‚Wie wenn irgend etwas, was die Menschen einander sagen könnten, mehr wäre als Brennholz, das erst, wenn es vom geistigen Feuer ergriffen wird, wieder zu Feuer wird, so wie es aus Leben und Feuer hervorging', schreibt Hölderlin." (Druck nach Art des Delfin Verlages, o.O. und o.J. und ohne Verfasserangabe, ebd. S. 2–3).

48 Vgl. Hans Brasch: Bewahrte Heimat. Hg. von Georg Peter Landmann, Düsseldorf, München1970, S. 153.
49 Wohl ein Zitat, Quelle nicht ermittelt.
50 Schlussverse von Hölderlins Gedicht ‚An Landauer'.
51 Vermutlich Stettlers eigene Verse.
52 Betreuung und Renovation des dem Berner Historischen Museum angegliederten Klosters Ittigen, sowie des Schlosses Oberhofen am Thunersee.
53 Der Bildhauer Urban Thiersch (Bruder von Gemma Wolters-Thiersch) und dessen Freund Karl-Eberhard Henke.
54 Vgl. Einleitung zu Fahrners Brief vom 3.10.52.
55 Fahrners Hofmannsthal-Buch erschien in schwarzem Einband.
56 Vgl. Stettlers Berichte von seiner USA-Reise unter dem Titel „Americana" in: ders: Aare, Bär und Sterne, S. 333–360, vgl. ferner seinen Aufsatz „Vom römischen zum christlichen Rundbau" ebd. S. 175–191.
57 Stettlers „Kunde vom Kentauren" (Im Kostüm burgundischer Darbringungsminiaturen gesprochen bei der Überreichung der Freundesgabe für Wilhelm Stein am 26.8.1956 im Schloss Oberhofen). Die Verse sind veröffentlicht in Michael Stettler: Das Goldene Vliess, Düsseldorf, München 1965, S. 41–43.
58 Gemeint ist Robert von Steiger. Die „Elgin Marbles" sind die von Lord Elgin im 19. Jahrhundert aus Athen nach England verfrachteten Reliefs des Parthenon-Frieses, heute im British Museum, London.
59 ‚Neuer Gang', vgl. Fahrner: Gesammelte Werke, Bd. I, S. 104. Mit dem ‚Winterlied' war wohl Fahrners Gedicht ‚Winterblüte' ebd. S. 130 gemeint.
60 Gemeint ist Fahrners Hofmannsthal-Buch.
61 Vgl. Fahrner: Fedelm, S. 20. Die nachfolgend genannte „glitzernde Schlange" bezieht sich wohl auf Fahrners Gedicht ‚Boyabad' ebd. S. 21.
62 Gedicht nicht aufgefunden.
63 Siehe Anmerkung Nr. 57.
64 Zitat aus dem auf S. 58 abgedruckten Gedicht Stettlers, das dieser offenbar schon in einer Vorabschrift geschickt hatte.
65 Verse nicht aufgefunden.
66 Gemeint ist die Terrasse des Ali Kapu (des Eingangstors zum Palastbezirk), von wo aus man den grossen Platz („Meidan") des Schah Abbas überblickt, wo u.a. Polo-Spiele stattfanden.
67 Lehrstätten in den koranischen Wissenschaften, wo die islamischen Schriftgelehrten (im Iran „Mollahs" genannt) ausgebildet wurden.
68 ‚Kaspisches Meer' ist nicht aufgefunden worden. Für ‚Boyabad' vgl. Fahrner: Fedelm, S. 21.
69 Artikel in der Neuen Zürcher Zeitung, später veröffentlicht in: Stettler: Aare, Bär und Sterne, S. 289–314.
70 Vgl. Stettler: Das Goldene Vliess, S. 35.
71 Stettler hatte inzwischen eine weitere USA-Reise unternommen.
72 Es handelte sich um den Erwerb des berühmten „Graduales von Sankt Katharinental" auf einer Auktion in London für die schweizerische Gottfried Keller Stiftung.
73 Dem Brief war das Foto eines jungen Ischianers bei der Weinlese beigelegt. Das Lied spricht vom Sarazenen, der alle Frauen in sich verliebt macht.
74 Herkunft dieser Verse ungewiss.
75 Zum Werk des Malers vgl. Michael Stettler: Otto Meyer-Amden, Lausanne 1970.
76 Vgl. Stettler: Rat der Alten, 2. Aufl. 1971, S. 23–34.
77 Vgl. Stettler: Aare, Bär und Sterne, S. 81–93.
78 Vgl. Stettlers Aufsatz „Der junge Carl J. Burckhardt", in: ders.: Aare, Bär und Sterne, S. 231–249.

79 Gemeint ist das neue Museum in Riggisberg, wohl in Anspielung auf die New Yorker „Cloisters", das dem Metropolitan Museum angeschlossene Museum mittelalterlicher Kunst. Zur Entstehungsgeschichte des Museums vgl. Stettlers Aufsatz „The Riggisberg Story" in: ders.: Ortbühler Skizzenbuch, S. 179–202.

80 Vgl. Fahrner: Gesammelte Werke, Bd. II, S. 310–323.

81 Später erschienen in: Rudolf Fahrner: Drei Spiele aus Tausend und Einer Nacht, Privatdruck München 1972.

82 Zitat aus dem zugesandten Manuskript „Anis Al-Dschalis".

83 Stettler meint seinen Essay-Band „Rat der Alten".

84 Vielleicht handelte es sich bei diesem Privatdruck um einen Vorläufer von Stettler: Das goldene Vliess.

85 Vgl. das Gedicht ‚Geleit des Delfins' auf S. 20/21.

86 Vgl. Anmerkung Nr. 31.

87 Auszüge daraus in: Fahrner: Gesammelte Werke, Bd. II, S. 358–408.

88 Alexander von Stauffenberg: Trinakria. Sizilien und Großgriechenland in archaischer und frühklassischer Zeit, München, Wien 1963.

89 Seltsamer Zufall: Die Insel Ithaka war eines von Fahrners „Verstecken" in Griechenland, wo er in diesen Jahren oft den Sommerurlaub verbrachte.

90 Stettlers originales Gedicht auf Italienisch, Übersetzung durch den Herausgeber. Veröffentlicht davon wurde von Stettler nur der dritte Vierzeiler in: ders.: Die Rose blüht auch ohne uns, Bern 1993.

91 Vgl. Fahrner: Gesammelte Werke, Bd. II, S. 198–201.

92 Bekannter Arabist und Korrespondent der Neuen Zürcher Zeitung.

93 Der Archäologe Karl Schefold, Freund von Fahrner und Stettler.

94 Fahrner hatte seit 1928 Spanien bereist und lehrte im Sommer 1934 und 1936 an der Internationalen Sommeruniversität in Santander, vgl. Fahrner: Gesammelte Werke, Bd. II, S. 148–150 und S. 177–180.

95 Gemeint ist wohl der damalige kriegerische Konflikt zwischen Ägypten und Israel.

96 Lateinischer Name für Frankfurt am Main.

97 Gemeint ist die Arbeit am „West-Östlichen Rittertum".

98 Das historische Kairo setzt sich aus mehreren aufeinanderfolgenden und räumlich verschobenen dynastischen Stadtgründungen zusammen.

99 Vgl. Stefan George: Der Stern des Bundes. Sämtliche Werke, Bd. VII, Stuttgart 1993, S. 55 (‚Er ist Helle...').

100 Stettlers Gedichtbuch „Das goldene Vliess".

101 Tochter Michael Stettlers. ‚Goldgrund' ist der Titel des Vorspiels der ‚Ithakaernte' (siehe S. 194).

102 Italienisch für: „Höflichkeit des Herzens". Zugleich wohl Anspielung auf Robert Boehringers Aufsatz „Cortesia del cuore in der Divina Commedia", vgl. Robert Boehringer: Kleine Schriften, Stuttgart 1981, S. 35–46.

103 Vgl. Michael Stettler (Hg.): Erinnerung an Frank. Ein Lebenszeugnis, Düsseldorf, München 1968.

104 Vgl. Michael Stettler: Begegnungen mit dem Meister. Erinnerungen an Stefan George, Düsseldorf, München 1970, S. 14.

105 Vgl. Fahrner: Gesammelte Werke, Bd. II, S. 213–214 und Tafel XI nach S. 212.

106 Vgl. Rudolf Fahrner: Frank. Hektographiertes Manuskript 1967. Auszüge hat Fahrner auch in den Kapiteln 13 und 14 seiner „Erinnerungen 1903–1945" eingearbeitet, vgl. Fahrner: Gesammelte Werke, Bd. II, S. 182–51.

107 Quelle unbekannt.

108 Vgl. auch Fahrners Essay „Der Sonntag der sieben Scheiche – ein Gang durchs alte Kairo" in: ders.: Gesammelte Werke, Bd. II, S. 327–334.

109 Wegweisend war hier Götz Schregle: Die Sultanin von Ägypten, Wiesbaden 1961.

110 Gattin des verstorbenen Wilhelm Farenholtz, der wegen seines Mäzenatentums „Cosimo" genannt wurde und in Magdeburg ein offenes Haus führte, wo Frank und Fahrner oft zu Gast waren.

111 Kopfweh und Augenschmerzen verursachender Gehirnnerv.

112 Siehe Anmerkung Nr. 92.

113 Der „Erinnerung an Frank" war ein Auszug aus einem Brief Claus von Stauffenbergs an Frank vom 26.12.39 vorangestellt: „Ich glaube weil ich noch durch die Fassade hindurch zu sehen vermag, [an] den Reichtum, die Schönheit, das Unvergängliche dieses Landes, seine Menschen – Dich."

114 Spätrömischer Rundbau und Mausoleum des Tetrarchen Galerius von 306 n.Chr., mit flacher Kuppel im Ziegelbau, später als Kirche und Moschee benutzt, hat seinen heutigen Namen von der gegenüberliegenden Georgs-Kapelle.

115 Ein in Kairo erschienener Sonderdruck des Artikels "Grundgedanken zur Wortkunde", jetzt in: Fahrner: Gesammelte Werke, Bd. I, S. 321–334.

116 Der Lehrer des jungen Frank, siehe weiter unten.

117 Vgl. Stettler: Erinnerung an Frank, S. 29.

118 Vgl. Stettler: Neues Bernerlob, S. 133–155.

119 Bezüglich Fahrners Arbeit an der Herausgabe einer Monographie über den Architekten Paul Thiersch siehe S. 112ff.

120 Das Frank gewidmete Buch sollte schliesslich 156 Seiten umfassen.

121 Gemeint ist Nanna Cremer, die Gründerin des „Weberhofes" auf der Insel Juist.

122 Vorarbeiten zu Rudolf Fahrner (Hg.): Paul Thiersch. Leben und Werk, Berlin 1970.

123 Vgl. den ausgezeichneten Aufsatz von Hans-Christoph Kraus: Das Geheime Deutschland – Zur Geschichte und Bedeutung einer Idee, in: Historische Zeitschrift, Bd. 291 (2010), S. 385–417. Er geht den historischen Wurzeln dieses „Leitbilds" nach und stellt zusammenfassend dessen Bedeutung und dessen Wandlungen innerhalb des George-Kreises dar – kulminierend im Gedankengut, das der Erhebung des 20. Juli 1944 zugrundelag, „der wohl letzten Manifestation (und damit zugleich der letzten Selbstdeutung) des Geheimen Deutschlands", an welcher Fahrner mitbeteiligt war.
Dass die Frage der ethischen Begründung von staatlichen ebenso wie nicht-staatlichen menschlichen Lebensgemeinschaften Fahrner auch nach dem 20. Juli (wenn auch in verborgener Form) stark beschäftigt hat, dafür stehen manche der den historischen oder erfundenen Gestalten unterlegten Worte in seinen Versdramen – etwa in „Kaihosrau", „Launcelot" und „Alianor". Vieles in diesem Spätwerk harrt noch der Entdeckung und der sinngemässen Deutung.

124 Alianor (1112–1204) war die Enkelin von Wilhelm IX. von Aquitanien, dem Ahnherrn der „Trobadors".

125 Die Schreiberin aller an Stettler geschickten Schönschriften war die mit Fahrner befreundete Edda Cremer.

126 Ort unweit von Moskau, wo Frank am 26.2.1943 gefallen ist.

127 Nicht feststellbar, um welches Buch es sich hier handelt.

128 Der Sachverhalt, für den Boehringer Bestätigung suchte, wird berichtet in Ludwig Thormaehlen: Erinnerungen an Stefan George, Hamburg 1962, S. 239.

129 Albrecht von Blumenthal, ehemaliger Mentor der Brüder Stauffenberg.

130 Vgl. Gedichte von Wolfgang Hoffmann-Zampis (gefallen im Osten 1942), Frau Maria v. Lüttwitz gewidmet, Privatdruck ohne Jahr, wohl 1944 gedruckt. Aus dem Briefwechsel zwischen Fahrner und Robert Boehringer geht hervor, dass sich Stettler 1968 darum bemühte, die Gedichte von Hoffmann-Zampis in der Reihe der Stefan George Stiftung drucken zu lassen, was aus unbekannten Gründen nicht zustande kam.

131 Vgl. Rainer Hildebrandt: Wir sind die Letzten, Neuwied, Berlin 1949. Das Buch ist Albrecht Haushofer, dem bekannten Professor der Rechtswissenschaft und kurz vor Kriegsende hingerichteten Mitglied des Widerstands gewidmet. Hoffmann-Zampis war sein Lieblingsschü-

ler, von ihm berichtet das Kapitel „Erzählung", ebd. S. 161–174. Einzige öffentliche Publikation von Wolfgang Hoffman-Zampis: Erzählung aus den Türkenkriegen, Frankfurt a. Main 1947 und 1987.

132 Im Nachlass von Fahrner hat sich keine solche Aufzeichnung gefunden.

133 Siehe Anmerkung Nr. 122.

134 Patensohn von Rudolf Fahrner.

135 Italienisch dialektal für die Epiphanie (6. Januar).

136 „Die Eiche" ist die mehrhundertjährige Eiche vom Ortbühl, die nach ihrem langsamen Absterben am 15.9.64 gefällt worden war. Vgl. Michael Stettler: Sulgenbach, Bern 1992, S. 71–78.

137 Ausstellung von Arbeiten aus der Werkstatt von Gemma Wolters-Thiersch 1967 in der Galerie Musarion in Basel. Dort war auch die „tropfende Wolke" ausgestellt. Vgl. auch das Buch: Gemma Wolters-Thiersch: Email, Schmuck, Gerät. Hg. von Diana Zeller-Hildebrandt und Erika Spitzbarth-Petersen, Bonn 1989.

138 Vgl. den Schlussvers von Bertolt Brechts ‚Legende von der Entstehung des Buches Taoteking auf dem Weg des Laotse in die Emigration' (Svedenborger Gedichte 1933–1938): Aber rühmen wir nicht nur den Weisen / Dessen Name auf dem Buche prangt! / Denn man muss dem Weisen seine Weisheit erst entreissen. / Darum sei der Zöllner auch bedankt: / Er hat sie ihm abverlangt.

139 Vgl. Götz Grossklaus (Hg.): Geistesgeschichtliche Perspektiven. Rückblick-Augenblick-Ausblick. Festschrift für Rudolf Fahrner, Bonn 1969. Für die Reden bei der Übergabe vgl. Fahrner: Gesammelte Werke, Bd. II, S. 324–326.

140 Privatdruck von Michael Stettler mit ausgewählten Zitaten und Merksprüchen (1970).

141 Vgl. Alexander Schenk Graf von Stauffenberg: Macht und Geist. Vorträge und Abhandlungen zur Alten Geschichte, München 1972.

142 Stettler meint wohl die Vorarbeiten für das Buch: Urban Thiersch: 28 Skulpturen, Begleittext von Eberhard Zeller, Düsseldorf, München 1974.

143 „Mamluk" heisst auf arabisch „Sklave" und wurde als Bezeichnung für die islamisch-ägyptische Dynastie der Mamluken (1250–1506) gebraucht, deren Herrscher nicht durch Blutsverwandtschaft, sondern (nach ihrem Ankauf als Knappen) durch Auswahl und Wettbewerb an die Macht gelangten.

144 Zu Fahrners 75. Geburtstag haben Freunde ihm eine Aufführung seines Stücks „Perlenbaum" beschert, in der er selber in der Rolle des Dichters Zuhair auftrat.

145 Vgl. Michael Stettler (Hg.): Bildnisse Stefan Georges von Alexander Zschokke, Düsseldorf, München 1974.

146 Vor allem das wegweisende Buch von Amy Kelly: Eleanor of Aquitaine and the Four Kings, Cambridge Mass. 1950. Fahrner hat Alianor auch ein eigenes Kapitel („Geistige Erhebung des westlichen Rittertums") in seinem „West-Östlichen Rittertum" gewidmet.

147 Stettler bezieht sich auf die letzte Strophe von Stefan Georges Gedicht ‚Hehre Harfe', das die Abteilung ‚Traumdunkel' im „Siebenten Ring" (vgl. Anmerkung Nr. 2) beschliesst:

Hegt den Wahn nicht: mehr zu lernen
Als aus staunen überschwang
Holden blumen hohen sternen
EINEN sonnigen lobgesang.

148 Herausgegeben von K.E. Schabinger von Schowingen, Neuauflage Zürich 1987.

149 Darunter je eine Plastik von Gemma und Urban Thiersch, sowie Alexander von Stauffenberg.

150 Stefan Georges Gedicht: ‚Ich warf das stirnband, dem der glanz entflohn' (viertletztes Gedicht aus dem „Buch der Hängenden Gärten"), das Fahrner in seinem Stück „ahistorisch" als ein von den Knappen zu deutendes Gedicht eingebaut hat, vgl. Stefan George: Sämtliche Werke, Bd. III. Hg. von Ute Oelmann, Stuttgart 1991, S. 94–95.

151 Walther Greischel, Michael Stettler (Hg.): Stefan George im Bild. Düsseldorf, München 1976.

152 Gemeint sind die seit 1986 wieder zugänglichen Fresken von Erich Heckel im Angermuseum in Erfurt, von denen ein Ausschnitt auf dem Umschlag von Manfred Riedel: Geheimes Deutschland, Köln, Weimar, Wien 2006 abgebildet ist.

153 Vom persischen Denker und Mystiker al-Ghazali (1058–1111) ist auf deutsch das ‚Elixier der Glückseligkeit' erschienen (hg. von Helmut Ritter, Düsseldorf 1959), in dem viel von der Freundschaft die Rede ist.

154 Vgl. Saladin Schmitt: Die so gegangen sind, Düsseldorf, München 1964, S. 53–54.

155 Das „Buch der Könige" des persischen Dichters Firdausi, das in Manuskripten des 14./15. Jahrhunderts oft mit reichen Miniaturen versehen wurde.

156 Gemeint ist die Serie der von Aglassinger in München privat gedruckten Bände von Fahrners Gedichten, Spielen und Dialogen.

157 Es handelt sich um eine kleine Tonplastik des Argonautenschiffes, die Fahrner mit Urban und Gemma an Sylvester modellliert und deren Foto Fahrner dem Brief beigelegt hatte.

158 Vgl. Stefan Georges Gedicht ‚Winterwende' in: Die Lieder von Traum und Tod. Vgl. ders.: Sämtliche Werke, Bd. V. Hg. von Ute Oelmann, Stuttgart 1984, S. 70.

159 1972/73 hatte Fahrner sich als zweiten Wohnsitz ein kleines Haus in der Pfalz in einem Dorf bei Annweiler gebaut, mit Blick auf die Burg Trifels, wo seinerzeit Richard Löwenherz gefangen sass.

160 Vgl. ‚Rückflug von Marokko', in Fahrner: Gesammelte Werke, Bd. I, S. 46.

161 Unbekannt, um wen es sich handelte.

162 Vgl. ‚Das stille Haus', in: Fahrner: Gesammelte Werke, Bd. I, S. 62.

163 Separatdruck aus dem Bericht der schweizerischen Gottfried Keller Stiftung 1969–1972.

164 Erschienen in der NZZ vom 30.11.1958 und abgedruckt in Michael Stettler: George-Triptychon, Düsseldorf, München 1972, S. 11–17.

165 Neuer Titel: ‚Bote vom Meer', dazu in der zweiten Zeile „Leih mir" durch „Lass mir" ersetzt.

166 Das „Tagebuch" von Karl Eberhard Henke (einem Freund von Fahrner), das während des Ost-Feldzuges 1941–44 entstand. Das Buch erschien in der gleichen Reihe von Privatdrucken wie Fahrners „Stücke".

167 Der Anfang von Fahrners mit Frank, Alexander Stauffenberg und anderen unternommenen Homerübersetzungen geht auf seinen Athen-Aufenthalt in den Jahren 1939–44 zurück. Im Privatdruck erschienen über die Jahre hinweg die Gesänge V–VIII und XIII-XVI der „Odyssee".

168 „Zauber des Zelts", von Max Kommerell (geschrieben im Winter 1930/31), veröffentlicht in „Castrum Peregrini", Heft 134–135 (1978), S. 49–90.

169 Gemeint ist Wolfgang Frommel, der Gründer des Castrum Peregrini.

170 Die Gedichte ‚Lebensgestalten' und ‚Kränze' sind ungedruckt, ‚Inselabend' wurde später in ‚Inselwolken' umbenannt (vgl. Fahrner: Gesammelte Werke, Bd. I, S. 24–25).

171 Die ‚Anatolischen Verse' wurden von Fahrner in seinem 1980 als Privatdruck heraugegebenen Gedichtband „Fedelm" (S. 7–27) veröffentlicht, den er zur Zeit dieses Briefes vorbereitete. Einige davon sind in Fahrner: Gesammelte Werke, Bd. I in neuer Gruppierung wieder abgedruckt.

172 Vgl. das dritte Gedicht aus dem Zyklus „Sternwandel" in: Bernhard Victor Graf Uxkull-Gyllenband: Gedichte, Düsselsorf, München 1964, S. 29.

173 Zur Identität der Schreiberin vgl. Anmerkung Nr. 125.

174 Gemeint ist wohl Stettlers Essay „Der Auserwählte. Gedanken zu Hodler", der zusammen mit Aufsätzen über Albrecht von Haller, Wilhelm Stein, Johannes Itten und andere erschienen ist in: Michael Stettler: Machs na. Figuren und Exempel, Bern 1981, S. 51–109.

175 Zitat aus Stefan Georges Zeitgedicht ‚Die Gräber in Speier', in: ders.: Der Siebente Ring. Sämtliche Werke, Bd. VI/VII, S. 22–23.

176 Skulptur von Ludwig Thormaehlen, zu der Frank Modell gestanden hatte.

177 Der Bruder von Ludwig Thormaehlen.

178 Der Nachfolger Fahrners auf dem Karlsruher Lehrstuhl war Jacob Steiner.

179 Siehe Anmerkung Nr. 166.

180 Es handelt sich um zwei dramatisierte Episoden aus dem Reisebericht des Ibn Battuta (1304–1377), dessen Kenntnis der Herausgeber durch einige aus der englischen Ausgabe übersetzte Auszüge beiden vermittelt hatte. Eine deutsche Ausgabe ist 2011 bei C.H. Beck in München erschienen.

181 Wohl Moorleichen, die im archäologischen Landesmuseum Schleswig gezeigt werden.

182 Fahrners Gedicht ‚Favila', vgl. ders.: Fedelm, S. 160–164.

183 Eberhard Zeller hatte Gedichte aus Fahrners Stück „Ishak" vertont für die Festtagsaufführung, die in seinem Hause in Fischbach stattfand.

184 Vgl. M. Stettlers Aufsatz „Brand", in: ders.: Ortbühler Skizzenbuch, Bern 1982, S. 203–208.

185 Vgl. Stefan George: Der Siebente Ring, S. 177 (‚Worms').

186 Paul Thiersch jun., Sohn von Stefan Thiersch und Neffe von Urban Thiersch.

187 Der Ausspruch von George zur Plastik ist von Fahrner überliefert. Vgl. Fahrner: Gesammelte Werke, Bd. II, S. 168.

188 Jetzt Fahrner: Gesammelte Werke, Bd. I, S. 23.

189 Jetzt ebd. S. 24.

190 Jetzt ebd. S. 96.

191 Jetzt ebd. S. 130.

192 Jetzt ebd. S. 55.

193 Jetzt ebd. S. 115.

194 Jetzt ebd. S. 29, sowie S. 69 dieses Buches.

195 Urban Thierschs Lebensgefährtin.

196 Stettlers Rede zur Einweihung des Kleist-Denkmals von Urban Thiersch.

197 Stefan Thiersch, Architekt (Erbauer des Überlinger Hauses) und Bruder von Gemma und Urban Thiersch.

198 Aus Hölderlins Hymne ‚Der Ister', Vers 55–57.

199 Urban Thierschs Atelierhaus in der Schönau bei Berchtesgaden,

200 Das Zitat stammt nicht von Properz, sondern von Tibull (Mitteilung von Michael Stahl), und zwar aus der Ersten Elegie an Delia (Tib. 1,1,59–60): Dich will ich sehen, wenn mir die letzte Stunde kommt / Sterbend Dich halten mit erschlaffender Hand.

201 Es handelt sich um das Schwarzweissfoto einer farbigen Email-Platte von Gemma Wolters-Thiersch mit diesem Titel, das Fahrner an Stettler geschickt hatte.

202 Zweite Frau von Alexander von Stauffenberg (‚Offa').

203 Alexander Stauffenberg: Frühe Gedichte [Kopie 1985].

204 Vgl. Michael Stettler: Kouros – Hommage an Otto Meyer-Amden, in Neue Zürcher Zeitung 23./24.3.1985.

205 Das Frühwerk von Leopold von Andrian, Freund von Hugo von Hofmannsthal und Beiträger zu den „Blättern für die Kunst".

206 Italienisch für: „Vielleicht er, dem Guido Verachtung bezeigte".

207 Die letzte Skulptur Urban Thierschs, ein Bronzeguss, dessen Figuren von den Brüdern Stauffenberg inspiriert waren und der heute im alten Schloss in Stuttgart steht.

208 Michael Stettler: Göb i o wett. Bärndütschi Gedicht, Bern 1988.

209 Es handelte sich um Georg Peter Landmann.

210 Neufassung eines bereits früher geschriebenen Textes.

211 Italienisch für: „Die Freundschaft kann auch eine Waffe sein."

212 Lateinisch für: „Dem Dichterfreund statte ich Dank ab."

213 Vgl. „Alianor: Geistige Erhebung des Rittertums", postum erschienen in: Fahrner: West-Östliches Rittertum, S. 113–168.

214 Fahrners Brief nicht aufgefunden.

215 Teilweise abgedruckt in Fahrner: Gesammelte Werke, Bd. II, S. 262–281.

216 Die Verse des „Gärtners" aus Hofmannsthals „Kleinem Welttheater".

217 Otto III. ist einer der drei „Kaisergesänge" von Alexander von Stauffenberg, als Privatdruck herausgegeben von Gudula Knerr-Stauffenberg, Prien 2005.

218 Marlene Hoffmann, zweite Ehefrau Alexander von Stauffenbergs.

219 Tiroler Jacke aus gewalkter Wolle, die Fahrner gerne trug.

220 Alexander von Stauffenbergs erste Ehefrau „Litta", die 1944 als Fliegerin ums Leben gekommen ist. Vgl. auch Alexander von Stauffenberg: Denkmal, S. 18–20 und S. 58.

221 Das Buch ist 1994, sechs Jahre nach Fahrners Tod, bei der Akademischen Verlagsanstalt in Graz erschienen.

222 Auszüge aus der Gedenkrede von Bundeskanzler Helmut Kohl zum 80. Geburtstag von Claus von Stauffenberg:
„Seine Haltung und seine Tat werden eine dauernde Verpflichtung für uns Deutsche bleiben. Sie schärfen den Sinn für mehr Menschlichkeit, für mehr Freiheit, für mehr Gerechtigkeit und gegen Unmenschichkeit, Unfreiheit und Willkür. Die vom Widerstand gesetzten Massstäbe sittlichen und politischen Handelns bleiben gültig.
Daran ändert auch nichts, dass viele von denen, die am 20. Juli gegen Hitler aufstanden, gegen Mord und totalen Krieg, anfangs irritiert waren durch das Scheitern der Republik und geblendet durch vordergründige Erfolge der Diktatur. Es mindert keineswegs ihren Rang, dass sie Irrtümer korrigieren, ja dass sie schmerzlich ihre Verstrickung in Unrecht eingestehen mussten. […]
Stauffenberg und seine Mitverschwörer und Freunde sind Zeugen des anderen, des besseren Deutschland. Sie waren mutig und handelten verantwortlich. Sie waren edel und besassen Seelengrösse. Sie sind grosse Tote, auf die wir uns berufen dürfen!" (Aus Bulletin nr. 123, S. 1053 des Presse- und Informationsamtes der Bundesregierung, Bonn, 14.11.1987).

223 Eberhard Zeller: Claus Stauffenberg.

224 Dressurreiten geleitet von Ulla von Keiser, Adoptivtochter von Gemma Wolters-Thiersch.

225 Vgl. Gemma Wolters-Thiersch: Email-Schmuck-Gerät.

226 Vgl. Anmerkung Nr. 207.

227 Vgl. „Guillaume le Maréchal – Ein Ritterleben", postum erschienen in: Fahrner: West-Östliches Rittertum, S. 217–262.

228 Friedrich Gundolf: Stefan George in unserer Zeit, Heidelberg 1913, S. 11.

229 Stettler: Bernerlob, S. 11.

230 Vgl. Fahrner: Gesammelte Werke, Bd. I, S. 250.

231 Vgl. Georg Peter Landmann (Hg.): Einleitungen und Merksprüche der Blätter für die Kunst, Düsseldorf, München 1964, S. 49.

232 Zu Georges „Schöpfen am Urgrund der Sprache" vgl. Ludwig Lehnen: Gäas neue Söhne oder die Macht der finsteren Bräuche, in: Pieger/Schefold: Dichtung – Ethos – Staat, S. 164–188. Lehnens grosses Werk: Mallarmé & Stefan George. Politiques de la poésie à l'époque du symbolisme, Paris 2010, in Deutschland noch kaum gewürdigt, ist wegweisend für die Erneuerung eines in der Dichtung begründeten Verständnisses von Stefan George und seinem Kreis.

233 Fahrner, Kapitel „Dichtung und Geschichte", in: West-Östliches Rittertum, S.49.

234 Vgl. Friedrich Nietzsche: Vom Nutzen und Nachteil der Historie für das Leben, in: ders.: Unzeitgemässe Betrachtungen.

235 Vgl. Stettler: Bildnisse Stefan Georges von Alexander Zschekke (Anm. 145), S. 39.

236 Letztes Gedicht aus dem ersten Buch von Stefan George „Der Stern des Bundes". Vgl. ders.: Sämtliche Werke, Bd. VIII. Hg. von Ute Oelmann, Stuttgart 1993, S. 47.

237 Vgl. Octavio Paz: Convergences. Essays on Art and Literature, New York 1987. Dort insbesondere „The New Analogy: Poetry and Technology".

238 Vgl. Hermann Broch: Massenpsychologie. Schriften aus dem Nachlass, Zürich 1959, S. 37.

239 Vgl. Landmann: Einleitungen und Merksprüche, S. 53.

BERNHARD MAAZ (HG.)
KUNST-, WELT- UND WERKGESCHICHTEN
DIE KORRESPONDENZ ZWISCHEN HANS POSSE UND WILHELM VON BODE VON 1904 BIS 1928
(SCHRIFTEN ZUR GESCHICHTE DER BERLINER MUSEEN, BAND 1)

Die beiden bedeutenden Museumsdirektoren, Wilhelm von Bode (1845–1929) in Berlin und Hans Posse (1879-1942) in Dresden, führten in der ersten Hälfte des 20. Jahrhunderts eine gehaltvolle und freimütige (Amts-)Korrespondenz, in der sich die deutsche Kunst- und Geistesgeschichte des Kaiserreiches und der Weimarer Zeit spiegelt. Während sich darin das Bild des Berliner Museumsgenerals Bode um interessante Facetten erweitert, gewinnt die bislang lückenhafte Biographie Hans Posses wesentliche Bausteine hinzu. So wird in der Korrespondenz zwischen Bode und seinem einstigen Schüler dessen spätere Entwicklung zu Hitlers Sonderbeauftragtem für das geplante Führermuseum in Linz sichtbar, nachdem Posses Lebenswerk, die Dresdener Sammlung der Moderne, in der Aktion »Entartete Kunst« vernichtet worden war.
Mit der vorliegenden Edition, die im Kontext einer verstärkten Beschäftigung der Kunstwissenschaft mit der eigenen Fachgeschichte steht, eröffnet das Zentralarchiv der Staatlichen Museen zu Berlin zugleich eine neue Schriftenreihe zur Berliner Museumsgeschichte.

2012. 254 S. 12 S/W-ABB. GB. 145 X 230 MM.
ISBN 978-3-412-20904-9

BÖHLAU VERLAG, URSULAPLATZ 1, 50668 KÖLN. T: +49(0)221 913 90-0
INFO@BOEHLAU-VERLAG.COM, WWW.BOEHLAU-VERLAG.COM | WIEN KÖLN WEIMAR

PETER BECHER, STEFFEN HÖHNE,
MAREK NEKULA (HG.)

KAFKA UND PRAG

LITERATUR-, KULTUR-, SOZIAL-
UND SPRACHHISTORISCHE KONTEXTE

(INTELLEKTUELLES PRAG IM 19. UND
20. JAHRHUNDERT, BAND 3)

Die Stadt Prag bildet seit dem späten 19. Jahrhundert einen Mikrokosmos, in dem sich kultur- und wissenschaftspolitische Konflikte der gesamten Habsburger Monarchie fokussieren. Von Franz Kafka ausgehend nimmt der vorliegende Band die verschränkten eigen- und fremdkulturellen Diskurse, Konstrukte und Kontexte innerhalb dieser Metropole in den Blick: Wie verliefen Identitätsbehauptungen über die nationalen Konstruktionen von Literatur, Kunst und Wissenschaft und wie wurden nationalkulturelle Eigenständigkeit, Gleichberechtigung und Dominanz akzentuiert? Wie veränderten sich Selbst- und Fremdkategorisierungen? Welche Kontinuität und welchen Einfluss besaßen ethnische Stereotype und Klischees?

2012. 364 S. GB. 155 X 230 MM | ISBN 978-3-412-20777-9

BÖHLAU VERLAG, URSULAPLATZ 1, D-50668 KÖLN T:+49 221 913 90-0
INFO@BOEHLAU-VERLAG.COM, WWW.BOEHLAU-VERLAG.COM | WIEN KÖLN WEIMAR

RUDOLF FAHRNER

GESAMMELTE WERKE

BAND 1 DICHTUNG UND DEUTUNG

HERAUSGEGEBEN VON
STEFANO BIANCA UND BRUNO PIEGER

Dieser Querschnitt durch das bisher fast unzugängliche Werk des Dichters, Germanisten und Historikers Rudolf Fahrner (1903–1988), in Österreich aufgewachsen und später in Marburg, Heidelberg, Athen, Ankara, Karlsruhe und Kairo tätig, lädt zu einer Entdeckungsreise ein. Dem Leser eröffnet sich hier eine Persönlichkeit, die wie wenige andere ihre Berufung darin fand, aus dem Geist der Sprache heraus zu wirken – sei es in eigenen Dichtungen oder in Deutungen von Goethe, Hölderlin, Hofmannsthal oder Stefan George. Dichtung als zeugende und verwandelnde Lebensmacht ersteht in Fahrners Werken zu neuer, unmittelbarer Gegenwart. Das vorliegende Buch wird ergänzt durch Erinnerungen und Dokumente aus dem Leben des Autors in Band II dieser Werkausgabe (ISBN 978-3-412-20111-1).

2008. XII, 352 S.1 FRONTISPIZ UND 2 S/W-ABB. GB. 155 X 230 MM
ISBN 978-3-412-20110-4

BÖHLAU VERLAG, URSULAPLATZ I, D-50668 KÖLN, T:+49 221 913 90-0
INFO@BOEHLAU-VERLAG.COM, WWW.BOEHLAU-VERLAG.COM | WIEN KÖLN WEIMAR

RUDOLF FAHRNER

GESAMMELTE WERKE

BAND 2 ERINNERUNGEN
UND DOKUMENTE

HERAUSGEGEBEN VON
STEFANO BIANCA UND BRUNO PIEGER

In diesen bisher unveröffentlichten Dokumenten wird die Gestalt Rudolf Fahrners (1903–1988) als eine bedeutende geistige Figur des 20. Jahrhunderts greifbar. Von Stefan George und seinem Kreis herkommend, hat sich Fahrner im Lauf seines Lebens viele Kulturzonen, Denkformen und Dichtungsweisen – westliche und östliche – erschlossen. Seine enge Freundschaft mit den drei Brüdern Stauffenberg ließ ihn zu einem Vordenker und Mitgestalter der Erhebung des 20. Juli 1944 gegen Hitler werden, zu deren wenigen Überlebenden er zählte. Das Buch ist das Zeugnis eines unabhängigen Geistes, der allen Erscheinungen mit einem Blick für das Ursprüngliche gegenüberzutreten wusste und schon früh eine Gegenstellung zu dominanten ideologischen und technokratischen Positionen seiner Zeit bezog. Eine Auswahl aus Fahrners dichterischen und deutenden Arbeiten vermittelt Band I dieser Werkausgabe (ISBN 978-3-412-20110-4).

2008. XII, 424 S. 32 S/W-ABB. AUF 16 TAF. 1 FRONTISPIZ. GB.
ISBN 978-3-412-20111-1

BÖHLAU VERLAG, URSULAPLATZ I, D-50668 KÖLN, T: +49 221 913 90-0
INFO@BOEHLAU-VERLAG.COM, WWW.BOEHLAU-VERLAG.COM │ WIEN KÖLN WEIMAR

böhlau